华章经典 · 金融投资

经典技术分析

美国市场分析师考试（CMT）指定参考书

| 原书第3版 |

TECHNICAL ANALYSIS
The Complete Resource for
Financial Market Technicians (3rd Edition)

[美] 小查尔斯·D. 柯克帕特里克 朱丽叶·R. 达尔奎斯特 著
CHARLES D. KIRKPATRICK II JULIE R. DAHLQUIST

郑磊 朱红燕 郑扬洋 译

上

机械工业出版社
CHINA MACHINE PRESS

图书在版编目（CIP）数据

经典技术分析（原书第3版）（上）/（美）小查尔斯·D. 柯克帕特里克，（美）朱丽叶·R. 达尔奎斯特著；郑磊，朱红燕，郑扬洋译 . —北京：机械工业出版社，2019.7（2024.6重印）

（华章经典·金融投资）

书名原文：Technical Analysis：The Complete Resource for Financial Market Technicians

ISBN 978-7-111-63136-1

I. 经… II. ①小… ②朱… ③郑… ④朱… ⑤郑… III. 股票投资－投资分析 IV. F830.91

中国版本图书馆 CIP 数据核字（2019）第 262831 号

北京市版权局著作权合同登记　图字：01-2019-2819 号。

Charles D. Kirkpatrick II , Julie R. Dahlquist. Technical Analysis: The Complete Resource for Financial Market Technicians, 3rd Edition.

ISBN 978-0-13-413704-9

Copyright © 2016 by Pearson Education, Inc.

Simplified Chinese Edition Copyright © 2020 by China Machine Press. Published by arrangement with the original publisher, Pearson Education, Inc. This edition is authorized for sale and distribution in the Chinese mainland (excluding Hong Kong SAR, Macao SAR and Taiwan).

All rights reserved.

本书中文简体字版由 Pearson Education（培生教育出版集团）授权机械工业出版社在中国大陆地区（不包括香港、澳门特别行政区及台湾地区）独家出版发行。未经出版者书面许可，不得以任何方式抄袭、复制或节录本书中的任何部分。

本书封底贴有 Pearson Education（培生教育出版集团）激光防伪标签，无标签者不得销售。

经典技术分析（原书第 3 版）（上）

出版发行：机械工业出版社（北京市西城区百万庄大街 22 号　邮政编码：100037）

责任编辑：贾　萌　黄姗姗　　　　　　　责任校对：殷　虹

印　　刷：北京虎彩文化传播有限公司　　版　　次：2024 年 6 月第 1 版第 5 次印刷

开　　本：170mm×230mm　1/16　　　　印　　张：27.25

书　　号：ISBN 978-7-111-63136-1　　　定　　价：89.00 元

客服电话：（010）88361066　68326294

| 致　谢 |

感谢我的父亲查尔斯·D. 柯克帕特里克（Charles D. Kirkpatrick）先生。他从20世纪50年代起就担任美国富达投资有限公司（Fidelity Investments）的投资组合经理。我14岁时，他让我更新一幅图表，那是我第一次接触技术分析。直到1968年退休，他管理的都是全球业绩最好的共同基金——富达国际基金。

感谢美国市场分析师协会（Market Techncians Association，MTA）。正是通过这个团体，我结识了很多杰出的创新者和技术分析专业人士。我特别要感谢市场分析师协会的卡桑德拉·汤斯（Cassandra Townes）和玛丽·潘扎（Marie Penza）的帮助，他们让我可以更方便地使用市场分析师协会的数据库。

我要感谢刘易斯堡学院工商管理学院（Fort Lewis College School of Business Administration）已故前任院长斯基普·凯夫（Skip Cave）先生。他曾邀请我协助讲授一门技术分析课程。同时，在我写作本书期间，凯夫先生还向其他教材的作者引荐我，让我得以结识该院助理院长罗伊·库克（Roy Cook）等人。在本书开始撰写和调研时，凯夫院长还特意为我安排了办公场所。

感谢刘易斯堡学院工商管理学院前任院长托马斯·哈林顿（Thomas Harrington）先生。他慷慨地保留了我在学院的办公室，并特别批准我使用学院的图书馆，邀请我继续讲授技术分析课程。

我要感谢刘易斯堡学院工商管理学院 BA317 班全体学员。作为我的教学实验对象，他们激励我努力写好这本书。

感谢布兰代斯国际商学院 FIN235F 班的全体同学，起初他们对这门课多有质疑和批评，但最终积极地投入技术分析的学习。

感谢我在费城证券交易所的朋友和同事，尤其要感谢前总裁温尼·卡赛拉（Vinnie Casella）先生，他教会我如何从内部了解市场运转规律。

感谢培生教育出版集团勤勉敬业的编辑，特别是责任编辑吉姆·博伊德（已退休）、责任编辑让娜·格拉瑟·勒文、编辑助理克里斯滕·沃特森、高级项目编辑贝特茜·格拉纳、校对编辑凯伦·吉尔，以及那些我不认识却一直在幕后为这本书努力工作的人。

感谢市场分析师协会两位前任会长菲尔·罗斯（Phil Roth）先生和布鲁斯·卡米奇（Bruce Kamich）先生。他们是专业的技术分析师，也都曾担任兼职教授，在纽约地区的高校教授技术分析。感谢他们参与本书的编辑并提出宝贵建议。

感谢我的合作者朱丽叶·R.达尔奎斯特博士和她的丈夫小理查德·鲍尔（Richard Bauer, Jr.）先生。两位教授都在学术界卓有建树，他们富有价值的见解已经体现在这部书中，感谢他们花时间帮我加深对有效市场假说的理解。

感谢我的妻子艾丽，我们已经一起走过了 54 个春秋，感谢她给我的爱和快乐。

感谢我的孩子们——艾比、安迪、贝尔和布莱德利，感谢他们的爱和支持。

感谢我的孙女——英迪亚和米拉，虽然她们还不能为这本书做什么，不过会为我在这里提到她们而开心。

感谢所有在我的技术分析生涯中帮助过我的人，感谢大家的支持、友谊和对交易市场知识的无私分享。

小查尔斯·D. 柯克帕特里克
美国缅因州基特里市

在大家的帮助和支持下，本书终于从梦想变成了现实。最初是弗莱德·迈斯纳（Fred Meissner）引荐我结识本书的合作者小查尔斯，那是在市场分析师协会的一次年会上。之后我和小查尔斯合作了多个项目，而且我们都在市场分析师协会教育基金董事会供职。他果断地同意了与我合作撰写这本书的提议。他是一位很棒的合作者，积极、耐心而且专注。能与如此博学的人合作是我的荣幸。对我来说，与这样一位乐意分享知识的人合作，是一次难得的经历。

在写作这本书的过程中，我很高兴能与美国得克萨斯州立大学圣安东尼奥分校商学院金融学系的教职员工共事。尤其是凯思·费尔柴尔德（Keith Fairchild）、卢拉·米斯拉（Lula Misra）和罗伯特·兰格尔（Robert Lengel），他们给了我很大的帮助。

培生教育出版团队提供的专业意见非常有价值，他们帮助小查尔斯和我把想法在这本书中完美地展现出来。感谢让娜·格拉瑟·勒文、克里斯滕·沃特森、贝特茜·格拉纳、凯伦·吉尔以及培生教育团队其他人的温馨督促、不断鼓励和为本书所做的不倦努力。

我的丈夫小理查德·鲍尔在很多方面给了我帮助和支持。他慷慨地为本书撰写了有关统计学基础知识的附录，对本书中的很多观点提供了反馈和建议。他阅读了初稿，提出了许多有用的建议。另外，他的支持远远超过了专业范畴，当我忙于写作时，他不知疲倦地承担了所有家务。他的支持让我能安心出差，与小查尔斯共同完成这本书。我很庆幸能得到他的无私的情感支持和鼓励。

我的两个可爱的孩子——凯瑟琳和塞普也给我带来了快乐和灵感。在撰写这本书的过程中，孩子们给了我极大的包容。在我过于投入工作时，他们就会提醒我需要放松、开怀大笑和拥抱。

朱丽叶·R. 达尔奎斯特

美国得克萨斯州圣安东尼奥

| 作者简介 |

小查尔斯·D. 柯克帕特里克，注册市场分析师（CMT）
除了从事技术分析工作，他还担任或曾担任过：

▶ 柯克帕特里克公司（Kirkpatrick & Company，Inc.，缅因州基特里市）总裁，该公司是一家专业从事技术分析的私营机构；

▶《市场策略师通讯》（*Market Strategist Newsletter*）编辑和出版人；

▶ 几本交易市场技术分析书籍的作者；

▶ 布兰迪斯大学国际商学院（马萨诸塞州威尔海姆）金融学兼职教授；

▶ 市场分析师协会教育基金会董事会（Market Technicians Association Educational Foundation，马萨诸塞坎布里奇）董事和副主席，该基金会是致力于鼓励和提供大学层次的技术分析课程的慈善组织；

▶《技术分析杂志》（*Journal of Technical Analysis*，纽约）编辑，《技术分析杂志》是技术分析研究领域的专业杂志；

▶ 市场技术分析师协会（纽约）主任，市场技术分析师协会是职业技术分析师的专业团体。

在小查尔斯从事证券和期权市场工作的职业生涯中，曾经担任过对冲基金经理、投资顾问、交易顾问和投资组合经理，以及机构证券经纪人、期权交易员、场内大宗交易员，他为业界和学术界讲授技术分析，是股市法律鉴证专家，也是多家小公司和一家机构经纪公司的所有人，还是芝加哥期权交易所（Chicago Board Options Exchange，CBOE）旗下期货交易机构的股东。他的研究成果散见于美国《巴伦周刊》等杂志，1993 年和 2001 年他因技术分析方面的高超造诣而获得道氏奖（Charles H. Dow Award），2009 年他因对技术分析领域的贡献而获得市场分析师协会（MTA）奖项。2012 年，他和本书另一作者获得市场分析师协会教育基金会麦克·埃普斯坦奖（Mike Epstein Award），以表彰其在大学和研究生院推广技术分析课程的努力，以及编写了这本技术分析专业教科书。他曾在菲利普·艾斯特学院、哈佛学院（获文学学士学位）和宾夕法尼亚大学沃顿商学院（获工商管理硕士学位）等学校就读。他也曾是美军的授勋指挥官。

小查尔斯·D. 柯克帕特里克目前和妻子艾丽住在缅因州基特里市，家里养了各种宠物。

朱丽叶·R. 达尔奎斯特，博士

毕业于路易斯安那大学门罗分校，获得经济学学士学位，在圣玛丽大学获得了神学硕士学位，在得克萨斯州农工大学获得经济学博士学位。达尔奎斯特博士在大学执教已逾 30 载。目前，她是得克萨斯州天主教大学尼利商学院经济学和金融专业实践副教授。达尔奎斯特博士经常受邀在各种全国会议和国际会议上演讲，曾与小理查德·鲍尔合著《技术市场指标：分析和业绩表现》（*Technical Market Indicators：Analysis and Performance*），也是《缺口技术分析》（*Technical Analysis of Gaps*）[⊖]的合作者。她的研究成果曾在《金融分析师》（*Financial Analysts Journal*）、《技术分析杂志》（*Journal of Technical Analysis*）、《管理金融学》（*Managerial Finance*）、《应用经济学》（*Applied Economics*）、《实用

⊖ 此书中文版已由机械工业出版社出版。

金融》（*Working Money*）、《金融实践和教育》（*Financial Practices and Education*）、《主动交易者》（*Active Trader*）以及《金融教育杂志》（*Journal of Financial Education*）等学术和专业杂志上发表。她获得过道氏奖（2011 年）和市场分析师协会教育基金会麦克·埃普斯坦奖（2012 年）。同时，她还就职于市场分析师协会教育基金会，也是《技术分析》杂志的编辑。

她和丈夫小理查德·鲍尔有两个孩子——凯瑟琳和塞普。

致谢
作者简介

第一篇　导论

第1章　技术分析简介 / 3

第2章　技术分析的基本原则：趋势 / 11

如何用技术分析赚钱 / 13

走势的定义 / 14

识别趋势 / 16

供求关系决定走势 / 17

趋势分类 / 19

技术分析的其他假设 / 21

总结 / 25

复习题 / 25

第3章　技术分析的历史 / 27

早期的金融市场和交易所 / 28

现代技术分析 / 31

技术分析的新发展 / 38

第 4 章 技术分析争议 / 43

市场波动是随机游走的吗 / 45

过去的价格形态能否用于预测未来的走势 / 54

市场有效性 / 55

投资者能否保持理性 / 62

套利能否保证市场价格的均衡 / 64

行为金融学和技术分析 / 67

技术分析的实用主义 / 69

实证对技术分析的支持 / 70

总结 / 71

复习题 / 71

第二篇 市场与市场指标

第 5 章 市场综述 / 75

技术分析适用的市场类型 / 77

合约类型 / 78

市场运作机理 / 91

市场参与者 / 94

市场测量方法 / 95

总结 / 100

复习题 / 100

第 6 章 道氏理论 / 103

道氏理论的定理 / 107

对道氏理论的批评 / 116

总结 / 117

复习题 / 118

第7章　市场情绪 / 119

情绪的概念 / 121

市场参与者和情绪 / 122

人类的偏见如何影响决策过程 / 124

群体行为和逆向观点 / 129

不知情市场群体情绪的度量方法 / 131

基于期权和波动性的情绪指标 / 131

知情市场参与者情绪的度量方法 / 166

债券市场的情绪 / 175

总结 / 181

复习题 / 181

第8章　测量市场力度 / 183

市场宽度 / 186

涨跌成交量指标 / 205

净新高和净新低 / 211

使用移动平均线 / 216

超短线指标 / 220

总结 / 221

复习题 / 223

第9章　时间形态与周期 / 225

4年以上的周期 / 227

4年或更短的周期 / 235

1月的信号 / 243

事件 / 244

总结 / 244

复习题 / 245

第10章　资金流 / 247

市场上的资金 / 249

股票市场之外的资金 / 251

资金成本与另类投资 / 260

美联储货币政策 / 266

总结 / 273

复习题 / 273

第三篇　趋势分析

第 11 章　图形分析的历史和演进 / 277

制作图表的历史 / 280

绘图所需的数据 / 285

分析师使用的图表类型 / 287

应该使用哪种标度 / 295

点数图 / 298

云图（一目均衡表） / 305

其他与时间无关的作图法 / 307

总结 / 311

复习题 / 311

第 12 章　趋势的基础知识 / 313

趋势：利润的关键 / 315

趋势术语 / 316

趋势分析的基础：道氏理论 / 317

投资者心理如何影响趋势 / 318

确定趋势的方法 / 320

确定交易区间 / 321

方向性走势（上涨和下跌） / 333

其他类型的趋势线 / 343

总结 / 347

复习题 / 348

第13章　突破点、止损点与回撤 / 351

突破 / 352

止损 / 362

回撤 / 374

总结 / 378

复习题 / 378

第14章　移动平均线 / 381

移动平均线的概念 / 383

简单移动平均值的计算方法 / 383

其他类型的移动平均线 / 391

使用移动平均线的策略 / 397

有方向运动的概念 / 401

包络线、通道和带 / 406

总结 / 413

复习题 / 415

附录　下册目录 / 417

第一篇

TECHNICAL ANALYSIS

导　　论

| 第 1 章 |

技术分析简介

技术分析，这个术语会让人浮想联翩。人们对技术分析师有个刻板印象——孤零零地坐在没有窗户的办公室里，忙忙碌碌地手绘股价走势图；也有人会马上联想到电脑屏幕上的那些各种颜色的价格曲线重叠交叉的图形。你可能一直都在关注自己感兴趣的一只或几只股票，也许心里盘算着："要是我知道这些股价变化的诀窍，就能随时赚到大把大把的钞票了。"也可能有人会驳斥道："那天我在金融课上听老师说过，技术分析根本就是浪费时间！"在这本书中，我们将讨论技术分析以及一些有关技术分析的错误认识。

如果你刚开始接触到技术分析，那么可能会问一个问题：技术分析究竟是做什么的？技术分析就是在自由交易的市场内，投资者为了正确决策和从交易中获利，而对价格变化进行研究。罗伯特·D. 爱德华兹（Robert D. Edwards）和约翰·迈吉（John Magee）在其经典著作《股票趋势技术分析》（*Technical Analysis of Stock Trends*）⊖一书中提出了以下观点：

> ▶ 决定股价的唯一因素是对股票的供给和需求；
>
> ▶ 股价波动具有趋势性；
>
> ▶ 供求关系的转变会引发股票价格走势的改变；
>
> ▶ 供求关系的变化可以在技术分析图上观察到；
>
> ▶ 技术分析图上的价格形态将会重复出现。

⊖ 此书最新版的中文版已由机械工业出版社出版。

技术分析研究的是市场行为，而不是在市场上交易的某种具体商品。技术分析师认为"市场在任何时间都不会出错"。换言之，技术分析师认为，并非等到分析完所有影响盖吉特（Gadget International）生产的最新小电子产品的市场需求因素，以及会影响该公司的成本和供应曲线的各种因素之后，才能对该公司的股价做出判断。所有这些因素都已经体现在市场对这只股票的供求关系上，因此它们对股价的影响已经形成了。我们发现：股票价格（包括所有在自由交易市场上交易的有价证券的价格）还会受到市场参与者的心理因素影响，而且大部分心理因素都很难解读。贪婪、恐惧、认知偏见、错误信息、预期以及其他因素都会影响有价证券的价格。在这种情况下，几乎不可能逐一分析这些因素。因此，技术分析师抛开了难以捉摸的一些因素，而更关心市场在这个过程中如何对外界信息做出反馈。人们尝试在这个分析过程中，寻找可预测的价格变化模式。

刚接触到新学科的学生们难免想问："我怎样运用这门学科的知识呢？"当然，刚接触到技术分析的学生也不例外。使用技术分析的主要方式有两类：预测性的和反应性的。将技术分析用于预测目的的那些人，主要是用它预测市场未来的走向。通常这部分人靠出售预测结果赚钱。纸质或网络版市场通讯的撰稿人和经常出现在财经媒体上的市场分析大腕们，也属于这一类。有不少做预测的技术分析师是金融界的名人，喜欢公开活动，因为这样有助于推销他们的咨询服务。

另一类是那些使用技术分析方法决定采取何种行动的人，他们通常不太出名。这些交易者和投资者使用技术分析方法，是为了及时对市场状况做出反应，做出相应的交易或投资决策。例如，交易者通过观察移动均线交叉而发现建立多头仓位的信号。换言之，交易者一直在观察市场，一旦发现市场满足了某些特定技术条件，就采取相应的行动。这些交易者和投资者通过管理自己或客户的投资组合，进行有利可图的交易来赚钱。其中一些人可能觉得公开露面会让自己无法专心于手头工作。

本书的重点是解释技术分析的基本原理和技巧。我们并不尝试预测市场，也无法给你一个能在市场上发挥神秘威力的"圣杯",更不会承诺某个技术分析方法能让你一夜暴富。我们想让读者了解成为一名称职的、反应敏捷的技术分析师所应具备的背景知识、基本工具和技能方法。

在介绍技术分析历史的时候,我们将了解到,在美国人们对于技术分析的兴趣可以追溯到 150 多年前。当时,查尔斯·H. 道(Charles H. Dow)开始出版市场通讯,之后创办了《华尔街日报》(*Wall Street Journal*),并且设计了几种道氏平均值计算方法,用于观察股市表现。从那时起,越来越多的人开始撰写技术分析方面的文章。如今,所有期刊都关注这个领域,比如《股票和商品技术分析》杂志(*Technical Analysis of Stock and Commodities*)和《技术分析杂志》(*Journal of Technical Analysis*)。此外,还有一些技术分析文章发表在学术期刊等其他出版物上。市面上技术分析专著汗牛充栋,虽然本书后面列出了大量参考书,但无法给出一个完整的清单,还有大量的技术分析文献资料没有包括在内。

那么,为什么还需要再写一本技术分析的书呢?几年前,我们开始搜集各种技术分析方面的资料,寻找适合用于教学的文献资料。我们发现,尽管这方面有许多专著,但是这些还无法为研究技术分析的学生提供完整、系统的技术分析知识。因此,我们打算写一本内容全面、综合且具有逻辑框架的教材,供学生和技术分析人员使用。

我们撰写这本书的目的,是为研究技术分析的人——无论是大学新生,还是有经验的从业者,提供技术分析领域的系统性研究成果。在过去的一个世纪里,很多人写过这方面的文章。查尔斯·H. 道的经典著作,以及爱德华兹和迈吉的不朽著作,仍对技术分析领域的学生有价值。这些作者早期提出的那些基本原理仍然有效。但是,随着金融市场的发展和人类计算能力的提升,可供技术分析师使用的新工具和信息也在迅速增加。

许多技术分析师是以师傅授徒的方式学习交易技巧的。如今,有兴趣学习和研究技术分析的个人,难以获得这样的言传身教。此外,伴随着这个行业日新月异的发展,很多技术分析方法有了新发展,使得技术分析变成了众多工具、观点甚至民间窍门的大杂烩，而不是一个完整的、系统性的知识体系。

市面上的很多有关市场的同类书，都以读者熟悉基本的技术分析知识为前提，要么是面向有一定技术分析理论功底的读者，要么专门讨论某些金融市场或金融工具。我们的目的是为读者提供一本基础参考书，以便大家能够终身研究这一学科。本书包含了很多背景知识的介绍和术语的解释，读者无须查阅其他文献就可以轻松读懂。而且本书最后还列出了大量参考文献，引导读者继续学习自己感兴趣的特定问题和细分领域。

本书的另一个特色是融汇了业界和学术界之大成。技术分析的使用者众多，包括专业的交易员、投资人，管理自有资金的个人投资者。然而，尽管有如此广泛的应用范围，技术分析的益处仍未被学术界承认。学术界对于技术分析的研究进展缓慢，而且很多人虽说是在研究技术分析，但他们却对如何在实践中应用技术分析方法缺乏了解。有鉴于此，我们不仅要建立一个融业界和学术界为一体的写作团队，还要促进这两个领域之间的互动讨论和理解。

无论你是初出茅庐的新手，还是有一定从业经历的专业技术分析师，这本书都会对你有助益。对于那些对技术分析一无所知的学生来说，这本书让你学习技术分析的基本原理，了解技术分析的重要内容，为研究技术分析奠定基础。对于有经验的技术分析师来说，这本书是一本不可多得的指南，能帮助你将理论知识与实践经验融会贯通，推敲自己的假设和观点，并使用新的技术分析方法。

本书从技术分析的背景知识和历史沿革讲起。第一篇"导论"不仅介绍了技术分析的基本原理，还论述了围绕技术分析的众多争议——学术界和业界针对金融市场是否有效率的争论，以及技术分析的优点。这部分知识对于初次接触技术分析的人和教育研究者很重要。那些有经验的专业人士或对市场有效性的学术争议不太感兴趣的读者，只需快速浏览这一部分。

第二篇"市场与市场指标"重点讨论市场和各种市场指标。第5章"市场综述"介绍了市场的运转。这一章还介绍了一些市场术语和交易机制。建议不太熟悉技术分析术语的读者仔细研读，为理解其余章节的内容打好基础。第6

章"道氏理论"详细介绍了道氏理论的原理和发展演进过程。虽然从提出道氏理论到今天，已经过去了一个世纪之久，但很多现代技术分析方法仍遵循该理论的基本原则。对于这一不朽理论的全面了解，可以让技术分析师着重理解关于市场如何盈利的一些关键思想。在第7章"市场情绪"中，市场参与者的心理是一个很关键的概念。在第8章"测量市场力度"中，我们重点讨论量度整体市场力度的方法。第9章"时间形态与周期"讨论时间趋势以及市场在特定时期向特定方向变化的趋势，比如总统大选年周期（election year cycles）和季节性市场形态。由于市场的主要动力是资金，所以第10章"资金流"讨论的是市场流动性指标以及美联储对市场流动性的影响。

本书第三篇"趋势分析"是技术分析的核心内容。如果我们发现市场趋势是上涨的，就可以利用上行走势获利。如果我们认定市场趋势是下跌的，则做空仍然可以赚钱。事实上，最难盈利的是市场没有表现出明显的涨跌趋势的时候。多年来，技术分析师们已经研究出了多种用肉眼观察市场趋势的方法。这些看图技术是第11章"图形分析的历史和演进"的主要内容。在第12章"趋势的基础知识"中，我们讨论了在图表上绘制趋势线以及支撑线和阻力线的方法。第13章"突破点、止损点与回撤"描述了如何确定市场突破点（breakout）的方法。突破点可以帮助我们及早发现市场趋势的转变迹象。另外，我们还讨论了保护性止损（protective stops）的概念。移动平均线（moving averages）是确定当前走势的重要方法，我们在第14章"移动平均线"中介绍了这种方法。

第四篇"图表形态分析"重点讨论人们在刚听到技术分析时，头脑中浮现出来的那些图像。第15章"柱线图的形态"介绍一些基本的柱线图形态。第16章"点数图的形态"介绍一些基本的点数图形态。短线形态（包括蜡烛图）则在第17章"短线形态"中介绍。

第五篇"趋势判定"主要讨论趋势的确认问题。第18章"确认"介绍利用震荡指标和动量指标确认股价变化趋势的方法。根据本书之前各章节介绍的概念，我们讨论了成交量在确定趋势中的作用，这让我们在做出趋势已经改变的判断时可以更有信心。我们还介绍了其他判断价格走势的方法所用到的各种震荡指标和动量指数。

接下来的第六篇是"其他技术分析方法和规则"，我们将重点讨论周期理论和技术分析的关系。第 19 章"循环周期"介绍了周期理论的基本观点和周期循环的特征。一些技术分析师认为，股票市场上出现周期循环是有科学依据的。例如，艾略特宣称股票市场也存在自然界才有的和谐现象。第 20 章"艾略特、斐波纳契和江恩"介绍了艾略特波浪理论的基本概念。这个流派认为股价走势遵从艾略特的理论，即股价运动形成清晰的波浪形态。

一旦我们了解了技术分析的基本方法，下一个问题就是："我们应该交易哪些有价证券?"这是第七篇"选择"的内容。有关如何做出选择是第 21 章"市场和证券的选择：交易与投资"的核心。本章讨论的市场间的关联可以帮助我们做出选择，确定哪些市场会出现强劲表现。我们还通过个股选择、相对强弱指标的讨论，介绍了成功的技术分析师如何使用这些方法构建投资组合。

作为技术分析师，我们衡量个人成功的方法，归根结底是以盈利为标准的。尽管这个目标直截了当，但是确定是否已经如期达到目标却并非易事。要衡量交易和投资策略，需要有正确的风险测量方法，并且了解统计方法。这就是第八篇"系统测试和管理"的内容。本书最后两章将讨论如何把本书讲述的所有工具和方法运用于交易实践。第 22 章"系统设计和测试"介绍了开发和测试交易系统的有关知识。我们将着重通过测试和验证本书出现的工具和指标，确定我们能否利用它们赚钱。第 23 章"资金与投资组合风险管理"介绍了使用止损点保护个人投资免受损失，以及避免整体资本遭受损失的资金管理方法。

如果读者想了解基本统计学知识或理解本书中用到的一些统计学概念，可以参阅附录 A。本部分由得克萨斯州圣安东尼奥圣玛丽大学格里尼商学院金融学教授小理查德·鲍尔博士（CFA，CMT）撰写，为大家提供了一个技术分析师感兴趣的基本统计技巧指导。

如果读者对于交易所使用的术语不太熟悉，附录 B"交易指令类型和其他交易术语"可以帮助我们更清楚、更全面地了解特定交易类型，以及在提交交易指令的过程中所碰到的常用术语。

本书在书后安排了一个完整的参考文献清单，不仅包括已经出版的技术分析名著，也包括学术机构近期的研究成果，以及近期出版的技术分析理论和实践方面的书籍与文章。

与所有技能一样，技术分析必须通过实践才能掌握。我们在章后面提供了大量复习题，供读者思考和应用本书学到的概念和方法。大量参考文献将引导你进一步阅读这个领域中你感兴趣的内容。

另一种提高自己的技术分析能力的方法是加入技术分析专业组织。在美国，市场分析师协会（MTA）为技术分析从业者提供大量的研讨会、公开课和出版物。它设置了 23 个美国分组和 16 个国外分组，会员分为三个层次（学生、业余会员、全职会员），都收存了丰富的技术分析图书和出版物。市场分析师协会还资助了注册市场分析师（CMT）项目。任何想要获得注册市场分析师权威认证的专业人员都必须通过三个级别的考试，并严格遵守职业道德规范。有关市场分析师协会和注册市场分析师项目的详细信息请登录协会网站 www. mta. org 获取。国际技术分析师联盟（International Federation of Technical Analysts，Inc.，IFTA）是一个全球性的市场分析师社团联盟。该联盟的 21 个会员协会遍布全球，并举办了多场技术分析研讨会和主办了多种出版物。国际技术分析师联盟集团提供注册金融分析师（Certified Financial Technician）的职业认证，以及授予金融分析硕士学位（MFTA）。有关这些证书和国际技术分析师联盟各会员协会的联系信息，可登录其官方网站 www. ifta. org 获取。

技术分析是一门复杂的、不断发展的学科。随着金融市场的全球化发展和新型有价证券的出现，以及越来越便宜而强大的计算机的普及使用，更多人将有机会涉足这一领域。无论你是因工作所需，还是为了个人交易和投资，我们都希望这本书能够成为你踏入技术分析之门的垫脚石，为深入研究技术分析打下基础。

第 2 章

技术分析的基本原则：趋势

本章目标

- 掌握趋势的定义；
- 阐述趋势判定方法在技术分析中的重要作用；
- 掌握基本趋势、次级趋势、短期趋势和日内趋势的区分方法；
- 讨论技术分析的基本理念。

技术分析是一门艺术，它的美妙之处在于能够提前识别趋势的变化，在确凿的证据证实出现趋势反转之前保持投资头寸。（普林格，2002）

技术分析基于一个主要假设：在可以自由交易的市场中，价格运动一般会形成某种趋势。

基于这个假设，交易员和投资者希望能在低价位买入处于上涨趋势的股票，坐收市场上涨之利，当价格上涨到最高点时，卖出股票获利。这一策略尽管听上去非常简单，执行起来却异常复杂。

例如，我们要讨论的是多长时间的趋势呢？是分析美国大萧条以来的股价走势？还是总结 1980 年以来的黄金价格走势？抑或是回顾过去一年的道琼斯工业平均指数（DJIA）走势？又或者是默克公司（Merck）的股价上周的变化？从几十年的长期趋势到每分钟变化的短期趋势，趋势有各种不同的时间跨度。

不同时间跨度的趋势却倾向于具有类似的特征。换句话说，年度数据所表现的走势，可能会和每五分钟收集的数据给出的走势相同。投资者需要根据自己的投资目标、个人偏好以及用于盯市的时间长短等因素，确定自己认为的最重要的时间跨度。有的投资者可能看重能够延续多年的商业周期，有的投资者可能更关心未来 6 个月的市场趋势，还有一些投资者对当天的交易走势更感兴趣。尽管每个投资者和交易员选定的投资时间跨度不同，但完全可以使用相同的、最基本的趋势分析方法，因为不同时间跨度的趋势具有共性特征。

事后再看趋势，往往非常清晰。但理想情况是，我们一开始就能在一波新趋势出现时买入，赶在趋势结束时卖出。不过，这种理想情况从来不会出现，除非是运气好。技术分析师常常因为太晚发现新趋势，而错失了盈利机会。一方面，如果技术分析师未能觉察到趋势正在结束，继续持有股票，就会错过价格高点，没能最大限度地赚到可得到的利润。另一方面，技术分析师也可能在趋势还没真正结束之前，就断定涨势将要结束，因而在股票到达最高价之前，过早地卖出了股票，同样也错失了潜在利润。因此，技术分析师会花很多时间和脑力，尽可能早地确定趋势起点和终点。这就是我们研究图表上的走势、移动平均线、震荡指标、支撑和阻力位，以及本书介绍的其他技术分析方法的原因。

事实上，人们在几千年前就知道市场价格具有趋势。学术界之所以一直都在争论市场趋势，是因为如果市场价格真的具有趋势的话，会毁掉他们很多理论模型。近期的研究表明，旧的金融模型在用于解释和预测市场行为时，出现了很多问题。在本书第 4 章"技术分析争议"中，我们将介绍有关市场价格行为的最新研究成果，以及一些与传统金融理论相悖的证据。学术界和某些人习惯性地批评技术分析，似乎认为这是迷信，而实际情况是，那些对有效市场假说（efficient market hypothesis，EMH）抱持的近乎宗教般的信念，已经成了迷信，追随有效市场假说的人不愿意接受大量与该理论相悖的证据。事实上，技术分析非常古老，在交易市场中经过长期实践，如今发展日益成熟，已经给那些使用技术分析的人带来了巨大财富。

如何用技术分析赚钱

在证券市场上如何利用技术分析方法盈利？这需要满足一些条件。首先是确定趋势的起点和终点，这也是最重要的一点。把握趋势越早越好，理论上，这很容易，但是要做到能够持续盈利却很难。

技术分析师用于确定趋势的指标和方法，并不是能够预测未来的魔法水晶球。在某些市场条件下，这些技术分析工具可能会失灵。此外，市场趋势也可能在没有任何前兆的情况下突然转向。因此，技术投资者必须了解风险因素，避免这类情况造成损失。

从战术角度讲，技术分析型投资者必须明确两个问题：第一，投资者或交易者必须确定何时建立头寸；第二，必须选择何时平仓。而选择平仓时点需要做出两个决定：当市场价格按照预期方向变化时，投资者必须选择兑现收益的时点；而当市场价格的走势与预期情况相反时，投资者尽管已经遭受损失，也要选择离场的时点。聪明的投资者知道市场走势存在着与预期相反的风险。在进场之前，就确定卖出的价位和止损价格，可以让投资者避免遭受严重的损失。

由于要研究价格，因此技术分析的一大优点是，不管是通过分析还是基于金融资产价格的波动，只要投资者知道出现了问题，就可以确定一个价格点位。这样就可以在投资开始的时候，确定并量化损失的风险。这个能力是其他投资方法所缺的。最后一点是，由于风险得以确定，我们就可以遵循资金管理原则，降低损失机会，避免所谓的"爆仓"风险。

总之，采用技术分析方法赚钱的基本策略是：

► 走势是朋友——与趋势共舞。
► 避免损失——控制资金损失的风险。
► 管理资金——避免爆仓。

用技术分析方法确定趋势。那么走势将何时发生转变？何时已经发生了变化？何时应该建仓？何时应该平仓离场？一旦发现分析错误，就将平仓，要做的事情就是这么简单。

走势的定义

投资人抓住什么样的走势才能赚到钱？答案是，朝上的趋势，即上升走势（uptrend）。当价格波动的峰顶和谷底逐渐走高时，就形成了上升走势。一个上升走势就像图 2-1a。一个下跌的趋势，即下行走势（downtrend）与上升走势正好相反，指的是价格的峰顶或谷底不断下降。图 2-1b 为价格下行走势的例子。当价格在一个小区间内震荡波动，而没有表现出明显的上升或下降趋势时，市场处于横向盘整走势（sideways），或平稳走势（flat trend）。图 2-1c 是横向盘整的例子。我们看到，虽然价格在上下波动，但其均值却保持在同一价格水平。

图 2-1 展示了上升、下行和横向盘整走势在理论上的示例。在实际的证券交易中，价格走势曲线更为复杂，因为价格运动轨迹并不是一条持续不间断的连线。有时候，在价格变化过程中会出现小幅的反向运动，这样的状况增加了人们判定趋势的难度。加上存在持续时间不等的各种走势，其中的短期走势通常是较长期趋势的一部分。

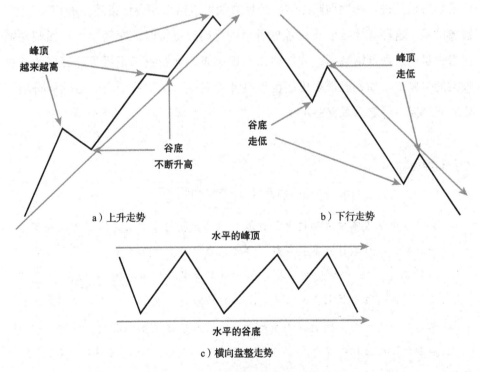

图 2-1　上升、下行和横向盘整的趋势

从技术分析师的角度看，趋势是指价格的方向性运动延续时间足够长，可以辨别，并能带来收益。如果不是这样，技术分析也就成了没用的废物。如果直到走势已经结束，我们才后知后觉，那就无法从中获利；如果无法及时辨识出价格趋势，同样无法获利。回顾价格运动曲线，我们可以看到走势延续的时间和幅度各不相同，但这只是事后看到的已经发生过的价格状态。我们必须提前察觉到趋势发展的方向，而且走势需要持续足够长的时间，才有机会盈利。

识别趋势

确定趋势的方法有很多种，其中一种根据数据集合确定趋势的方法是，采用最小二乘法进行线性回归。这种统计方法可以给出证券价格趋势的相关信息。遗憾的是，这种统计方法在技术分析师进行趋势分析时的帮助不大。回归法需要有大量的过往价格数据，才能得出精确结果。等到我们积累了足够多的历史数据的时候，市场走势很有可能已经改变方向了。尽管一个走势会顺势持续一段时间，但不可能永远保持不变。

技术分析知识2-1

线性最小二乘法回归

大多数电子表格软件都内置了计算线性回归线的公式。使用一对相关变量的两套数据，就可以计算出一条能"最佳拟合"这些数据且穿过这些数据点的直线（线性）。在标准的价格分析中，这两个变量分别是时间和价格——第一天（d_1）对应价格变量X_1，第二天（d_2）对应价格变量X_2，依此类推。通过绘制一条最能拟合这个数据系列的趋势线，我们可以确定很多事项。首先，我们可以测量实际价格和这条趋势线偏离的程度，从而判断这条趋势线是否可靠。其次，我们可以测量这条趋势线的斜率，从而确定价格的时间变化率。最后，我们可以确定这条趋势线是从何时开始的。这条趋势线代表了我们所研究时段的价格走势。它包含了我们将在后文提到的多个特征。现在我们只需明白，该线定义了特定时段内价格的趋势。本书附录 A 提供了更详细的介绍。

许多分析师用移动平均线对短期走势进行平滑处理，以减少其对大趋势所产生的影响。本书将在第 13 章介绍移动平均线的使用。

还有一种识别趋势的方法是按照合理的时间周期，分析价格曲线上的极端点位——峰顶和谷底，然后将这些点连成一条直线（见图 2-2），这就是趋势线。在计算机绘图软件开发出来之前，人们一直是手工绘制趋势线，后来才改用电脑绘图，而且至今仍然很有用。采用这种方法确定趋势，你还必须定义反转点。第 12 章介绍了几种确定反转点的方法，而这些反转点在图上也很显眼。通过连接各个高点和各个低点，可以得到上下两条趋势线，我们可以从中"感受"到价格变化方向和范围限度。我们还可以"感受"到趋势线的斜率或者价格变化率。趋势线可以确定价格变化的极限，如果实际价格突破这些边界，就警示我们留意，趋势有可能会改变。

供求关系决定走势

在任何一个市场中，无论是二手汽车、西柚、房地产，还是工业产品市场，供求双方之间的互动作用的经济规律决定了交易市场上的价格。买方（需方）报出某个价格来买入一定数量的产品，而卖方（供方）为提供一定数量的产品索要某个价格。当买卖双方同意并达成交易时，就确立了交易时的价格。买卖的理由很复杂——可能是卖方需要现金，或者听到了不利消息；也有可能是买方在某个高尔夫球俱乐部的更衣室里听到了一些传言。总之，不论是出于何种原因，这些信息被收集、消化和讨价还价，一旦达成交易，价格也就确定了。

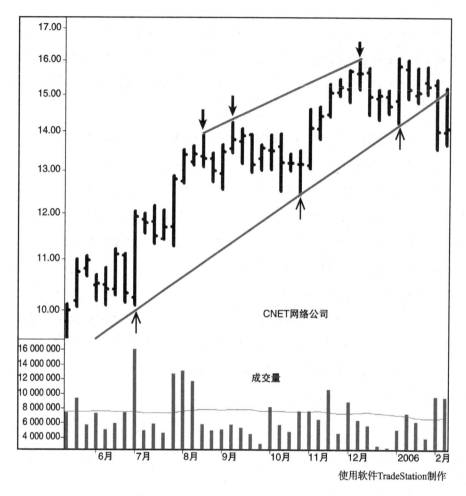

图 2-2　手绘连接峰顶和谷底的两条趋势线

　　因此，价格是所有这些因素相互影响的最终结果，也是某一时点由供求关系确定的结果。如果价格发生了变化，也是源于供求某一方或双方做出了改变。有可能是卖方急于交易，或者买方持有闲置资金。不管实际是哪种情况，价格都会反映出这种变化。技术分析师一般关心的是价格及其变化，而对价格变化原因则不太关心，主要是因为它们无从判断。

我们知道，市场上的众多参与者因为各种原因而确定了供给与需求关系。在交易市场中，供求关系的变化有可能是因为长线投资者收集或派发了大量的头寸，也有可能是因为短线小投资者为争抢几个点的盈利而做的交易。市场上的参与者人数和他们的交易理由几乎难以计数。因此，技术分析师认为，分析供求关系以及形成的相应价格是非常有用的。经济信息、公司状况及其他影响价格的信息往往是模糊、不及时甚至是错位的，但是价格数据却随手可得，非常准确，有据可查，而且很具体。在技术分析中，还有什么是比这个重要变量更可依赖的基础变量呢？而且，当人们在进行投资或交易时，正是价格而不是公司的盈利情况或者美联储的货币政策，决定了盈利或亏损。技术分析师的立身之本就在于价格决定了其成败。幸运的是，价格总是有趋势的。

趋势分类

每个时间跨度的周期里都存在相应的价格走势，时间跨度可以有无穷多个。投资者和交易员需要确定关注哪个时间跨度周期的价格走势。尽管这些周期的长短不同，但确定趋势的起点和终点的方法却是相同的。不同时间周期内的价格走势具有相似的模式，即本质上，价格走势是"分形"。分形在大自然中很常见，比如海岸线、雪花等事物的形状。如果你仔细比对不同的雪花，就会发现雪花都是六角形的，由中心向外有六条枝杈，而每一条枝杈上又分出更细的小枝杈。如果用显微镜观察，就可以看到每一条枝杈的内部结构和更下一级的枝杈形状大体相同。而这种独特形状和下一级更小的枝杈都呈现出相同的规律：小的枝杈和上一级的枝杈形状相同。这就是雪花的分形特征。这些枝杈虽然大小相异，但都有相同的形状。图 2-3 是利用计算机生成的几何分形图案，每一个角都是上一级的角的复制品，形状完全相同。

交易市场在不同的时间周期内，也表现出特征和形状相同的趋势，无论是长期、中期还是短期都是如此。因此，在做趋势分析时，时间跨度无关紧要，因为不同时间跨度的趋势，所用的技术原理是相同的。具体关注哪个时间跨度，取决于投资者或交易者对哪个时间跨度感兴趣。

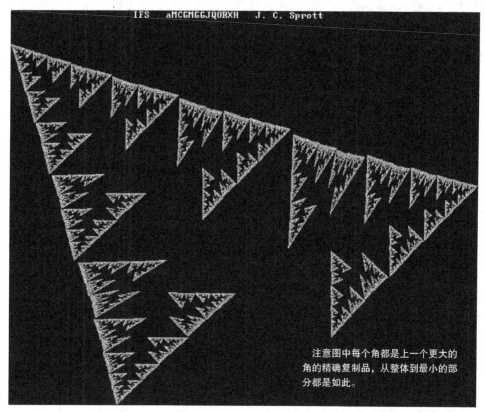

注意图中每个角都是上一个更大的角的精确复制品，从整体到最小的部分都是如此。

Courtesy of Dr. J.C. Sprott (http://sprott.physics.wisc.edu/fractals.htm)

图 2-3　利用计算机做出的分形图案

当然，这并不意味着我们可以忽视趋势的时间跨度这个因素。这是因为短期趋势构成了长期趋势的一部分，而要分析一定时段的趋势，就得分析这一时段内，以及之前和之后的长期和短期趋势。比如如果交易者对时间跨度为 10 周的价格走势感兴趣，那么也需要分析比 10 周更长的价格趋势，因为长期趋势会直接影响到短期趋势。同理，交易者也要分析短于 10 周的趋势，因为分析较短期趋势可能尽早发现更长期趋势（10 周）价格走势的早期信号。因此，无论交易者或投资者选择哪个时间跨度的趋势，都需要研究周期更长一点和更短一点的趋势。

为了更清楚地分析趋势，技术分析师将趋势分为四大类：基本趋势（以月或年为周期）、次级或中级趋势（以周或月为周期）、短期趋势（以日为周期）以及日内趋势（以分钟或小时为周期）。查尔斯·H. 道[⊖]是道琼斯公司（Dow Jones Company）和《华尔街日报》（*Wall Street Journal*）的创始人，在 19 世纪首次提出了这个分类标准（但不包括日内趋势）。道氏也是世界上第一个提出如何确认基本趋势反转方法的人。因为他对金融交易领域做出了巨大贡献，所以道氏也被称为"技术分析之父"。我们将在第 3 章介绍技术分析发展史时，更详细地介绍道氏的贡献，第 6 章将深入地讨论他的理论体系。

技术分析的其他假设

市场趋势是技术分析理论最基本的原则。当然，我们研究的证券价格形成了走势。为了支持价格趋势这种观点，技术分析师还提出了技术分析的其他一些假设前提，我们在此做个简要回顾。

第一，技术分析师认为，价格是由供求双方的相互作用决定的。根据基础经济学理论，当需求增加时，市场价格上涨；当需求减少时，价格下跌。确定供求的一个因素是买卖双方对价格走势的预期（如果没有对股价上涨的预期就不会购买这只股票）。预期来自人们的决定，而决定会受到信息（感知的信息，无论是否正确）、情绪（贪婪、恐惧和希望）以及认知局限等因素影响。认知局限包括行为上的偏差、情绪，以及大脑内部的化学和生物电连接所产生的情感。现在有一门新学科叫作"神经金融学"（neurofinance），就是将神经科学应

⊖ 后面简称道氏。——译者注

用于投资活动的跨学科研究，这门学科发现我们大脑的功能和如何投资、如何决策之间存在明显的联系。

第二，技术分析师认为，价格反映了一切，即价格可以涵盖一切与证券相关的信息，以及对基于这些信息的预期的解释等。这一观点首先由道氏提出，威廉·彼得·汉密尔顿（William Peter Hamilton）后来在《华尔街日报》的社论中又再次重申。1932年，著名的道氏理论家罗伯特·雷亚（Robert Rhea）在评论股票市场平均值时写道：

> 平均值反映了一切：道琼斯运输业和工业平均指数每日收盘价的波动，综合反映了所有了解金融市场的人对市场的期望、失望和信息。正因为如此，所有未来事件的影响（不可抗力除外），都可以在价格波动中进行预测。平均值可以快速评估火灾和地震灾害之间的因果关系。

这段话听起来有点像尤金·F. 法玛（Eugene F. Fama）关于有效市场假说（EMH）的著名观点："价格反映了所有信息。"只不过法玛所说的所有信息，更多是指特定股票的信息，并假定可以对这些信息做出即时和理性的解释。虽然，技术分析的前提包括了有效市场假说推崇者所秉持的价格决定论，但是却远比价格决定论更复杂。价格反映了一切——不仅反映了股票信息，还反映了所有影响股票价格的外部因素和对这些信息的解释（无论是否合理或者存在直接关联关系），以及基于信息形成的对市场的预期。在技术分析中，对信息的解释会受到"非理性亢奋"（irrational exuberance）的影响，导致人们要么过度乐观，要么过度悲观（Hamilton，1922）。

技术分析知识2-2

罗闻全的适应市场假说

为了协调有效市场假说和行为金融理论的不同观点，罗闻全博士（Andrew Lo，麻省理工斯隆管理学院教授）提出了"适应性市场假说"（adaptive markets hypothesis, 2005）。罗闻全根据进化论、竞争、适应理论以及市场和参与者不断变化的自然选择过程，提出了一个理论框架。风险与收益之间的关系并不是固定不变的，而是随市场条件改变而变化的。因此，投资者不会去寻求最大收益，因为这样做的代价太大了，而是需要依赖经验和"尽可能准确的猜测"做出投资决定，这难免会让他们受到解释性偏差和行为上的偏差的影响（即情绪造成的影响）。只要市场是稳定的，这类方法就能给出令人满意的结果。但是如果经济环境发生了变化，这个方法就行不通了，那么投资者为了生产就必须去适应市场。相互作用的不同群体的规模和实力，引起了投资交易环境的变化。比如1998 年俄罗斯政府债券违约期间，债券持有人为了获得流动性，吓坏了众多之前稳赚利差收益的投资者，导致了市场流动性衰竭。只有那些迅速适应市场的投资人得以幸存，而其他人只能自认倒霉。总之，投资策略在不断变化和发展；创新是生存的秘诀；最主要的目标是生存，而不是将风险收益的效用最大化。

第三，市场形成趋势运动，这一观点有一个重要推论：技术分析师认为价格并不是随机游走的。既然价格不随机游走，那么过去的价格就可以用于预测未来的价格趋势。本书第 4 章还将深入讨论这一点。技术分析师不接受股票价格随机游走的观点。

第四，技术分析假定，原则上，历史会不断重演（或者像马克·吐温所说："历史不会简单重复"），并且人们的行为也会与过去同类情况中的行为模式类似。相似行为会形成可预测的模式。但是市场中的这些行为模式不会完全相同，它们还会受到技术分析师在解释时的各种偏差的影响。这是技术分析中最具争议的一个方面。人们对此观点的看法长期未达成一致，直到最近，才用较为成熟的统计学方法进行了研究（详见第 4 章）。

第五，技术分析师还认为，与趋势线一样，这些价格变化模式也具有分形特征（见图 2-4）。每位投资者或交易者在操作中都有自己感兴趣的时间跨度。

有意思的是，无论他们选择多长的时间跨度周期，这些模式虽各不相同，但在形状和特征上却非常接近。在观察以五分钟为周期的柱线图时看到的走势，也有可能会在月线图上看到。这表明产生这些模式的行为也与其他参与者所选的时间跨度周期有关。例如，五分钟柱线图上的一个走势，正是其他交易者在这个五分钟周期上的操作行为的反映。以月为操作周期的投资者，对五分钟柱线图上的走势影响甚微。同理，五分钟操作周期上的短线交易者几乎对月线图上的价格走势不会有任何影响。因此，采用不同投资时间跨度的投资者和交易者会遇到各自的走势，这些价格模式是否会互相影响权且不论，但是它们的外形非常相似。所以价格模式的形态分析是通用的，而且不依赖于投资的时间跨度选择。

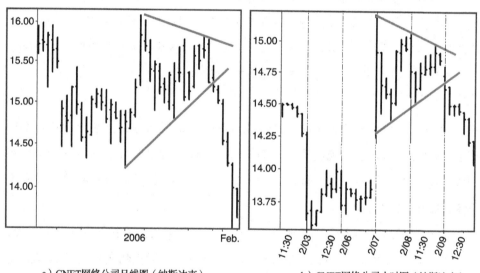

a）CNET网络公司日线图（纳斯达克）　　b）CNET网络公司小时图（纳斯达克）

使用TradeStation绘制

图2-4　同一股票不同时段的日线图和小时图

注：虽然发生在不同的时段，各形态几乎形状一样。一个是日线图，另一个是小时图。形态的发展、形状和最终的下跌都非常类似。这类形态成为各自时段内的"分形"形态。

第六，技术分析还有一个前提是：人们的情绪会受过去情绪的影响，这种影响来自情绪的反馈。如果我某天买了一只股票，价格上涨了，我很开心，还会怂恿别人去买；或者其他人看到这只股票的涨势，也跟着购买，这样就造成了价格的进一步上升。因此，市场的行为并不是孤立的，相反，它受到市场自身行为的影响。当价格涨幅大大超过了其自身价值时，情绪的过度反馈会形成"泡沫"。同理，价格突然下跌也会引起大家的恐慌。技术分析假定由于情绪的影响，市场价格会偏离均衡，但最终会回落到均值，然后再向反方向偏离均衡，由此往复循环，经常是因为投资者过度的情绪反应而形成上下震荡。

总　结

本章的重点是理解价格走势在技术分析实践中的重要作用。我们已经介绍了技术分析的基本假设和技术分析师的基本观点。在接下来的几章里，我们将逐一讨论这些假设条件。其中一些条件构成了技术分析的基础，也是我们依循的前提，包括以下内容。

- ► 供求双方的相互作用决定价格。
- ► 市场的供应和需求会受到投资人的情绪和偏见的影响，尤其是恐惧和贪婪的影响。
- ► 价格反映了一切信息。
- ► 价格形成走势。
- ► 走势内部包含了可辨识的模式/形态。
- ► 价格变化模式具备分形几何特征。

复习题

1. 请解释价格形成走势这一观点是技术分析的核心的理由。

2. 上升走势越早被发现，投资者盈利就越多。请解释投资者在未能及时发现趋势的情况下，其潜在利润是如何减少的。

3. 投资者越早发现趋势发生了变化，其交易就越有利可图。请说明为何早日发现趋势反转能影响投资者的盈利能力。

4. 牛顿的第一运动定律是惯性定律——除非受到反方向的作用力，运动中的物体将始终保持原方向运动。如何将这个定律和技术分析的趋势规律进行类比？

5. 请解释基本趋势、次级趋势、短期趋势和日内趋势的定义。

6. 请收集从 1985 年至今道琼斯工业平均指数（DJIA）的月度收盘价。

（a）从 1987 年 11 月 1 日到 1990 年 8 月 1 日，市场是处于上升、下行还是横向盘整走势？请说明理由。

（b）从 1999 年 5 月 1 日到 2001 年 8 月 1 日，市场是处于上升、下行还是横向盘整走势？请说明理由。

（c）从 2003 年 2 月 1 日到 2007 年 9 月 1 日，市场是处于上升、下行还是横向盘整走势？请说明理由。

（d）从 2007 年 9 月 1 日到 2009 年 3 月 1 日，市场是处于上升、下行还是横向盘整走势？请说明理由。

（e）从 2008 年 8 月 1 日到 2011 年 4 月 1 日，市场是处于上升、下行还是横向盘整走势？请说明理由。

（f）请比较你所绘制的五幅图，它们的相似点和不同点有哪些？你从中得出了怎样的市场过往走势？

| 第 3 章 |

技术分析的历史

本章目标

- 了解金融市场和证券市场的历史；
- 了解道氏创设的市场指数；
- 了解 20 世纪技术分析在美国的发展；
- 了解学术理论和基本的股市分析对技术分析发展
  与应用的影响；
- 了解数据可得性和计算能力对技术分析发展的
  影响。

早期的金融市场和交易所

虽然人们认为技术分析是一种古老的分析市场和价格的方法，但是关于技术分析的历史文献很少。至今我们没有发现过往曾经使用技术分析的任何书面记载，但是可以想象，在很久远的时代，人们曾经在自由交易的市场上使用过某种形式的技术分析。

市场以某种形式存在了数千年。例如，我们知道钞票和支票早在公元前2000年的古巴比伦就已在交易商和银行家之间使用了（Braudel，1981）。早在公元2世纪的罗马港口奥斯蒂亚，货币、商品和商船运输参股权等就已经在交易了（Braudel，1982）。中世纪时期，自1160年起，小麦、大豆、燕麦和大麦的价格在英格兰的安茹就已有记录（Farmer，1956）。早在1203年，图卢兹就有大型的谷物市场出现（Braudel，1982）。根据现有的公开记录，早在12世纪，在各大城镇就有了市场，且每个市场之间已经形成了套利交易网络（Braudel，1982）。

后来，市场上出现了更复杂的可协商金融产品，比如出现了城债证券（state loan stock），可在市场上交易，之后才出现了交易所。最早的交易所出现在14世纪，大部分位于濒临地中海的港口城市，比如比萨、威尼斯、佛罗伦萨、热那亚、瓦伦西亚和巴塞罗那等。事实上，第一个作为交易所的建筑——龙哈堂，是1393年在巴塞罗那修建的（Carriere，1973）。在龙哈堂，"——

［可以看到］一大群经纪人在廊柱间来来往往，那些站在奥莱拉走廊里的一小群人，就是靠耳朵维生的经纪人，他们的本职工作就是探听消息、打报告，为利益群体跑腿和联络"（Carriere，1973）。

维罗纳的雕像群证实，在古代已经出现了清算市场或远期现货市场。据史料记载，1428 年，一位名叫巴托洛莫·德·博斯科的法学家反对在热那亚进行洛卡远期合约销售（Braudel，1981）。早在 15 世纪，德国矿产行业的 Kuxen 股票在德国莱比锡商品博览会（Maschke）就有报价，在加入汉萨同盟的城镇中也出现了股票交易（Sprandel，1971）。1522 年，法国出现了一种被称为雷内斯酒店的市政股票（Schnapper，1957）。

我们能否假定在这些发展较成熟的交易市场上，交易者会尝试记录价格，并试图从这些记录中找出能够获利的各种方法呢？这是有可能的。即使没有将价格记录下来，交易者也可以记住过去的价格，凭借记忆对未来的价格波动做出预测，这必然也需要使用某种技术分析。

到了 1585 年，在阿姆斯特丹的街上或咖啡馆交易的商品中，有 339 项是公开报价的（Boxer，1965）。而在那里，商品早在 1530 年便开始交易了（Stringham，2003）。世界上最大的早期交易所是荷兰阿姆斯特丹交易所，其在荷兰语中被称为 The Beurs 或 Bourse，创立于 1608 年。该交易所大楼于 1611 年建造，是仿照 1531 年比利时安特卫普交易所（Antwerp Bourse）的式样建造的（Munro，2005）。这个交易所后来以 1621 年出现的郁金香球茎狂热（Tulip Bulb Mania）而声名远播。直到 1722 年，阿姆斯特丹交易所为 4500 多名交易者提供了每日中午到下午 2 点钟这一时段的交易场地（Ricard，1722）。做市商、经纪人和公众在该市场上进行交易和做空投机，产品包括远期合约、商品、货币、企业股份、海商保险以及其他金融产品，比如票据、债券、贷款和股票等。他们在市场上买卖谷物、鲱鱼、香料、鲸油，当然还有郁金香（Kellenbenz，1957，1996）。交易的主要股票是荷兰东印度公司（见图 3-1，这是世界上历史最悠久的股票之一）。这些商品的交易价格似乎也有详细的记录和分析。

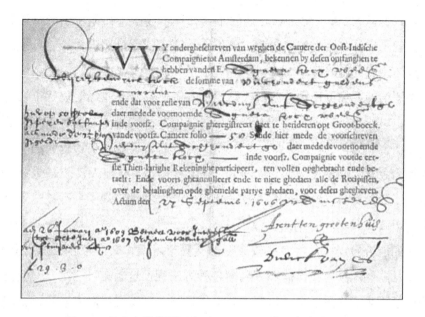

图 3-1　最古老的股票证书（1606）——荷兰东印度公司

注：股票证书：第6号，股票定金；阿姆斯特丹，1606年9月27日发行。手写体签名：阿兰特·
　　滕·格罗滕惠斯（Arent ten Grotenhuys），迪尔克·凡·欧斯（Dirck van Os），公司创始人，1602
　　年起担任荷兰商会董事（私人收藏）。
资料来源：www. oldest-share. com.

18 世纪，随着荷兰帝国逐渐衰落，伦敦和巴黎的交易所在交易量和交易品种方面逐渐超越了阿姆斯特丹交易所。在世界其他国家和地区，尤其是日本，只用现金交易的大米和白银的大宗商品市场逐渐发展起来了，这些市场多数位于主要海滨城市的港口。正是在这些市场中，我们第一次知道了一位富甲天下的交易商运用技术分析和交易纪律发家致富的真实故事。

此人名叫本间宗久（Sokyu Honna），1716 年出生于日本上川河口的酒田港出羽地区，本名加藤吉作，幼时被本间家族收养，改名本间宗久。酒田位于海滨，是重要的大米集散中心。本间靠经营大米致富，在大阪、京都和东京都非常有名。后来本间宗久被册封为武士（对于一个技术分析交易商来说也算不错了），87 岁在东京去世。

　　本间宗久的方法被誉为"酒田准则"。这些规则包括通过分析每日的价格数据来预测次日价格，利用前三天的价格数据来预测第四天价格，以及变动率分析等方法（Shimuzu, 1986）。但是这类信息都不是记录在图表上的，因为技术分析图表后来才在日本出现。人们更多是把本间宗久的方法视为"交易的法则"，而不是"技术分析准则"，因为本间宗久的方法基本上都与如何控制损失以及如何退出市场有关。尽管如此，他的方法仍是建立在价格分析基础上的，具有很高的技术分析含量。更重要的是，他的方法被记录并流传了下来。

　　由于日本是世界上第一个被发现有技术分析规则的文字记录的国家，因此许多历史学家认为技术分析起源于日本的大米市场。但是，要说技术分析没有在中世纪欧洲那些更繁华、更早期的交易所里被使用过，似乎也不够有说服力。实际上，即便在日本，人们也认为价格图表是 1870 年由一位"英国人"率先引入到日本的白银市场的（Shimuzu, 1986）。所以可以肯定的是，尽管现存的历史记录很有限，但是可以推断出，技术分析是分析交易市场和价格的一种古老的手段。

现代技术分析

　　虽然某种形式的技术分析似乎可以追溯到几个世纪之前，但是查尔斯·H.道（1851—1902）是近代首位重新引入和评价技术分析的人。他被称作"现代技术分析之父"。道氏引入了股票指数来评估股票市场的业绩表现，并推断经济的未来前景，使得股票市场参与者的技能水平得到了极大的提升。

　　道氏一生从事新闻记者工作，擅长撰写金融新闻。1879 年，他为罗德岛的《普罗威登斯报》（*Providence Journal*）工作，以一篇矿业报道开始了自己的新闻生涯。1880 年，道氏搬到了纽约，继续从事矿业报道。1882 年，道氏与爱德华·琼斯和查尔斯·博格斯特莱瑟（Charles Bergstresser）一起，共同创办了道琼斯公司（Dow, Jones & Company），办公室就在一家卖苏打的店铺后面，而这家店铺旁边就是纽约证券交易所（New York Stock Exchange，NYSE）。该公司主要通过邮差向华尔街附近的客户发送手写的新闻报道。

1884 年 7 月 3 日，道氏在公司的《客户午后新闻简报》（*Customer's Afternoon Newsletter*）上发布了他的第一期股票指数。道氏只是加总所有股票价格再除以股票总数量，计算了一个股价加权平均指数。这个指数总共包含 11 种股票——9 只铁路股票和 2 只工业股票。

表 3-1 是道氏发布第一期指数时包含的上市公司名单。虽然按照现在的标准看，这是一个奇怪的组合，但是这非常符合 19 世纪 80 年代美国铁路公司在经济中占据的重要地位。这个股票指数恰恰体现了这一点。1885 年 2 月，道氏开始每天编制和发布交易活跃、资本化程度较高的股票的指数。此时，道氏指数包含了 12 只铁路股股票和 2 只工业股票。1886 年 1 月，道氏用 12 只股票指数（包含 10 只铁路股票和两只工业股票）取代了那个 14 只股票的指数。1886 年 5 月，道氏发现在美国经济中，新兴工业部门所起的作用越来越大，因此修正了指数，使其覆盖了全部美国工业股票。第一版道琼斯工业平均指数（DJIA）于 1896 年 5 月 26 日发表在《华尔街日报》上，其中包含了 12 只股票，如表 3-2 所示。尽管这些公司以不同方式幸存了下来，但只有通用电气（General Electric）

表 3-1　《客户午后新闻简报》（《华尔街日报》前身）
1884 年 7 月 3 日"有代表性"的股票
芝加哥和西北铁路公司
芝加哥、密尔沃基和圣保罗铁路公司
特拉华、拉科万和西部铁路公司
湖岸铁路公司
刘易斯维尔和纳什维尔铁路公司
密苏里太平洋铁路公司
纽约中央铁路公司
北太平洋铁路公司（优先股）
太平洋邮轮公司
联合太平洋铁路公司
西联电报公司

表 3-2　《华尔街日报》
1896 年 5 月 26 日道琼斯工业平均指数原始成分股
美国棉花油公司
美国糖业公司
美国烟草公司
芝加哥汽灯和焦炭公司
蒸馏和养牛公司
通用电气公司
拉克里德燃气公司
全国铅业公司
北美公司
田纳西煤钢和铁路公司
美国皮革公司（优先股）
美国橡胶公司

仍然是道琼斯工业平均指数（DJIA）的成分股。[⊖]

　　道氏首次发布的铁路股票指数后来更名为铁路平均指数（Railroad Average）。1970 年 1 月 2 日，道氏运输业平均指数（Dow Transportation Average）问世，该指数也包括航空和卡车公司等非铁路股票。如今，在运输业平均指数的20 只股票中，只有 4 只是铁路股票，分别是 CSX 运输公司、堪萨斯南方铁路公司、诺福克南方铁路公司和联合太平洋公司。实际上，道琼斯运输业平均指数反映了行业的变迁，现在包含 2 家船运公司、5 家航空公司、3 家卡车运输公司、2 家租赁公司以及 4 家空运和货运公司。

　　1916 年，也就是道氏去世 14 年后，道琼斯工业平均指数（DJIA）成分股增加到了 20 只。1928 年，道琼斯工业平均指数继续扩充到 30 只股票。虽然该指数不断更新，以反映各只股票的权重、交易市场的状况、市场资本化和实业结构的变化情况，但是该指数直到今天，只包含 30 只股票。

　　道氏创办这些指数的初衷是将其作为经济预测指标，但是这些研究耗尽了他的一生，他的理论也被称为"道氏理论"（详见第 6 章）。道氏理论是现代技术分析的基石。道氏提出的准则，虽然在当今的金融市场中表现方式不同，但依然有效。

　　道氏对技术分析领域的贡献远不只创设了这些指数。道琼斯公司（The Dow Jones Company）是美国第一个公开发布证券价格的公司。之前也存在供私人订阅的披露股票价格的市场简讯，但是这些信息只服务于付费订阅客户。价格信息的持续发布为技术分析提供了素材。官方新闻和信息和投机者操纵造成的价格大幅波动，激发了人们对价格波动的研究兴趣。通过观察价格，投资者和交易者希望可以了解到谁在买入、谁在卖出，以及未来的价格走势会如何发展。**技术分析是让不了解市场情况的人获得信息的一个途径。**

　　通过记录价格、计算平均指数，分析师开始察觉价格通常以特定的形态重复出现。分析师还注意到市场的运转机制很复杂，它会受到人们的影响。他们

　　⊖　2018 年通用电气也被剔除出道琼斯工业平均指数。——译者注

的投资观点、时间跨度选择、掌握的信息和自身情感等因素也会对市场产生影响。市场均线的形态，尤其是曲线或双重顶、双重底等概念，最先由道氏提出，后来其追随者威廉·彼得·汉密尔顿、奈尔森（S. A. Nelson）和罗伯特·雷亚（Robert Rhea）在 20 世纪 20 年代做了进一步阐述。1931 年，理查德 D. 维考夫（Richard D. Wyckoff）成功开设了交易和投资方面的函授课程。早在 20 世纪 20 年代，维考夫就出版了一份技术分析简报，订阅用户超过了 20 万人。

20 世纪二三十年代，金融界的先驱们创建了包括腾落线（A/D 线）在内的一系列经典指标。1944 年，伦纳德 P. 艾尔斯（Colonel Leonard P. Ayres）上校开发了一种早期评估商业信心的方法，被人们认为是 A/D 线的原型。艾尔斯上校拥有一家名为标准统计（Standard Statistics）的公司。1941 年，标准统计公司与亨利·普尔（Henry Poor）的公司合并，这个新公司就是后来的标准普尔公司（Standard & Poor's）。

《福布斯》杂志和《纽约时报》的金融编辑理查德 W. 沙巴克（Richard W. Schabacker）也发现了个股的价格形态，并观察到了各种有价证券之间存在的共同特征。他是史上第一个用"三角形"（triangle）、"三角旗形"（pennant）和"头肩形"（head-and-shoulders）等词汇描述价格形态的人。有关价格形态，我们将在下文有关章节展开讨论。沙巴克著有《股市理论与实践》（*Stock Market Theory and Practice*，1930）、《技术分析与股市盈利预测》（*Technical Analysis and Market Profits*，1932）[一]以及《股市盈利预测》（*Stock Market Profits*，1934）。一直依赖价格波动进行投机买卖的大宗商品市场，也发展出了一些有用的技术分析理论。那是一个市场中存在各种投机、内幕交易和操纵活动，却缺乏监管的时代。处于信息链之外的人往往处于不利位置。采用价格波动作为预测工具，使技术分析得以脱颖而出。

20 世纪 30 年代末以及 40 年代的大部分时间里，有关股票市场分析的著作

[一] 此书中文版已由机械工业出版社出版。

还不多。考虑到当时的商业和经济环境，在这一方面的文献空白并不令人惊奇。在《1933 年证券法》（Securities Act of 1933）和《1934 年证券交易法》（Securities Exchange Act of 1934）颁布之后，格雷厄姆（Graham）和多德（Dodd）出版了一部股票分析著作。在《证券分析》（*Security Analysis*，1951）一书中，格雷厄姆和多德提出了投资分析的基本面研究方法，这种方法主要关注经济形势和公司价值。虽然这本书为基本面分析奠定了发展基础，但是读者仔细研读就会发现，格雷厄姆和多德不认为单靠基本面分析本身就可以确定证券价格。请看从《证券分析》一书中节选的下列文字：

> 我们所说的分析因素，对市场价格的影响是片面和间接的。之所以说是片面的，是因为那些分析因素常和纯粹的投机因素共同起作用，而投机因素对于价格的影响往往和分析因素的影响作用相反。之所以说间接，是因为分析因素是通过人们的情绪和决策过程这一媒介起作用的。也就是说，市场不是一台称重机器，不能通过精准和没有人为影响的机制，显示并记录与每个东西的品质相符的价值。相反，我们倒可以说，市场是一架容纳无限个体选择的投票机器，它产生的结果既反映了人们的理想，也反映了人们的情绪。

1948 年，罗伯特·爱德华兹（Robert Edwards）和约翰·迈吉（John Magee）（见图 3-2）出版了《股市趋势技术分析》（*Technical Analysis of Stock Trends*）第 1 版。爱德华兹和迈吉展示了数百只股票所表现出的技术形态。他们给出的解释至今仍被广泛采纳，众多的技术分析师将该书奉为"技术分析的《圣经》"。2013 年，这本书发行了第 10 版。

起初，价格信息先被记录下来，再手工绘制在图表上。即便到了今天，点数图的忠实粉丝仍在手工绘制图形，很多专家和交易者认为，这样做可以让他们更真切地"感受"手中交易的股票。专业制图机构会为那些无暇自行坚持数据精确度并绘图的人，提供手工绘制的图册。

爱德华兹　　　　　　　　　　迈吉

图 3-2　爱德华兹和迈吉

资料来源：W. H. C. 巴塞迪（W. H. C. Bassetti），旧金山金门大学金融和经济学兼职教授。《投资
系列》（*Investment Series*）编辑约翰·迈吉；爱德华兹和迈吉合著的《股市趋势技术
分析》第 10 版。

一旦技术分析师对于复杂的数学工具日益精通、游刃有余，他们就不会满足于研究前辈们留下的图形形态，而会尝试用更高级的数学方法描述价格动态。20 世纪 50 年代最声名显赫的技术分析师是约瑟夫·格兰维尔（Joseph Granville），他曾就职于 E. F. 赫顿公司（E. F. Hutton），并于 1959 年在《巴伦周刊》（*Barron's*）上发表了一篇关于"巴伦信心指数"（Barron's Confidence Index）的短文。之后，格兰维尔又完成了两本著作，其中涉及了能量潮（on-balance volume，OBV）、200 日移动平均线，以及其他至今受技术分析师青睐的工具。与他同时代的伟大分析师还包括肯尼斯·沃德（Kenneth Ward）、爱德蒙·塔贝尔（Edmund Tabell）、科波克（E. S. C. Coppock）、沃登（D. G. Worden）、加菲尔德·德鲁（Garfield Drew）和乔治·林赛（George Lindsay）。

20 世纪 60 年代初，变动率（rate of change，ROC）的概念，即动量指标（momentum）已经成了技术分析师的常用工具。20 世纪 70 年代末，计算机技术的发展使得图形的绘制更加精准、快捷。此外，比例、震荡指标和其他枯燥烦琐的计算，都可以在电脑上完成并验证。从此，计算机彻底改变了技术分析的面貌。

20 世纪 70 年代的一个最流行的技术工具是相对强弱指数（relative strength index，RSI），它由小威尔斯·怀尔德（J. Welles Wilder, Jr.）提出（见图 3-3）。作为最有创新能力的技术分析师，怀尔德还提出了有方向运动（directional movement）、抛物线系统（parabolic system）、平均真实波动范围（average true range）等概念，在当今技术分析中仍然受到重视。另一位分析师和大宗商品交易员理查德·唐奇安（Richard Donchian），提出用 10 日和 20 日移动平均线的交叉作为买入或

图 3-3　小威尔斯·怀尔德
资料来源：J. Welles Wilder, Jr.

卖出的信号，还提出了"4 周法则"（four-week rule），即当价格突破或跌破 4 周高点或低点时，价格曲线将开始新的趋势。马丁·兹威格（Martin Zweig）在期货市场上检验了看跌 - 看涨比率（put-call ratio）的使用方法。此外，分析师弗雷德·希驰勒（Fred Hitschler）和杰拉尔德·阿佩尔（Gerald Appel）还提出了许多概念，包括移动平均包络线（moving-average envelopes）、移动平均交叉点（moving average crossover）、指数平滑异同移动平均线（MACD）等。在本书后面各章节中，我们在谈到具体方法时，还会介绍更多分析师的成果。

正当复杂数学工具的使用和计算机技术推动技术分析向前发展之时，学术界对技术分析发起了质疑。学术界认为，对价格不可能进行分析，因为价格是随机分布的，过往情况不能用来预测未来的价格。同时，有效市场假说的支持者们坚持认为市场是有效的，因此新闻、信息等会立即在市场上得到合理反映。由于没有哪种价格研究方法可以预测出此类消息，因此技术分析就是一种无效研究。在这种情况下，职业基金管理人逐渐关闭了技术分析部门，其中大部分基金经理接受过反对技术分析的大学的商学院教育或培训，而技术分析也开始因此而日渐式微。

尽管学术界贬低技术分析的应用，但是技术分析师可以接触到功能更强大的计算机和越来越全面的数据。第二次世界大战后，计算机技术快速发展，人们可

以获得大量高质量数据，这可以让分析师优化自己的交易策略。根据过去的价格数据，经过大量计算，可以确定哪种策略能够带来更多利润。在假定未来的市场行为和现在类似的前提下，这些经过优化的结果可以用来制定未来的交易策略。

具有讽刺意味的是，虽然计算机时代的到来为研究技术分析提供了越来越多新的技术工具，但一种古老的技术工具也同时被引进了美国。正如上文所述，尽管日本蜡烛图的历史可以追溯到 18 世纪中期，但是此前西方金融市场一直没能接触到日本的文献和金融分析工具。史蒂夫·尼森（Steve Nison）在 20 世纪 80 年代末将蜡烛图引进美国。从那以后，其他图形工具，包括卡吉图（Kagi）、卡赛图（Kase）、砖形图（Renko）和一目均衡图（Ichimoku Kinko）也被引进了美国。

技术分析的新发展

人们对于技术分析的热情又重新被激发起来了。有效市场假说的缺陷很明显，股票价格变化显示出了非随机特征。这一新发现让人们开始怀疑之前对技术分析的反驳和疑虑是否站得住脚，学术界也逐步开始对技术理论和指标进行认真的研究。行为金融学作为一个新的研究领域，主要关注市场参与者的心理状态。这一学科的发展表明，投资者未必能一直做出理性行为，而有效市场假说（EMH）则坚持认为投资者是理性的。学者们找到了可以预测的投资人行为案例，并开始解释技术分析师近百年来观察到的价格形态出现的原因。研究甚至深入到研究大脑的生理和运转过程，这门学科称作"神经金融学"（Neurofinance），研究的是记忆和决策过程的生理特征。例如，通过交易员试验，人们发现了在交易员情绪控制和市场波动性之间存在负相关性，而在交易员的情绪和经验之间存在正相关性，这表明情绪管理对于交易员很重要（Fenton-O'Creevy，2012）。

2000～2002 年和 2007～2009 年的股票跌市中，在导致下跌的破坏性的信息被公开之前，很多股票已经发生了大幅下跌。在此之前更早一段时期，安然、世通、泰科、南方保健、奎斯特公司和其他一些公司，都传出了投资者持有其大量股票，因受到管理层欺骗而遭受严重损失的消息。虽然不一定源于过去的操纵方式，但知情人士还是占了消息不灵通人士的便宜。再后来，为了不引发市场恐慌，他们向公众刻意隐瞒了抵押贷款违约事件的严重性，然而股市未能躲开这场危机造成的严重冲击。例如，道琼斯工业平均指数（DJIA）成分股之一的花旗集团（Citigroup），股价从 57 美元跌至不足 1 美元。而一直以来是美国机构投资者宠儿的美国国际集团（American International Group，Inc.，AIG），同期股价从 1400 美元以上跌至 8 美元。

图 3-4 显示了泰科（Tyco）股票的月线图。如果技术分析得到了正确使用，就能够保护投资者免受巨大损失，因为技术分析会发现股价的波动可能和管理层向基本面分析师透露的信息不一致。2002 年 1 月 9 日，保诚证券的一位分析师调低了泰科股票评级，从建议购买改为建议持有（《纽约时报》），这是华尔

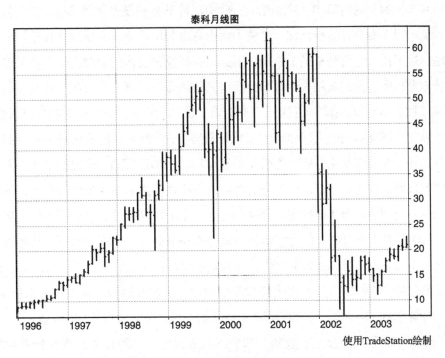

泰科月线图

使用TradeStation绘制

图 3-4 内部人欺诈案例（1996～2003 年）

街知名分析师团队中首个做出这样的评价的分析师。图 3-4 显示了泰科股票一路下跌的情况，而当时的基本面分析师还在建议投资者购买这只股票，公司的内部知情人士包括首席财务官声称："你对公司的财务状况越了解，你就越会感到放心"（Maremont，2002 年，2 月 14 日）。

此外，佣金的不断下降和通信速度的提高，使得技术分析对那些有时间做细致研究的人变得格外重要。技术分析师开发了无须人工干预投资组合的交易规则。股票平均指数期货、外汇市场和其他市场已经扩大，而且变得更有效率，竞争变得极其激烈。股票市场交易几乎是即时完成的。由于市场电脑化程度提高，中介造成的交易延迟和成本也大大降低了。

尽管对冲基金和其他类型的投资合伙形式在 20 世纪 50 年代已经出现了，但是市场大幅下跌和专业人士管理的公募基金、养老基金投资组合的差劲业绩表现，导致很多人抛弃这些机构，建立他们自己的对冲基金和投资顾问机构。资金从大机构流向很多专业化的小机构，这些小机构可以自由地探索和试验各种投资交易方法，这为技术分析师提供了机会。不少这类新投资组合的管理人本身就是熟练的技术分析师，他们雇用其他技术分析师来协助做出股票和期货投资决定。他们也雇用数学博士和计算机工程博士，用计算机筛选股票，并设计交易和投资系统。这些新加入研究部门的人被称作"量化分析师"，因为他们把量化研究扩展到了交易市场。有很多量化分析工作是关于基本相关性和信号的，但他们中很多人都要研究价格，或者本来就是技术分析师。这类活动促进了技术分析的发展，因为他们没有受到学术教条的束缚。最后一点是，从 2002 年开始，市场的大幅上涨和下跌打击了基本面分析。因为基本面研究者不知道如何选择市场时机。从基本面上看，一只股票不管多么有吸引力，在大幅下跌的市场里，照样会表现不佳。通过技术分析，人们则可以将损失降到最低程度，因而在这种大幅下跌的市道里，技术分析作为一种降低损失的有用和可依靠的工具，重新回到了人们身边。

计算机功能如此复杂、成熟，几乎可以进行任何一种技术分析的计算和检验。市场的参与者知道，尽管他们一直在怀疑，但确实根本不存在致富的神奇公式。究其根本原因，就在于人们总是在一个不完美且情绪波动的市场上进行交易和投资，这决定了价格。由于技术分析只处理价格和其他随机发生的交易信息，因此技术分析几乎演变成为研究那些更难以捉摸的无形消息的一种技能，主要着重于交易心理学和交易行为的研究。现代计算机技术已经证明，价格不一定就是随机的，但也不能被准确预测。当然，理由就是人们的买卖行为不仅取决于他们的理性预期，而且也取决于情绪，尤其是受到恐惧、贪婪、天生受环境影响的偏见、过度自信、认知和成见等因素的影响。情绪已经成为技术分析研究中的一个主要因素。

今天的技术分析可以涵盖多个时间跨度区间：长期投资、短期波动、日内交易和高频交易等。在这些时间区间里使用的指标和方法，常常具有各自不同的特征。除了时间区间之外，还有不同的投资或交易工具存在。例如，大宗商品交易市场有自己的技术分析信息和特性，而外汇市场和金融工具的分类也呈现出了多样化，如债券、票据，等等。技术分析的对象非常复杂。由于不可能了解到所有机会的信息，因此每个人必须选择一定的时间跨度周期、方法和最适合自己的性格、能力、知识和时间安排的金融工具。虽然我们在本书中讨论的技术分析基本原则同样适用于其他各类市场，但是投资者必须了解、研究和体验他们想要获利的那些具体的市场。

> 当你进入股市（或其他任何类型的市场）时，你就进入到了一个充满竞争的战场，你的估计和观点将与这个时代、这个行业中最敏锐、最有经验的人遭遇和较量。这是一个有着很多不同细分行业的高度专业化领域，每一个子领域都会有人（男女皆有）在仔细研究，他们所做的判断将决定他们能否得以生存。因此，各类建议、意见和帮助从四面八方铺天盖地而来，除非你能形成一套自己的市场理念，否则你无法分清它们的好坏和对错。
>
> ——爱德华兹、迈吉，2009

| 第4章 |

技术分析争议

本章目标

- 理解随机走势假说的基本原理；
- 理解股票市场回报率的历史分布；
- 理解有效市场假说的基本原理；
- 理解对技术分析的实用主义批评；
- 理解技术分析师对批评的回应。

尽管技术分析在业界得到了广泛使用，但是在学术界却没有获得同样程度的青睐。2005 年，弗拉奈金（Flanegin）和拉德（Rudd）对大学教授和从业者做过问卷调查，结果显示，业界和学术界对技术分析研究的侧重点是不同的。两人向教授们提出的调查问题是，请他们对 20 个投资课程中的主题给出重要性评估。教授们将这些主题按照 1～5 级进行排序，1 级表示很少讲授，5 级表示讲授该主题所花时间相当长。同样，从业者要根据自己在工作过程中使用的频次，分别按照 1～5 级对这些主题的重要性进行排序。1 级表示几乎不使用，5 级表示一直使用。表 4-1 给出了调查结果，可以看到，从业者很少用到教授们在课堂上很细致讲解的很多主题和技巧，同样，教授们也很少花费很多时间讲授从业者认为平时最常用的那些主题。

表 4-1 教授和从业者对金融主题的重要性的评估

主题	教授评估均值	从业者评估均值
投资组合理论	3.89	2.44
贴现现金流	3.87	2.95
资本资产定价模型/β 系数	3.85	2.48
回报率	3.85	2.41
红利贴现模型	3.77	1.73
有效市场假说	3.54	1.85
财务比率分析	2.70	2.56
套利定价	2.40	2.21
盈利会计分析	2.34	2.95
大众心理学	1.99	3.56

（续）

主题	教授评估均值	从业者评估均值
图表分析	1.80	3.56
EIC 分析	1.70	2.56
趋势线	1.70	4.39
支撑位/阻力位	1.68	4.41
交易区间	1.66	4.37
相对强弱指数	1.65	3.54
随机分析	1.63	3.51
成交量分析	1.54	3.78
移动平均/收敛分析	1.49	3.56
超买/超卖	1.46	3.93

资料来源：摘自 Flanegin，Rudd，2005。

　　考虑到多数学者反对使用技术分析，从业者和学者的看法有差别并不令人惊讶。事实上，1988 年罗伯特·斯特朗进行的一次调查表明，60% 以上的博士不认为技术分析可以作为提高投资效益的一种有效工具（Strong，1988）。由于学术界有这些观点，近年来在传统金融专业设置上，技术分析相关课程并没有得到重视。弗拉奈金和拉德的研究成果也说明了这一点。

　　由于学术界在心理上强烈排斥技术分析，因此在讨论具体技术分析方法和工具之前，在本章中，我们先梳理一下学术界对技术分析的一些批评观点。反对技术分析的主要理论依据是随机走势假说（random walk hypotehsis，RWH）、有效市场假说（efficient markets hypothesis，EMH）和资本资产定价模型（capital asset pricing model，CAPM）。这些假说都假定在纯粹条件下，技术分析或基本面分析都是不可能有效的。我们现在来看看这些假说。

市场波动是随机游走的吗

　　反对技术分析的人声称，根据过去的技术数据（比如价格和成交量）预测未来走势是徒劳无益的做法。在畅销书《漫步华尔街》（*A Random Walk Down*

Wall Street）⊖中，作者伯顿·马尔基尔（Burton Malkiel）认为技术分析"和炼金术无异"。很多反对者认为股票价格没有形态模式可言，他们觉得股票价格的波动是随机的，没有"记忆"。这一假定意味着，基于用价格预测价格的技术分析没有理论基础，因为价格波动是随机的。

当无法通过观测过去预测未来时，就会发生随机波动。例如，掷硬币就可以看作一个随机事件。你扔一次硬币，正面朝上，观察到这个结果，对你预测下一次掷硬币会出现什么结果没有任何帮助。每一次掷硬币都是一个独立事件，一次结果对于其他各次结果没有任何影响。如果股票市场遵循随机波动规律，就不可能通过观察过去的价格波动来预测未来的股票价格。

股票价格在随机波动之后会出现反复，这一观点由法国数学家路易·巴舍利耶（Louis Bachelier）在他的博士论文《投机理论》（*The Theory of Speculation*）中首先提出（详见下面的技术分析知识4-1）。他说"投机者的数学期望值永远是零"。尽管是巴舍利耶提出了这个概念，却是皇家学会的研究员卡尔·佩尔森（Karl Pearson）1905 年在《自然》杂志上引入了"随机游走"这个说法。

1937 年，在《计量经济学会会刊》（*Econometrica*）发表的文章《股票市场行为中的一些后验概率》（Some A Posteriori Probabilities in Stock Market Action）中，阿尔弗雷德·考尔斯（Alfred Cowles）和赫伯特·琼斯（Herbert E. Jones）提出，股票市场的价格表现出随机性。由保罗·库特纳（Paul Cootner）编辑，在 1964 年出版的著作《股市价格的随机特征》（*The Random Character of Stock Market Prices*），向大众介绍了随机游走理论及其在股市上的应用。1965 年，尤金·法玛那篇颇有影响力的文章《股市价格的行为模式》（The Behavior of Stock Market Price）在《商业期刊》（*The Journal of Business*）上发表，进一步提升了随机游走理论的可信性。

⊖ 此书中文版已由机械工业出版社出版。

技术分析知识 4-1

路易·巴舍利耶

　　路易·巴舍利耶（1870—1946）是世界上第一个预测了布朗运动（Brownian motion）、金融股票价格随机游走、期权定价和随机过程的鞅现象（martingales）的学者，远远早于爱因斯坦（Einstein）、维纳（Wiener）、布莱克（Black）和斯科尔斯（Scholes）等人。巴舍利耶才华横溢，受到了他的导师亨利·庞加莱（Henri Poincaré）的极力推荐和赞扬，随后在索邦大学和其他几所学校讲学。1926 年，他在第戎申请教授职称被拒绝，原因是另一位著名数学家保罗·利维（Paul Levy）的一封批评信。保罗·利维并不了解路易·巴舍利耶的早期研究成果。利维后来得知了巴舍利耶的研究，1931 年向巴舍利耶致函道歉。最终，巴舍利耶在贝桑松被评为教授。爱因斯坦一生中从未听说过巴舍利耶的工作和成就。20 世纪 60 年代，保罗·萨缪尔森（Paul Samuelson）教授向世界顶尖经济学家们介绍了巴舍利耶的研究成果，他的金融理论才再次被发掘出来。

肥尾现象

　　正态分布曲线看上去与图 4-1 中的那条钟形曲线相似。这个正态（高斯）分布经常出现在自然科学和社会科学中，用来表示未知分布的真值随机变量。（见附录 A 有关正态分布更详细的介绍。）

　　图 4-2 表明了通用电气公司（General Electric）自 2003 年 1 月 1 日至 2004 年 11 月 19 日股票收益的实际分布曲线。与图 4-1 相比，实际的股票收益（见图 4-2）与标准的钟形曲线（见图 4-1）并不完全一致。请仔细比较两幅图中曲线的两端（又称为尾部）。图 4-1 中正态分布曲线的两端越来越细，逐渐接近 X 轴，而图 4-2 中的实际股票收益并没有出现这种尾部变细的情况；相反，可以发现其尾部保持了肥厚形态或没有向 X 轴靠近。可以说，图 4-2 中存在"肥尾"现象，而图 4-1 中没有。

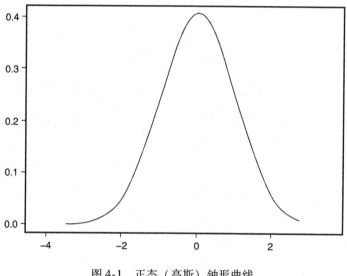

图 4-1　正态（高斯）钟形曲线

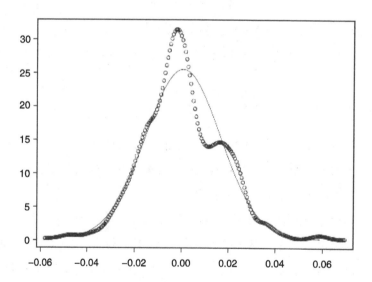

图 4-2　通用电气密度估计与正态分布对比（摘自 Luke Olsen，"Why Be Normal?" Society for Amateur Scientists，E-bulletin，November 21，2003）

早在 1915 年，卫斯理·C. 米切尔（Wesley C. Mitchell）就留意到，价格变化并不完全符合图 4-1 中的高斯（正态）分布。莫里斯·奥利维尔（Maurice

Olivier）在其 1926 年的论文中，弗里德里克·米尔斯（Frederick C. Mills）在《价格行为》（*The Behavior of Prices*，1927）中都提供了更多有关价格变化符合"尖顶峰度分布"（leptokurtic distribution）特征的证据。这种分布比高斯正态分布更"尖"，有一个细尖的峰顶和肥厚的尾部。肥尾表明股价更有可能经常出现与正态分布相比大幅偏离平均回报水平的情况。

伯努瓦·曼德布罗（Benoit Mandelbrot）观察到，1900 年以来的股市数据都符合米切尔和米尔斯所说的情况。他指出市场数据与高斯分布的差异很明显，而且给出了一个新的价格行为模型，并对该模型进行了检验，认为价格行为是一个更一般的稳定的帕累托分布（Paretian Distribution）。

一个例子是发生在 1987 年 10 月 19 日的股价大幅下跌事件。这一天被称为"黑色星期一"，美国股市爆仓，道琼斯工业平均指数（DJIA）下跌了 22.6%。在一天内随机发生这么大幅度下跌的概率有多大呢？在 1996 年发表在《金融学刊》（*Journal of Finance*）上的文章中，作者卡斯滕·杰克沃斯（Carsten Jackwerth）和马克·鲁本斯坦（Mark Rubenstein）指出，即使宇宙里的生命再复活十亿次，而且股票市场每天都开市，类似"黑色星期一"这样的股市大跌仍然是"不大可能"发生的。2003 年，狄迪耶·索奈特（Didier Sornette）在《股市为何爆仓：复杂金融体系大事记》（*Why Stock Markets Crash：Critical Events in Complex Financial Systems*）一书中说，从统计上讲，我们在"黑色星期一"那天遭遇的股市崩溃也是 5.2 亿年才能见到一次。因此，1987 年 10 月的股市负回报显然是一个反常现象。

尽管大量统计证据表明股市回报不遵从正态分布，正态分布特性仍被大量运用于描述股市回报。这样做是否合适，取决于如何解读。正态分布的数学理论比其他分布更易使用。如果采用正态分布得出的结果，与使用其他更稳健、准确的假设得出的结果相比没有明显差别，那么使用这种较简易的分布就是合适的。同时，重要的一点是尽管股市回报很少遵从正态分布，也不能由此得出股市回报不随机的结论。其他分布，包括前面的尖峰分布，也是可以从随机变量中得来的。

出人意料的大幅回撤

"黑色星期一"造成了股市一次史无前例的大亏损。尽管这一天就已经远远偏离了股票收益平均值，但是在10月19日这一天之前，市场已经发生了连续三天的亏损。这三个交易日的负收益率分别是 -2%、-3%和 -5%。换言之，四天的连续亏损导致了市场30%的跌幅。市场遭遇连续亏损的时段被称为"回撤"（drawdown）。

索奈特研究了此类市场回撤现象，试图从中了解为什么会发生这种异常现象，以及如何用随机游走理论对其进行综合分析。索奈特认为，虽然独立因素可以解释一次大的偏离均值现象，但是连续发生两次甚至多次的偏离就不寻常了。

例如，股票市场一天达到10%跌幅的概率大约是千分之一，这就相当于每四年会发生一次这样的下跌。虽然这一跌幅本身是对日均收益率的大幅偏离，但这仍是在正态分布范围内可能发生的情况。如果股票收益事件之间是相互独立的，则两天连续达到10%跌幅的概率就相当于这两个独立事件发生概率的乘积，即千分之一乘以千分之一。同理，3天连续日跌幅为10%的概率，也即连续累计30%的市场回撤，其发生概率就是千分之一的三次方，即十亿分之一。由此可知，从统计学上讲，3天连续发生10%的市场回撤，有可能400万年才会发生一次！

当然，根据历史记录，这类连续发生的事件也确实出现过，尤其是连续下跌。但是这些事件的发生已经表明股市随机游走理论站不住脚了，也就是说，当连续的收益达到一个重要的临界值时，随机和独立性就消失了，人们此时可以开始预测未来的收益。索奈特将这类时段称作"突发关联"（bursts of dependence），或者"可预测区间"（pockets of predictability）。假如这些连续下跌发生的频次比统计预测的次数多，则表明每日股票收益之间存在某种关联，也就说明股票收益并不遵循随机游走规律。

如表 4-2 所示，索奈特的研究成果表明，道琼斯工业平均指数（DJIA）的大幅度回撤比按统计学计算出的发生频率更高。20 世纪发生了 3 次股市大跌（分别发生在 1914 年、1929 年和 1987 年），按照概率法则，索奈特计算出这类幅度的骤跌每隔 5000 年才有可能发生一次。因此，他得出结论：在短短的 75 年中，发生了 3 次如此严重的市场下跌，说明这种股市连续回报的出现并不是完全随机的。

表 4-2　道琼斯工业平均指数过去的下跌统计

排名	开始日期	道琼斯工业平均指数	持续时间（天）	下跌幅度（%）
1	10/1987	2 508	4	-30.7
2	7/1914	76.7	2	-28.8
3	10/1929	301	3	-23.6
4	7/1933	109	4	-18.6
5	3/1932	77.2	8	-18.5
6	11/1929	238	4	-16.6
7	11/1929	274	2	-16.6
8	8/1932	67.5	1	-14.8
9	12/1931	90.1	7	-14.3
10	9/1932	76.6	3	-13.9
11	9/1974	674	11	-13.3
12	6/1930	240	4	-12.9
13	9/1931	110	5	-12.4
14	8/1998	8 603	4	-12.4

资料来源：摘自 Didier Sornette（2003）。

索奈特发现，在正常情况下，股市回报一般遵循正态分布。这些正常的情况是指 99% 的市场回撤。而剩余的 1% 的市场回撤则遵循完全不同的规律，当股市发生不寻常的下跌时，这类市场回撤就出现在市场收益分布的肥尾区域（见图 4-3）。有趣的是，索奈特还发现，这一类特殊的市场回撤和异常的市场行为，同样适用于外汇市场、黄金市场、国外股票市场和主要股票，尽管个别的日内下滑幅度仍位于正态分布之中。

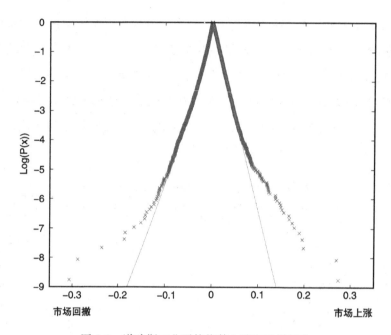

图 4-3　道琼斯工业平均指数上涨和回撤频次

资料来源：Courtesy of Didier Sornette, from a January 28, 2003 private paper：Critical Market Crashes.

在这幅图里，索奈特比较了道琼斯工业平均指数在 20 世纪发生的重要上涨和回撤次数，将实际次数与按照随机性假设算出的频次（如图中直线所示）进行了比较。

这些出人意料的大幅回撤，现在被称作"黑天鹅事件"。公元前 2 世纪，古罗马诗人朱瓦纳尔（Juvenal）曾描写过他看到的一只黑天鹅，而在那个时代，人们认为不存在黑天鹅。在塔勒布的书《随机漫步的傻瓜》（*Fooled by Randomness*，2001）中，"黑天鹅"是对出乎意料且影响巨大的极端事件的一个隐喻，比如大幅市场回撤，后来被纳入到金融理论中。塔勒布认为，投资者低估了非预期肥尾事件发生的概率，而且没有考虑到这对他们的投资产生的巨大影响。

比例关系

随机游走总是存在于某个幅度范围之内。根据随机走势理论，如果价格变化超过了某个连续的时间间隔，比如超过了几天，则在另一个时间间隔上，比如几周，就会出现随机分布，而且波动幅度与原来的时间间隔的平方根成正比。换言之，典型的市场回报波幅的平方根会随着时间延长而增大。如果这一比例关系还存在，则价格变化并非完全随机。此外，如果价格变化分布与一个理想的随机数列的分布有很大的不一致，则随机性的说法很难成立。

麻省理工学院的罗闻全（Andrew W. Lo）和沃顿商学院的克雷格·麦金利（A. Craig MacKinlay）见图 4-4 曾经试图通过试验验证上述比例关系是否存在。1988 年，在《金融研究评论》（*Review of Financial Studies*）发表的文章《股票市场价格不遵循随机游走》（*Stock Market Prices Do Not Follow Random Walks: Evidence from a Simple Specification Test*）中，他们指出，从 1962 年 9 月至 1985 年 12 月，市场波幅与时间间隔并不成正比，并得出结论：股票的投资收益并不具备随机特征。

罗闻全　　　　　　　麦金利

图 4-4　罗闻全教授和麦金利教授

罗闻全和麦金利使用一个简单的数学模型，展示了股票价格的非随机性。

奇怪的是，学者们之前竟然没有发现如此简单的证据。之后，他们对已有文献进行了更细致的研究，发现还有其他学者（Larson，1960；Alexander，1961；Osborne，1962；Cootner，1962；Steiger，1964；Niederhoffer & Osbome，1966；Schwartz & Whitcomb，1977）也提出了证券价格不遵循随机游走规律的观点。在上述文章中，除了施瓦茨和惠特科姆的文章，其他学者的文章无一例外发表在非主流的金融学术杂志上，因而被金融学界忽略了。直到今天，在没有读到此类文献或获悉他们的成果之前，很多专业人士仍会认为证券价格是遵循随机游走规律的。

> 随机游走模型在整个抽样检验期内（1962～1985年）都被明显证伪了。在这段时期，多个综合股票收益指数和按照规模分类的投资组合，也呈现出了与随机游走不相符的情形。虽然人们主要根据小型股票的价格行为而否定这个模型，但也不能由此归咎于交易频次过低或不同时段的市场波动。此外，股票周回报不遵循随机游走模型，也不支持资产价格的均值回归模型（mean-reverting model）（罗闻全，麦金利，1988）。

总之，独立性、分布和比例关系，这三方面的证据否定了随机游走假说，而市场异常情形的出现，暗示了在自由交易的市场中，还存在着其他运行规律。价格收益没能提供符合随机走势的概率方面的证据，并不代表技术分析就是一项可靠的策略。是的，某些技术策略可能是管用的，但是对随机走势假说的否定，只是表明价格收益并非完全随机的，它们之间有可能是不独立的。换言之，市场可能拥有"记忆"，这使其具备了某种形式的预测未来的能力。对于技术分析来说，对随机游走假说的否定，其重要性在于：技术分析的盈利能力不能被"不可能"这个说法自动否定。如果价格收益之间存在着相互依赖关系的话，那么正如上述检验结果所示，用技术分析预测未来价格的大门是敞开的。

过去的价格形态能否用于预测未来的走势

一些认定股票价格不遵循随机游走的研究者对技术分析的有效性不以为然。这些反对者认为，尽管事后分析时，可以找到一些市场形态，用来解释股价的

运动走势，但是过去的价格形态不能用于预测未来。换句话说，用过去的价格
形态无法解释超过平均水平的股票收益。这个反对者群体中有很多学者，他们
之所以反对这种做法，主要出于以下两个原因。

首先，虽然市场有一些基本的价格形态，但是新信息会对基本形态产生足
够大的影响，使其产生很大变化，即使人们了解基本市场形态，也未必能依靠
这些知识获利。例如，不断重复出现的商业周期是众所周知也是被人们认可的
经济现象，但它却不像谐波那样可预测。经济在经历了扩张期之后，接着就是
低迷的收缩期，两者交替出现。因此，我们可以预测未来会出现周期性的扩张
和收缩。但是，每个商业周期都是独一无二的。这些周期在持续的时间长度和
力度方面各不相同。因此，认识到周期会重复出现，并不等同于可以预测周期
持续的时间或收缩的力度。

其次，即使能利用过往股市统计数据，比如价格和成交量，来预测股市未
来的动向，我们也不能利用这些信息获取超过平均利润水平的利润。这一结论
是由有效市场假说直接推导出来的。有效市场假说在经济和金融界的认可程度
较高，尤其是在学术界。有效市场假说认为，只有新信息会引发价格变化，这
些变化会被人们马上加以理性利用，通过套利行为，任何非同寻常的价格活动
都可以很快被调整，返回真实的价格水平。因此，由于没有获悉新信息，技术
分析无法确定未来的价格，因而技术分析也就没法起作用。

市场有效性

由于有效市场假说（EMH）在过去 50 年的时间里一直居于金融理论的核
心地位，因此我们需要花一点时间，讨论一下有效市场假说的基本观点，解释
为何如此有趣且发人深省的理论却不能反映真实的投资和市场。

市场有效说的是在竞争性市场中，价格如何对新信息做出反应。

比如，竞争性市场中出现新信息的情形，就像是在一个养着很多食肉性鱼类的水池里投下一块羊排，各位投资者就像那些食肉鱼。在羊排掉入水里的一刹那，这些鱼蜂拥而上，水池里一片骚动。很快，肉就被吃光了，剩下的只是光净的骨头，水面又恢复了平静。类似地，新信息到达竞争性市场时，难免会引发骚动，因为买卖证券的投资者都会对这则消息做出反应，从而引起价格变化。一旦价格进行了调整，这些信息就如同无肉的骨头一样丧失了吸引力，全无用处。再去啃这根骨头，也不会有多少肉了；再去琢磨这些信息，也不会发现更有价值的情报。（Higgins，1992）

有效市场假说是由 20 世纪 60 年代尤金·法玛的博士论文中提出的观点演变而来的。它假定在任何限定的时间里，证券价格都能够充分反映所有的信息，因而处于一种均衡状态。这个假设的含义是：如果当前的价格充分反映了所有信息，那么证券的市场价格就是其内在价值（intrinsic values）的无偏估计值，因而不存在任何投资策略可以跑赢市场。

有效市场假说的基础是经济学的竞争市场理论。经济学基本理论讲授的是：投资者具备理性预期，因而通过套利竞争，可以创造出一个整体上有效的市场。根据有效市场假说，如果市场中出现了新信息，所有投资者必然会对其进行评估，然后做出理性回应，将价格调整到证券新的内在价值水平上。如果价格偏离了其自身内在价值，即出现了所谓的市场"噪声"（noise）的话，套利者就会千方百计地把价格拉回等于其内在价值的均衡水平，这样的市场就是一个纯粹有效市场。图 4-5 说明了在纯粹的有效市场环境下，当新信息公布时，证券价格会出现怎样的变化。价格及时反映了市场信息的情况，因此会出现一个阶梯式的反应。

这幅图展示了在理想的有效市场情况下，信息影响证券价格的过程和之前讨论的其他两个假设会更具现实意义。

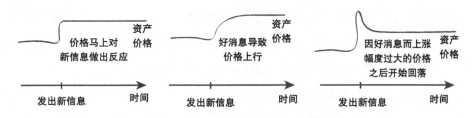

图 4-5　新信息对证券价格的影响

感谢：Courtesy Professor Aswath Damodaran, Stern School, New York University.

新信息

有效市场假说中所说的信息，指的是任何有可能影响证券内在价值的信息。以股票为例，大多数分析师和理论家假定，该股票预期的未来现金流的现值，就应该等于投资者购买该股票时，他们预期获得的价值。现值是公司未来现金流和预期的该时期风险调整利率的函数，而新信息是所有可能直接或间接影响利率或现金流的消息。这些信息有可能与潜在的公司有关，也有可能是围绕经济运行的其他消息、政策等一系列信息。总而言之，新信息涵盖的范围很广，即便不考虑当下的重要性，几乎所有变化也都会对价值产生影响。

信息本身具有许多问题，有效市场假说基本观点的主要问题围绕着所有投资者是否会同时、立即接收到新信息，能否对其做出理性的应对，以及套利者能否立即且总能够采取行动，将所有偏离均值的价格拉回到新的均衡价位上来。事实上，斯坦福·格罗斯曼（Stanford Grossman）和约瑟夫·斯蒂格利茨（Joseph Stiglitz）1980 年在论文《信息有效市场的不可能性研究》（*On the Impossibility of Informationally Efficient Markets*）中提出，由于投资者获取信息的代价过高，因此价格并不能完全反映所有可获取的信息。如果价格完美地反映了所有的可获取信息，那么那些获取昂贵信息的投资者并没有因此而获得补偿。

金融市场的一个众所周知的特征就是信息不对称。信息不对称是指交易一方比另一方掌握更多的信息。例如，公司经理人对于自己公司的经营情况，要比股东了解得更清楚。此外，公司经理人也知道公司提供的财务报表是否真实，但是股东没法马上判定公司管理者在这些方面是否诚实。

投资者都知道，在现实世界中，所有信息未必能即刻被所有市场参与者接收到。信息不对称的经典案例是2000年安然公司的崩溃。安然的管理层多年来一直都知道，他们向公众和分析师公布的基本财务数据是错的，是为了并购而夸大经营业绩，人为抬高股票价格（见图4-6）。公司内部对真实信息做了保密处理，只有少数内部人士了解真相。

即便在安然公司的真相开始暴露，股价开始下跌之时，华尔街的证券分析师仍按照旧的错误数据进行预测，继续推荐这只股票（见表4-3）。而这些新消息是缓慢漏出，一点点逐渐被公众知悉的。但是，即便当分析师最终解读这些负面信息时，这些信息仍然没有得到正确解释。这当然是一个极端的例子。但是，在现实的投资世界中，投资人对新信息的分析是很慢的，而在做出反应时也更为犹豫不决。

所以，在信息传播和解读的过程中存在着一些问题。首先，在信息传播的过程中，信息有可能不正确。其次，信息源有可能故意撒谎，比如安然公司的管理层就是一例。再次，信息虽然有时效性，但是信息未必能够被快速传播。最后，信息发布和信息被最后一名接收者获悉之间存在自然延迟，而在这个过程中，情况有可能已经发生变化。

一旦信息传播开来，市场参与者就必须解读信息，这可能会非常难。信息可能太多且极为复杂，不容易也未必能轻松地被解读。信息时代产生了多得令人瞠目结舌的海量数据和信息，不可能被人们全部吸纳。而且信息常常是模糊的，结果也难以理解，没有多少先例可用于判断某个消息会出现怎样的结果。简而言之，信息本身是不可靠的，人们在解读信息时，有可能犯逻辑错误。

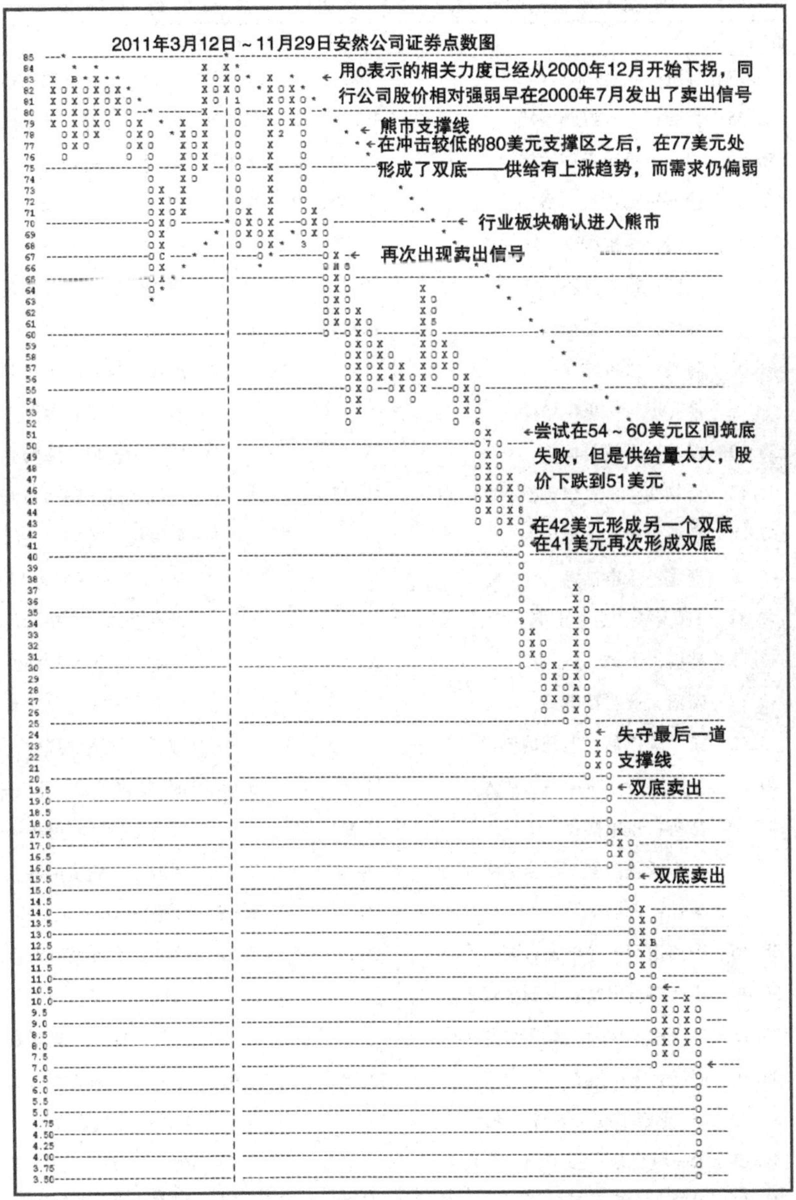

图 4-6　2001 年 3 月 12 日 ~ 11 月 29 日安然公司证券点数图

资料来源：安然公司股票走势和有关的评论由 Dorsey，Wright & Associates 提供。

表 4-3　华尔街主要机构对安然的判断（2001 年 3 月 12 日到 11 月 29 日）

日期	价格（美元）		日期	价格（美元）	
3/12	61.27	保诚：向上突破目标价	10/16	32.84	美林：推荐近期增持
3/14	62.75	德商银行：推荐增持	10/17	32.20	第一阿巴尼：重申强力买入
3/21	55.89	美林：重申近期增持	10/19	26.05	AG 爱德华兹：降至持有
3/22	55.02	德商银行：重申增持	10/22	20.65	CIBC：降为持有
3/29	55.31	高盛：重申推荐			保诚：降为持有
4/16	59.44	高盛：重申推荐	10/23	19.79	爱德华琼斯：降为减持
4/17	60.00	美林：重申近期买入	10/24	16.41	保诚：建议卖出
4/18	61.62	高盛：重申推荐			摩根大通：降为长期买入
		德商银行：重申增持			雷曼：重申强力买入
5/21	54.99	保诚：下调目标价			第一阿巴尼：降为买入
6/8	51.13	贝尔斯登：重申价格有吸引力	10/25	16.35	美洲银行：降为与大市同步
6/15	47.26	摩根大通：重申买入			所罗门：重申买入但目标价
6/20	45.80	高盛：重申推荐			从 55 美元下调为 30 美元
6/22	44.88	AG 爱德华兹：上调至增持			标准普尔：展望为负面
6/27	46.72	高盛：上调估值	11/1	11.99	美林：下调至短期中性
7/10	49.22	摩根大通：重申买入			CIBC：重申增持，但是未发
7/13	48.78	第一阿巴尼：上调估值			现买入该股的理由
8/15	40.25	美洲银行：重申强力买入	11/7	9.05	AG 爱德华兹：建议卖出
		高盛：重申推荐	11/9	8.63	德商银行：降至持有
		贝尔斯登：重申价格有吸引力	11/12	9.24	保诚：上调至持有
		美林：近期中性	11/13	9.98	爱德华琼斯：上调到维持仓位
8/28	38.16	美洲银行：重申强力买入	11/21	5.01	高盛：下调至与大市同步
9/6	30.49	桑德斯莫里斯：上调至买入			CIBC：下调至持有
9/26	25.15	AG 爱德华兹：上调至强力买入			爱德华琼斯：建议卖出
10/3	33.49	高盛：重申推荐	11/28	0.61	保诚：下调估值
10/4	33.10	AG 爱德华兹：下调至买入			UBS：下调至持有
10/5	31.73	第一阿巴尼：重申强力买入			德商银行：建议卖出
10/9	33.39	美林：上调至长期买入	11/29	0.36	瑞士信贷：下调至持有
					RBC 资本：下调至不及大市

资料来源：安然公司股票走势和有关的评论由 Dorsey, Wright & Associates 提供。

学术研究成果表明，市场参与者要获取和完全吸收完整的信息，需要付出高昂的代价。在克罗斯（Cross）1983 年出版的著作《适应性经济行为理论》（*A Theory of Adaptive Economic Behavior*）中，他讨论了解决复杂统计问题的成本高昂而现代经济学和金融学理论却假定每个市场参与者都能获取和吸收全部信息这一问题。

> 这一套方法（传统统计学和数学决策分析）的要求非常高。然而，这已经成为必须有的技能，因为人们被当作能够解决面临的许多复杂问题的数学统计专家，实际上，这往往超出了金融从业者的能力范围。这种方法还依赖于一个假说，即个人在身处动态和危险的情境时，依然遵循行为优化的准则。但是支持这个优化假设的实证证据并不多。（Cross，1983）

市场参与者需要解决的某些优化问题，已经超越用惯了高速计算机的职业统计专家的能力范围。哈瓦维尼和凯姆（G. Hawawini, D. Keim, 1994）认为市场并不是有效的，因为投资者受制于自身认知局限而无法做出优化。罗德等人（Rode, et al., 1995）在沃顿商学院的一篇工作论文中指出，"信息处理时间方面的限制太多""而且还有大量不断出现的新信息等待处理"，以及"信息流往往超过了投资者处理此类信息的能力"。他们认为，技术分析的目的是理解这个新信息层出不穷的纷繁复杂的世界，它已经创造了规则，用简化的信息进行替代，最终"使不可捉摸的信息变得没那么复杂了"。基本经济学理论告诉我们，只要此类做法的成本低于犯错的代价，市场参与者就会继续花钱收集和处理信息。技术分析代表了有限理性投资者的理性选择，这可以让他们在花费较少信息处理成本的前提下，做出足够合理的决策。

技术分析师的解释还受制于风险偏好的变化。2004 年，罗闻全在论文《适应性市场假说：市场有效性的演化视角》（*The Adoptive Markets Hypothesis: Market Efficiency from an Evolutionary Perspective*）中强调，即使在有效市场假说所说的理性市场中，风险规避也不是不变的。风险规避取决于市场行为的历史，因而是随着时间改变的。例如，从来没有经历过股市爆仓的人，在 1987 年股市崩溃或 2007 ~ 2009 年市场下跌之后，风险偏好也变得和以前不同。这意味着即使在理性决策假设下，风险参数也是不同的。当投资者基于非理性预期进行交易时，随时间而变的风险假设也会改变，而且可能会源自不同性质的投资者之间的互动。总之，风险评价本身是个常量——这个假设是不成立的。

投资者能否保持理性

接下来，我们谈一谈理性这个话题。有效市场假说认定，投资者作为一个群体，会采取理性行为。该理论的最新版本也假设市场中存在非理性的参与者，他们被称作市场中的"噪声"交易者（Black，1986）。如果促使价格远离内在价值的噪声交易者，没有遇到被认为是知情者的套利者做出的反向行动，此时的市场就处于非理性状态。因此，市场可以存在个人的非理性，但是通常可以通过理性的套利行为加以抵消。

在讨论套利问题之前，先来看一下人们对于理性的批评，这些批评大多数集中于市场参与者的行为和偏好问题。

市场参与者的行为依赖于个人如何处理信息和做出决策。信息的解读和决策也依赖于人的认知偏差和局限。行为金融学和神经金融学主要研究投资者的非理性行为及其解读信息的方式。其中一些研究成果涉及了市场上那些不受欢迎、不合逻辑的行为，比如"羊群效应"（Huberman，Regev，2001），建立在很少的信息基础之上的过度自信（Fischoff，Slovic，1980；Barber，Odean，2001；Gervais，Odean，2001），过度反应（De Bondt，Thaler，et al.，1982），心理核算（Tversky，Kahneman，1983），概率误校准（Lichtenstein，et al.，1982），双曲线贴现（Laibson，1997）和遗憾（Bell，1982；Clarke et al.，1994）等。越来越多的研究成果表明，投资者的行为常常既不理性也不理智。

　　市场偏好与投资者会规避风险这一假设直接相关。有效市场假说认为，只有当投资者认定自己会得到更高的预期投资回报作为补偿时，才会愿意承担更大的风险。因此，有效市场假说认为，投资者将会根据其对风险的认知和承担风险的能力，不断优化自己的决策。许多心理学家和实验经济学家发现，实际上，"在不确定的情况下，人类决策过程总是与特定的行为偏好相关联。许多行为偏好往往会导致损害投资人经济利益的不利结果……"（Lo，2004）。

　　在早期实验中，最著名的是英属哥伦比亚大学的丹尼尔·卡尼曼（Daniel Kahneman）（见图4-7）和斯坦福大学的阿莫斯·特沃斯基（Amos Tversky）询问实验参与者对于不同概率的成本和结果的偏好的研究（1979）。在面临潜在的利益时，参与者总是选择风险规避策略；而在面临潜在的损失时，他们总是选择冒险的策略。在金融市场中，这类决策的方法可能是致命的。这意味着投资者强烈倾向于将盈利头寸卖出而保留亏损头寸。这完全与有效市场理论的理

图4-7　丹尼尔·卡尼曼

性假设相悖。鉴于两人在行为金融学方面的贡献，2002 年，卡尼曼获得了诺贝尔经济学奖。不幸的是特沃斯基已于 1996 年去世，未能分享这一殊荣。

　　有效市场假说理论的倡导者认为，虽然非理性的市场参与者有时候会在短期内影响到市场价格，但是通过理性的套利行为，价格很快就能回到内在价值的均衡点。而套利行为所获利润，本身就建立在非理性市场参与者所付出代价的基础上。因此，价格虽然偶尔会偏离自身价值，但会迅速被调整回来。偏离的价格就是真正价值的"噪声"，这会为洞察力强的套利者提供盈利机会。价格总是会回到自己真实的价值水平，而非理性行为虽然时有发生，但终究不是控制价值的决定性因素，这是因为有利可图的竞争套利机制，会让价格回归内在真实价值。

　　我们不免会提出一个问题，套利行为本身就能让市场价格回到均衡位置，是否还有其他力量，比如个人偏见、情绪甚至生理因素，会盖过套利者理性力量的风头呢？

套利能否保证市场价格的均衡

根据有效市场假说，当市场的价格出现偏离时，价格在证券的内在价值水平能否达到均衡，完全取决于以盈利为目的的套利行为能否将价格拉回到均衡价位。在市场实践中，套利能力不太会像有效市场假说所认定的那样有效。

在理想状态下，风险规避的套利行为是"在两个不同的市场中，以各自有利的价位，同时买进和卖出同一种或类似证券的行为"（Sharpe，Alexander，1990）。在许多市场环境中，套利者没有可选的套利对象，也就是说套利者因为诸如交易对象缺乏流动性、边际利润率不够大、交易成本等因素，而无法对替代品进行交易。套利的前提是套利者能够随时进场、离场，即交易对象具备流动性。如果市场处于快速变化或情绪跌宕起伏的时期，流动性常常会变差，套利者就面临无法平仓的风险。交易成本和流动性造成的价格滑动，常常是套利者担忧的问题。交易成本必须尽可能小，因为价差不大，所以交易成本会侵蚀一大块利润。总之，流动性和成本因素往往让套利者不得不去寻找其他盈利的方法。

由于套利者缺少可供选择的交易标的，因此，价格难以达到理论上的均衡价位，有可能持续向一个方向或另一个方向偏离。没有工具可以用来检测这种情况。由于缺乏交易对象，因此没法使用工具去实现风险规避的套利策略。这种情况在股市和债市都是如此。如果市场出现了"非理性繁荣"（耶鲁大学罗伯特·希勒教授提出了这一术语）⊖——这种情形在 20 世纪 20 年代和 20 世纪 90 年代以及 21 世纪初都曾经发生过，价格就会飙升到远远高于均衡水平的位置。这样一来，就没有什么证券可以让套利者在无须承担大量资本风险的前提下用于套利，将价格拉回到均衡位置。由于缺乏套利载体，价格可以在一个方

⊖ 希勒在面对美联储的证词中使用了这一术语，后来格林斯潘在其著名的 1996 年 12 月的演讲中重复使用（摘自克里斯·鲁格伯（Chris Rugaber）和福尔投资网 2001 年 4 月 11 日对希勒教授的采访）。这个词是由汉密尔顿（1922 年）首先提出的。

向上一直运动，无法回归理性价值水平。

与有效市场假说相反，技术分析的假设包括市场有能力让价格呈现趋势性运动，在这种情况下，如果存在套利者，他们就可能会被趋势裹挟，或者主动加入其中，助长价格更加偏离真实的价值水平。此外，当一种趋势终结并且开始反转时，德邦特和塞勒（DeBondt and Thaler，1985）发现，价格常会远离理性的价值水平，朝着相反的方向运动。这种价格变化方向和幅度表现出的周期性，正是技术分析的假设，并被解释为非理性行为的影响超过了理性套利的作用。

技术分析知识4-2

金融理论失效的一个案例：长期资本管理公司的坠落

在非理性行为的作用下，理性行为和套利行为的失败，在1998年长期资本管理公司（Long-term Capital Management，LTCM）崩溃案例中得到了充分体现。长期资本管理公司曾拥有一支训练有素、知识渊博的专业团队，智囊团中有两位诺贝尔经济学奖获得者——斯科尔斯（Scholes）和米勒（Miller）。他们成功规避了美联储规定的保证金以及安全比例要求，确定了30:1的杠杆比例，管理着价值3000多亿美元的套利头寸。此外，该公司还持有价值上万亿美元的衍生工具合约。也就是说，如果失败，作为这些合约的对手方的银行，就不得不承受同等数额的清算风险。换言之，长期资本管理公司具备拖垮美国甚至世界金融体系的能量。

单纯的套利造成的一个主要问题是，短期内市场会非常有效，因此买卖双方的价差非常小，潜在的利润率很低，也就是说只有依靠大头寸，才有可能获得可观的利润。这和小杂货店薄利多销的道理一样，即必须有很高的营业额，才能获得较高的利润。因此，人们必须依靠杠杆作用来提高头寸的规模。虽然杠杆作用能大大提高利润，但它也提高了资本损失的风险，根据具体的杠杆比率，头寸上一个小小的变化很有可能让人倾家荡产。对于30:1的杠杆比率来说，价值3000亿美元的合约，即便头寸只发生了3.4%的不利变化，也能把整个基金逼入死角，导致公司被清盘。而长期资本管理公司的结果正是如此。

这就是根据有效市场假说的不切实际的假设，遵循金融理论最时髦版本管理的投资组合崩溃的例子。在"错误定价"被扭转之前，情况变得更糟了，在最糟糕的时点，该公司被要求追加保证金，导致情况加速恶化。

> 1998年8月俄罗斯债务危机之后，投资者纷纷寻求安全和流动性，在至少几个月的时间里，他们变得很不理性。(Lo，2004)

因此，即便是基于理性预期建立了一系列理论上无风险的利差套利头寸，也会由于对某一事件的反应而受压，在流动性缺乏和追加保证金的阻力下，会造成价格大幅下跌。最后，在美联储的要求和支持下，几大银行和经纪商不得不接管长期资本管理公司，迫使其终止业务，在市场利差改善的过程中逐步清算了头寸。

贸然相信有效市场假说造成了巨大的损失，这起事件使人们认识到，虽然市场的力量和作用在多数时间遵循了有效性规律，但是在偶然或意外的情况下，非理性力量会压倒理性力量，引发灾难性后果。在长期资本管理公司被清算几个月后，套利专家分析了该公司当时的操作计划，认定当时的头寸是合理的。有一段时间，价差甚至开始向平均值回归。也就是说，如果长期资本管理公司没有用如此高的杠杆比率，它完全可以忍受住短期的损失而存活下来，最终还能盈利。但是为了提高资本收益率，长期资本管理公司不得不借助高杠杆的放大作用，这进一步引发了其他风险，包括波动性风险和爆仓风险。当市场完全脱离了正态的收益分布，产生了肥尾现象时，长期资本管理公司也就倒霉了。认定价格收益呈正态分布这一说法，本来就是不恰当甚至是致命的。在这种情况下，行为金融学应运而生。

对技术分析来说，幸运的是，正如前面所讲，有效市场假说的实证研究成果表明其核心假设是有很大缺陷的。理论的有效性和其假设息息相关，而有效市场假说的假设构成了一个循环逻辑，无法被实践证明，也避免了这个金融学话题面对证明其错误的实证证据的尴尬场面。实际上，这是一个无法被证明正确，也无法被证伪的理论。

对于学术界来讲，幸运的是，联合假说问题（Joint Hypothesis Problem）被引入了有效市场假说，因为这样就避免了去证明这个理论。这个逻辑问题说的是：有效市场假说是不能证伪的。它基于一个要求——可接受的检验要包含一个价格如何有效形成的模型。（存在太多因素，而每个因素都应该有一个合理的基础。）由于没有这样一个可以接受的模型，所以这个假说无法接受检验。这样就把这个无法证明的理论划入了宗教行列。作为宗教，它的传播纯粹取决于信念，而不是现实证据，所以那些信奉有效市场假说的人，仍然会虔诚地向纯洁无知的学生灌输这个理论。

行为金融学和技术分析

行为金融学是金融学的一个快速发展的分支。这一分支主要从社会和情绪因素的角度，理解投资者的决策过程。行为金融学研究主要指向认知偏误，包括心理核算、框架效应、过度自信以及其他影响投资者决策的因素。这些研究表明，投资者的非理性行为会导致价格偏离有效市场假说所指的真实价值水平。投资者的情绪和价格的异常现象，无论是与趋势还是与形态有关，都只是技术分析的一小部分。情绪和心理行为虽然未经验证，但却很有可能是产生这些趋势和形态的原因；而人们的认知偏误一直在交易系统发展和执行过程中起着作用。

有效市场假说是建立在演绎推理基础上的。在这个演绎推理的过程中，金融学家先做出假设，比如，市场是由效用最大化的理性人组成的，然后使用逻辑和越来越复杂的数学方程，从这些假设中推导出结论。这一方法就像是，已经秉持着某个结论的律师为了让别人信服，努力搜集有利证据，贬低不利证据。不过正如我们刚才列举的长期资本管理公司的案例，这个演绎推导的方法所产生的理论，未必和从真实世界观察到的数据吻合。

研究行为金融学的人采用归纳法，通过观测实际发生的事件，从中找到规律。这一归纳推理过程是建立在观察基础上的。这和科学方法类似，先收集证据，观察有规律的现象，然后提出解释现象的理论，并进行实验检验。归纳法的一大缺点是根据重复出现的现象得出形态模式，不能保证这种关系在将来会再次出现。要判定某种现象持续出现，最终还是要依靠能解释其出现原因的理论。

演绎推理得出了有效市场假说，但这个理论却没有得到事实支持。行为金融学的归纳推理得出了许多与有效市场假说相悖的观点，却没有理论支持这些观点在未来是否有用。但是，行为金融学证明了技术分析的作用。行为金融学中缺少一个理论，来解释这些现象发生的原因，在这个理论出现之前，学术界仍不愿放弃有效市场理论。

虽然理论和观察到的数据存在差别，但学术界仍在努力探索与市场观察一致的理论，行为金融学因而取得了长足进步。例如，罗闻全（Lo, 2004）使用了进化论中的竞争、适应和自然选择等原理，解释了金融市场上的互相作用，并提出了适应性市场假说（adaptive markets hypothesis）。罗教授提出，行为金融学者认定，违背有效市场假说的许多事实，是和投资者的进化模型相符的，投资者使用简单的直观推断方法以适应市场环境变化。

到目前为止，行为金融学还没有提供一个代替有效市场理论的模型。但是质疑有效市场理论的纯粹形式的实证研究，通过对技术分析规则的深入分析，促进了技术分析可信度的提高。我们有理由相信，学术界最终会跟上现实世界的市场发展进程。

技术分析的实用主义

除了技术分析的理论批评以外，在实用主义角度，技术分析也遭受了批评。

有些投资者错误地认为，技术分析只适合短线交易者，对长线投资者没有太大用处。由于新闻和相关的基本面信息不会时刻或每天都发生变化，所以短线交易者必须更多地依赖技术分析。短线交易者必须依靠解读市场价格行为，而不是分析新闻和公司通告来交易。在这种情况下，技术交易能让交易者获得比基本面分析更高一筹的优势。这个偶然事件让人们误认为技术分析只适合短线交易者。然而，技术分析是对价格进行研究——是人们决定了价格，人们不仅影响短期价格，也会影响长期价格。长期价格行为分析对于投资人的重要性，不亚于技术分析对于短线交易者的意义。而职业投资经理之所以成功，也是因为他们使用了技术分析进行长期投资决策。

一些人反对技术分析的人声称，即使技术分析方法能够成功，由于使用者众多，也会降低其有用性。从这个说法可以推论，过去有效的规则，在将来未必有用。这一批评认定当所有的投资人都使用技术分析方法时，技术分析必将失效。到目前为止，技术分析的使用已经无所不在的说法还只是一种幻觉。许多规则，无论是技术分析还是基本面分析，最终都变得太过热门了。比如非关联资产的"多元化"这个概念，在2008年股票市场大跌之前曾被人广泛引用，但所有非关联资产在那次大跌中也未能幸免于难。这类现象还有一个例子就是小盘股效应。从历史数据来看，小市值股票往往跑赢了大市值股票，但是这个基本规则现在未必正确。因为这只能算作投资风潮，而不能称为投资规则。技术分析已有几百年的历史，并非是流行于一时的潮流。毫无疑问，形态模式分析法并不如过去那样管用了。其实所有的投资分析方法都存在这样的问题。随着市场变得更有效率，竞争也更加激烈，人们对任何一种有可能成功的方法都会趋之若鹜，直到这种方法不再管用。虽然技术分析发生了这种情况，但这未必就是技术分析独有的。谁能说清楚未来起作用的技术规则是什么？所有的规则都会改变。至少技术分析是根据可靠的数据进行分析的，大多数规则都经受了验证，并且人们还可以通过确定风险水平来限制资本损失。

对技术分析的另一个批评是，多数技术分析规则要求做出主观判断，因而很容易出错。但反过来讲，什么样的投资分析能离得开主观判断呢？为什么单单以此责难技术分析？当然，基本面分析师必须判断是否买进、卖出、持有、观望或者忽略一只正在研究的股票。对图表的技术分析是主观的，这一点没错。有人称之为"艺术"或"技巧"，但是在图形上展现数据却只不过是另一种时间序列分析。多数理论家也使用图表来验证自己的假设。技术分析和其他类型分析的一个不同点在于，对数据的分析必须尽可能及时和准确。实际上，由于量化专家使用计算机来确定资金管理和操作的统计规则，因此技术分析现在已经变得日益"自动化"了。有一些人认为这有可能会"把事情搞砸"，会低估技术分析甚至是把技术分析等同于主观判定。长期资本管理公司使用 EMH 导致溃败的案例里，人们正是这样做的。但是现在的情况是，技术分析正在变成两大投资分析方法中主观程度较低的一种。

实证对技术分析的支持

尽管在理论方面的批评很多，但在究竟能否使用过去的价格数据来预测将来的价格动向这一问题上，近年来，学者们开展了几百项研究，来验证技术交易规则的有效性。其中朴（Cheol-Ho Park）和欧文（Scott Irwin）进行了最全面的分析检验。在 2003 年的报告中，他们对 92 份 1986 年以后对技术分析所做的研究进行了回顾总结，这些研究测试了技术分析策略的成功概率。⊖

⊖ 许多在 20 世纪 80 年代中期以前开展的技术交易战略测试主要集中于一两个交易系统，对于交易盈利性的统计学显著性没有测试，也没有正确解决风险的问题。

在这 92 项研究中，有 58 项研究认为技术分析可以得出有效结论，只有 24 项研究表明技术分析导致了负面结果。根据随机游走假设，由于价格回报之间是相互独立的事件，因此没有哪种技术交易策略应该一直盈利。随机游走假设的笃信者承认某个技术分析策略事后看来是有利可图的，但他们认为这完全是运气使然，而不是基于一个成功的技术交易规则。但是，在朴和欧文所调查的文献中，有 2/3 的研究表明技术分析管用，能取得良好的投资和交易结果，这可不能归结为运气的原因了。当然，正如朴和欧文所说，由于研究者使用了不同的测验方法，有时候会受到数据筛选和事后套用交易规则等情况的制约，其中一些研究由于难以估计风险和交易成本而并非无懈可击。然而，58 项研究都不准确，或者都可能有测试缺陷的情况，几乎是不大可能的。朴和欧文的研究结论至少表明，随机走势和有效市场假说有可能被驳倒。对交易规则进行严格测试的这类研究，直到近来还没有完成。

总　结

与所有的实用学科一样，尤其是在如此纷繁复杂、变化多端的市场中，技术分析也有自己的问题。随机游走假说不够完美，尽管价格往往会呈现出随机性。有效市场假说对于很多现象都不能解释，尽管价格似乎非常有效率，而且人们盈利的机会也不多。基本面的分析也有自己的问题，大部分问题在 2000 年早期市场下跌时期，以及 2007～2009 年被夸张放大了。但有一点可以肯定，股票价格、商品价格和汇率的长期改变，源于经济和市场结构的基本变化。技术分析也不例外。它也有很多缺陷，例如不易学、会出错和由于偏误而被"打脸"。但是对于想要通过择时和抓住趋势盈利并控制风险的投资者来说，技术分析的确极其重要。

复习题

1. 当你走进房间时，看到朋友们正在玩掷硬币的游戏。他们请你猜抛掷硬币后，会是正面朝上，还是正面朝下。之前他们已经玩过几次，并且知道前面几次的结果。你是否认为在预测接下来投掷硬币的结果时，他们更有优势？请回答并说明理由。

2. 随机游走假说的支持者声称，股票价格没有"记忆"。这句话的意思是什么？请解释。

3. "肥尾"这一术语是什么意思？它与正态分布中曲线两端的"尾部"有何不同？

4. 假如某天股票价格下跌 10% 的概率为千分之一，并且股票收益是随机的。请解释股票价格连续两天出现 10% 跌幅的概率是百万分之一的理由。

5. 信息的哪些方面的问题引发人们对有效市场假说产生了质疑？

TECHNICAL ANALYSIS

市场与市场指标

第 5 章

市 场 综 述

本章目标

- 了解投资者采用技术分析所需的市场条件；
- 了解可以采用技术分析的市场类型；
- 了解信息充分、信息不足的市场参与者和流动性市场参与者的区分；
- 了解价格加权、市值加权和等权值加权平均的区别。

技术分析在自由交易的市场中得到了广泛采用。在美国和绝大多数工业化国家，技术分析普遍应用于货币市场、股票市场、固定收益市场和大宗商品市场。职业交易员和投资人以及用自有资金投资的个人，都会使用技术分析方法。技术分析的一个明显用场是帮助投资者赚钱。投资者希望以低价买入有价证券，再以高价卖出。技术分析可以帮助人们确定有利可图的买进和卖出时机，除此之外，技术分析还可以用于风险管理。

对于使用技术分析方法在市场上进行投资的投资者来说，市场必须具备易用、可互换、充分的流动性等特征和持续的交易行为。虽然世界上有许多自由交易的市场都在采用技术分析方法，但是本书提到的交易市场主要是指美国股票市场。

技术分析知识5-1

可互换性

可互换性（fungibility）是指在相同的条件下，金融资产之间的可交换性。通常情况下，股票、期货或期权会在多个交易所中交易。在某一个交易所购买的金融资产，如果需要在另一个交易所出售，就必须具备可互换性，这一点至关重要。换言之，如果交易者在新加坡交易者所买进一份标准普尔指数合约，并将这份合约在芝加哥商品交易所（Chicago Mercantile Exchange）上卖出，那么这个交易者必须保证这份合约具有可互换性，即这类合约是可以互相交换的，在两个交易所上都可以交割和清算。有些交易所可以交易同样的合约，但它们却并不隶属于同一个清算所。清算所负责对交易的合约进行交割和结算。在这种情况下，在一个交易所购得的合约就不能在另一个交易所交割。在离岸市场交易中，合约的可互换性有可能难以实现。

技术分析适用的市场类型

市场本身就是买卖双方会面的场所。市场可以按照多种方式进行分类，如按照交易的资产类型、借贷双方会面的方式、执行合约的类型等标准。首先看按照市场组织或整合方式如何进行分类。按照这种方法，市场可以分为四大类：直接交易市场（direct search market）、经纪市场（brokered market）、做市商市场（dealer market）和拍卖市场（auction market）。

直接交易市场的市场结构最为松散。在这种类型的市场中，买卖双方必须直接去寻找交易的对手方。比如，伊丽莎白想在搬进新公寓前买一台二手的洗衣机和烘干机，她就要在当地报纸的分类广告上或者 eBay 等网上商场中，去找出售洗衣机和烘干机的卖家。一般来讲，低价、非标准的商品会在直接交易市场上出售。这种市场的典型特征是，市场参与者是否参与交易具有很大的偶然性。

下一个层级的市场是经纪市场，主要解决买卖双方难以在直接交易市场上找到对方的问题。当市场中某种产品的交易量足够大时，经纪人可以专门从事联络买卖双方、安排交易活动的职业。经纪市场中最为人熟知的是房地产市场。依靠专业分工和经济规模，房地产经纪人可以为客户提供搜索和中介服务，其成本比客户本人自行进行此类活动的成本要低。通过为买卖双方提供这一类搜索和中介绍服务，经纪人可以获得佣金。投资市场的经纪运作模式与此类似，经纪人为买卖双方牵线搭桥，介绍金融资产的买卖从而获得佣金。

第三种类型的市场是做市商市场。当市场中交易的某类资产的金额足够大时，就产生了做市商市场。和经纪人不同，做市商自主经营资产。这些做市商专门从事某一门类资产的经营，报出买入价和卖出价，并准备按照上述报价随时进行交易。纳斯达克（NASDAQ）就是股票的做市商市场。做市商准备按照出价（bid price）买入证券，同样也可以按照要价（ask price）出售证券。做市商的利润来自所谓的"买卖价差"（bid-ask spread）。做市商通过向市场参与者提供价格信息，让买卖双方知道自身愿意买进或卖出股票的价位，为市场参与者节约了搜索交易信息的成本。做市商市场上交易的证券通常具备互换性，有很强的流动性，做市商随时准备买卖股票，也为市场提供了充足的流动性。所以，做市商市场具备使用技术分析的条件和特征。

集中度最高的市场是拍卖市场。在拍卖市场中，所有的参与者都聚集在拍卖地点，进行某个产品的购买或出售。中央设施可以是某个地点、一家清算所甚至是一台计算机。拍卖市场的一个重要方面就是所有出价和竞价信息都高度集中，并且可以同时通报给所有的买方和卖方，然后达成买卖双方都同意的价格，这最大限度地缩小了买卖价差。诸如艺术品、珠宝、古董之类的商品，会定期在拍卖市场上出售。纽约证券交易所就是不间断拍卖市场的一个代表。

通过技术分析可以研究一些特定的拍卖市场，但是还有一些拍卖市场无法使用技术分析的方法。例如，书画拍卖市场就不遵循技术分析的规则，因为书画类商品独一无二，不可相互替代。美国国库券的拍卖市场可以使用技术分析工具，因为美国国库券是高度流通的有价证券，且很容易替代。有效组织的交易所是为了让容易流动、可替代的资产进行连续交易，这类市场通常可以应用技术分析方法。

合约类型

按照不同的合约类型，我们可以把市场分为两大类：现货市场和衍生工具市场。期货市场和期权市场是衍生工具市场的子分类。表5-1列出了可以在现货市场、期货市场和期权市场买卖的资产类型。

表5-1　现货市场、期货市场和期权市场交易的资产种类

交易资产类别	现货市场	期货市场	期权市场
普通股	是	是	是
大宗商品			
农产品	是	是	是
金属	是	是	是
能源	是	是	是
利率	是	是	是
外汇（FOREX）	是	是	是
指数	是	是	是
公募基金	是	否	否
交易所交易基金（ETF）	是	是	是

现货市场

现货市场（cash market或spot market）是最古老的市场类型。在现货市场中，合约订立意味着对议定的商品进行即时交易。即时交易有不同的规则和惯例，要依据具体交易的资产而定。例如，当外汇进行交易时，合约的交割通常立即执行，或者是在合约订立后两天内执行；对于普通股来说，交割期限为三天；对于现货大宗商品，每个市场的规定和做法则各不相同。现货指数的交易与普通股交易一样，其交割由交易所做出规定。

股票市场是最广为人知的现货市场，向公众开放。在现货大宗商品市场中，交易商品的主要厂商和消费者通常是主角。例如，雀巢（Nestle）是可可豆现货市场的主要商家；埃克森（Exxon）是原油现货市场的主力；花旗银行（Citibank）是金融现货市场（债券、票据、联邦基金等）的主要参与者；而瑞士银行集团（UBS）是外汇现货市场的主要参与者。

作为技术分析师，我们主要关注的现货市场是公开股票交易所交易的普通股和指数现货市场。在现货市场中可以采用金融杠杆，但是其未必和其他工具一样被频繁使用。股票市场和期权市场的杠杆作用通常受到美联储（Federal Reserve）和美国证券交易委员会（Securities and Exchange Commission）的限制，但各方已经想出了很多种途径，通过利用衍生工具市场以及与贷款人的私下约定，来规避这类限制性规定；而普通交易者或投资者则要遵守美联储的限制规定。依照目前的规定，对于股票市场和指数现货市场来说，隔夜交易中至少有50%的市值必须是现金，而日内交易的相应下限规定是25%。这意味着，交易者或者投资者对于隔夜持仓可以采用的杠杆比例是2∶1，而日内交易的杠杆比例是4∶1，即用1美元可以隔夜购买或做空最多2美元的证券，而1美元购买或做空日内交易的证券则不超过4美元。对于日内交易者、美国国债证券的持有者、做市商以及价格低于5美元出售的股票，不同的交易所和经纪商可能会制定更苛刻的保证金要求。在使用保证金进行投资之前，投资者或交易者需要向有合作意向的经纪商咨询有关规定和规则。

现货股票市场的流动性非常好。每日交易的成交量和成交金额表明了市场上总是存在愿意交易的买卖双方。当交易所的电脑出现故障，重大事件爆发或严重影响美国的极端气候出现，或者美国股票的平均涨幅或跌幅超过了一定幅度，即发生股市恐慌时，美国的各大交易所才会对交易进行干预或短暂休市。当发生大幅价格变化时，纽约证券交易所会按照情况的严重程度采取两种方法：其一就是按照道琼斯工业平均指数（DJIA）的百分点变化，在判断达到既定临界状态——"熔断"时，纽交所将暂停所有交易，让投资者有时间对接收的信息进行分析解读。这段"停市"时间是比较短的。例如2010年第1季度，标准普尔500指数在美国东部时间下午3∶25之前，跌幅超过了7%，就触发了一级熔断，交易所暂停交易15分钟。如果标准普尔500指数在美国东部时间上午9∶30到下午3∶25之间，跌幅超过了13%的话，将会触发二级熔断，交易所也会暂停交易15分钟。如果在交易日任何开市时段，标准普尔500指数发生了20%的下跌，三级熔断被触发，交易所将停止当天的交易。

自从 1988 年开始引入了这种熔断制度以来，只有一次触发了当天停市，那是 1997 年 10 月 27 日，道琼斯工业平均指数在 3∶30 之前下跌了 550 点。当时规定在道琼斯工业平均指数下跌 10%、20% 和 30% 时分别触发三个级别的熔断。2012 年收紧了熔断触发标准，以适应高速发展的市场需要。假如早一点就开始采用这种收紧的熔断制度，那么从 1962 年至今，跌幅超过 7% 的情况会触发市场熔断共 13 次。

技术分析知识 5-2

交易所交易基金

在过去 20 多年里，一种专门用于复制指数基金或一篮子资产的名为交易所交易基金（ETF）的金融产品，已经成为特别流行的交易或对冲工具。

历史。 1989 年美国证券交易所和费城证券交易所试图创立一种类似的投资工具的计划失败了，这可以算作是首个交易所交易基金的原型，其原计划是模拟美国标准普尔 500 指数（S&P 500 Index）。一年之后，多伦多证券交易所成功推出了可自由交易的加拿大股票类的指数基金，追踪多伦多股票交易所 35 平均指数和 100 平均指数。

内森·莫斯特（Nathan Most，2004 年 12 月去世，享年 90 岁）曾是美国证券交易所的主管，目睹了多伦多指数基金的成功，于 1993 年创设了模拟美国标准普尔 500 指数的基金。它最初是作为美国标准普尔存托凭证（Standard & Poor's Depository Receipt，SPDR）使用，股票代号为 SPY。该产品曾有个昵称"Spyder"（蜘蛛），现在仍在电视广告中很常见，至今依然是美国股票市场上交易量最大的交易所交易基金。

结构。 交易所交易基金持有资产，这与公募基金类似。一般情况下，大型的机构做市商直接在交易所买入或卖出交易所交易基金份额，而不是买卖基金对应的大量股票。这些机构摇身一变，成为交易所交易基金的做市商，其操作方法和交易普通股类似。由于该产品由相关资产支撑，套利可以让它们接近对应资产的价格。从零售角度来讲，交易所交易基金等同于有流动性的公募基金，它可以在全天的任何交易时段买卖，与成交量很小的封闭式基金不同。（根据2008年11月《华尔街日报》的报道，在市场动荡的时候，这类基金有平均1%的价格偏离，而成交量小的基金的价格偏离高达10%）。由于交易所交易基金的需求不断提高，该产品产生了小额溢价，吸引更多的做市商买入交易所交易基金所对应的股票。所以，在相关资产的价格和交易所交易基金价格之间不断套利，会使两者价差缩小。

目前来讲成交量最大的交易所交易基金股票仍然是SPY（"Spyder"），但市面上还出现了很多其他的同类型产品。紧跟其后的是QQQQ（又称立方），主要模拟纳斯达克100指数；还有DIA（又称钻石），主要追踪道琼斯工业平均指数（DJIA）。

优势。多数情况下，交易所交易基金能够向持有人发放红利（或继续再投资），因此减少了在指数期货和期权市场上常见的红利价差（dividend spread）现象。对交易所交易基金的征税和股票相同，但交易所交易基金不像股票，做空时没有附加利息。它比公募基金的费率更低，不需要认购费、赎回费或短线交易费。交易所交易基金的交易成本和买卖普通股的一般经纪人佣金相当。在出售交易所交易基金时，可以获得资本收益。但是公募基金的资本收益仅在持有基金时才有。最后，按照其性质，交易所交易基金是透明的。投资人完全了解交易所交易基金持有的资产，而公募基金只在报告期才能让投资者了解具体的资产信息。

类型。模拟股票市场指数是最常见的交易所交易基金类型，其次是商品交易所交易基金（也称做交易所可交易大宗商品）。这类金融工具投资贵金属、能源和农产品等大宗商品。持有这些投资工具有潜在的危险，因为它们对应的资产往往是在期货市场上的某个头寸，很有可能在每次到期的时候继续展期，需要支付潜在商品价值之外的展期费用。最后，还有其他三种重要的类型：美国政府债券基金、货币基金和主动管理基金。

杠杆作用。交易所交易基金可以使用杠杆作用，这一点和普通股要遵循的美联储规定是一样的。但是，在过去几年里，加了杠杆的交易所交易基金出现了每日上行或下行收益率翻倍甚至三倍的情况，因此也被称为逆向资金（inverse fund）。投机者现在可以承受更大的资本损失风险。杠杆基金在波动的市场中涉及附加的成本，主要在于这类产品对应多个衍生工具头寸。为了平衡基本的投资组合风险，这些衍生工具需要不断进行买卖交易，成本增加在所难免。

衍生工具市场

衍生工具（derivative）一词指的是价值从其他投资品种（也称基础资产）衍生而来的金融合约。衍生工具的主要用途是为了对冲基础资产发生损失的风险，或通过高杠杆作用进行投机活动。除了对冲损失风险或投机贬值的风险之外，这类交易还需要承担其他风险，比如交易对手风险（counterparty risk），即衍生工具合约的另一缔约方违约所带来的风险。但是，多数衍生工具合约不会发生这类问题，因为它们主要的作用在于转移投资方之间的风险。从这个角度讲，金融衍生工具被认为可以为经济下行提供缓冲。但是，在某些情况下，金融衍生品市场加剧了经济波动。例如，1987 年发生的"保险计划"事件中，当市场下跌时，股票投资经理为了保护自己的股票投资组合不遭受损失而卖出标准普尔 500 指数期货，反而进一步加速了大盘下跌，最终造成了前所未见的价格大崩溃。

最常见的衍生工具包括期货、期权、互换。它们要么在价格公开的交易所交易，要么在价格不透明的柜台进行交易。最主要的基础资产包括商品、股权、外汇、利率和信贷等。

期货市场

在期货市场上交易的合约就是期货合约，根据这一合约，买卖双方同意按照特定的条件，或在未来某个日期进行交割。期货市场常被误称为"大宗商品市场"，这主要因为过去就是这样用的，而与现实情况没有多大关系。期货市场的发展首先是以农产品市场上出现的远期合约开始的，主要是粮食市场，用来为农民和银行提供保护，免遭庄稼歉收或收成过多造成的损失。为了更好地理解期货市场的发展，先假设你是一个小麦农场主，你主要关心丰收时小麦的价格。如果收成太好，价格比你的预期低，那么利润将会大幅减少。美国面包公司（American Bread Company，ABC）也关心小麦的价格，当然它主要是希望收购的小麦价格越低越好，和你的预期正好相反。这个公司担心的是如果小麦歉收，就会造成小麦价格暴涨，导致更高的成本投入和更低的公司利润。你和美国面包公司可以通过建立远期合约来减少双方的担忧。这份远期合约中，你同意在未来某一个日期将一定数量的小麦按照你们双方确定的价格出售给美国面包公司。这样一来，你和美国面包公司的风险都大大降低，你对于自己的收入有了预期，而美国面包公司也能把自己的投入成本固定下来。

虽然很久以前，人们就会制订远期合约，但是美国的远期合约在1848年芝加哥期货交易所（Chicago Board of Trade，CBOT）首次进行交易。当时的交割过程困难重重，因为合约书写不规范，其中包含了多个交割日期，对商品质量规格的描述也不相同。为了解决这个问题，1865年，芝加哥期货交易所制定了标准化的合约，即我们今天熟知的"期货合约"（Brecht，2003）。

芝加哥期货交易所（CBOT）是北美最早的期货交易所。可是，规模最大的却是芝加哥商品交易所集团（Chicago Mercantile Exchange，CME），现在，芝加哥期货交易所（CBOT）、芝加哥商业交易所和纽约商业交易所（New York Mercantile Exchange，NYMEX）都是其下属机构。世界上有许多期货交易所，也有许多专营特定门类的资产作为基础资产的期货合约。由于发展中国家在各自组织本地产品的期货交易，这个行业也成了一种微增长行业。表 5-2 列出了北美之外的大型期货交易所。

表 5-2　衍生品交易量最大的期货交易所　（单位：百万美元）

2014 年排名	交易所	
1	芝加哥商品交易所（CME）	3 443
2	洲际交易所	2 276
3	欧洲期货交易所（EUREX）	2 098
4	印度国家股票交易所	1 880
5	巴西证券交易所	1 418
6	莫斯科交易所	1 413
7	芝加哥期权交易所	1 325
8	纳斯达克 OMX	1 124
9	上海期货交易所	842
10	大连商品交易所	770

资料来源：Futures Industry Annual Volume Survey（2014）.

和股票不同，期货是合约，代表了在到期日将一定数量和各类的资产买进或出售的协议。多数非金融合约要么在到期日之前在市场上平仓，要么等到到期日进行"交割"。例如，如果你持有糖的期货合约，在交割日之前没有售出，你就有责任接收和保管几车皮的白糖。这类商品的主要销售商一般拥有相应设施进行接受或交割，而大多数投机人则没有这样的条件。交易者买进期货合约，并不是说他已经拿到了具体的商品，而是有权在交割日接收期货合约规定的货物。期货合约本身不是一种所有权的凭证，只能在交割日执行该合约。期货合约在买卖双方间交易，就像玩听音乐抢板凳游戏一样，音乐声只在事先设定的交易日才停下来。金融期货合约与大宗商品期货合约的区别，主要是前者在交割时，是根据合约规定的资产或指数的收盘价，用现金完成结算。

一旦在期货合约中建立一个头寸，经纪公司将要求交易商交纳诚意保证金（good faith deposit），确保无论市场出现怎样的价格波动，交易者都会保障合约的价值。随着期货合约的价格上涨和下跌，需交纳的诚意保证金的金额也会随合约价值的变化而变动。当保证金降低到某个水平时，经纪公司就会要求交易者为该账户追加投入更多的资金，否则经纪公司会将该头寸平仓。

当合约价格水平或波动性发生变化，或者交易所认定合约的价格可能会出现大幅波动时，要求保证金随着合约价格的变化而变动。交易所可以为自己的合约确立保证金的最低水平，经纪人可以将保证金比例上调，至少不会低于交易所要求的水平。这里涉及两种保证金：初始保证金和维护保证金。初始保证金是在下订单之前存入账户的保证金，而维护保证金是指维护账户开立状态所需要的保证金。随着合约价格的变动，维护保证金也会随之发生变动。

期货合约是按照合约确定的一系列的月份交易的。每一个合约都是独一无二的，比如，2005 年 5 月的加热油期货合约与 2005 年 6 月份的加热油期货合约。同一月份的合约可以互相替换，却不能跨月份替换。期货合约中，到期日、基础资产的具体描述以及合约大小是常量，唯独价格会出现波动。金融期货合约也是如此。到期月份一般按照每季度划分（即 3 月、6 月、9 月和 12 月）。

相比普通股，期货合约的优势很多。首先，期货合约做空时不需要增加融资成本。期货合约可以使用金融杠杆，还可以享受税收优惠。任何期货合约的交易都会自动分配60%到长期收益/损失以及40%到短期收益/损失。此外，在年终时，经纪公司只发送一页纸的报告，上面只有过去一年的净收益或净亏损，而不提供用于填写美国纳税申报表（IRS Schedule D）所需的具体交易记录。

期货合约的危险主要来自于杠杆作用。有时候，流动性也是个风险因素。通过交易所要求各个市场参与方提供保证，可以减少交易对手方风险。多数期货合约的保证金要求是10%。一般认为期货交易者不会被允许用光他们的保证金。当然，审慎的资金管理者会提出其他方案，但是没有设立止损点（止损操作见第 13 章、第 22 章和第 23 章）和合理的资金管理方法（见第 23 章）会毁了许多交易者。另一个风险存在于许多流动性较差的期货市场中，经常发生在所谓的限价日（limit day）。一些期货合约可能会在某些日子有当日限价区间。这一做法在过去几年里越来越少见，故一些期货交易所仅为那些交割月份早于即期月份的期货合约设定了每日限价。每日限价是指某日从开市到市场高点或低点的波动幅度达到或超过了当日限制时，该合约的当日交易即结束。如果在限制范围被突破时，某人持有止损指令还未执行，市场就关闭了，这种情况就太糟了。有时候，一旦连续几天出现这种情况，则几乎无法进行任何交易。如果加了高杠杆比例的头寸是在错误的市场方向上交易，有可能发生致命后果。在诸如金融市场这类流动性较强的市场里，限价日很少见，因为市场具有足够大的流动性。但无论如何，限价日是一个不得不考虑的因素。

技术分析知识 5-3

期权合约与期货合约同时到期

在股票市场中，跨产品效应对于三类市场工具的价格行为会有影响，特别是期权合约和期货合约同时到期的情况。每次期权合约和期货合约同时到期之时或之前，三大工具的价格都会受到与每一种到期的金融工具及其对应的基础证券相悖的趋势的影响。如果基础证券本身就是衍生的，事情就会变得更加复杂。以指数期货的期权同时到期和同时定价的情况为例，根据当天可以执行的期权数量和期货到期数量的不同，基础资产的市场可能会变得混乱不堪。技术分析师认为，此类同时到期而导致的价格行为，对基础资产市场将来的价格没有任何指示和预测意义。尽管如此，限价指令和止损指令有时候会被触发，需要调整投资组合。

期权市场

期权合约的持有人在期权合约到期时，有权利但没有义务完成合约里规定的交易。有两种期权的类型：看涨期权（call option）和看跌期权（put option）。看涨期权让持有人有权在期权到期前，按照特定的价格购买资产，该价格称为行权价格（strike price）。看跌期权的持有人有权在期权到期前，按照行权价格卖出对应的资产。当然，对于期权的每个买方来说，应该有对应的卖方；卖方有义务在买方决定行使期权时，配合进行相应的交割。当期权持有人选择行使权利时，如果持有的是看涨期权，就会买入相应的基础资产，如果持有的是看跌期权，就会卖出相应的基础资产。期权合约的交易采用标准数量，一份合约可以交易100股。也存在一些迷你合约（交易10股）或超大合约（交易1000股），但是很少见，而且流动性很高。

期权可以是价内（in-the-money）、平价（at-the-money）和价外（out-of-the-money）。这取决于基础资产在现货市场中的价格与期权的行权价格孰高孰低。当股票价格高于看涨期权的行权价时，这个看涨期权就是处于价内，相反情况就是价外。这对于看跌期权同样适用，价内看跌期权是指其行权价高于当前股票价格，价外看跌期权是行权价低于当前股票价格。

有两大群体会购买期权：投机者和对冲套利者。比如说，假定微软股票（代码：MSFT）当前价格为每股45美元。预期MSFT近期会快速上涨的交易者可能会购买行使价为45.5美元的看涨期权。如果这位交易者的判断正确，他就可以行权，在45.5美元买入MSFT，并以更高的价格在现货市场卖出而获利。所以投机者看中的就是这个价格上涨形成的收益。对冲套利者用期权保护他的利润不受损。如果一位交易者在35美元买入MSFT股票，而股价上涨到了45美元，那么他每股浮盈10美元。如果他认为MSFT处于上涨趋势中，而且想持有这个头寸，等待在更高价位获得更多利润，他可以购买行权价为44.5美元的看跌期权，这样就可以保证他有权至少以每股价格44.5美元卖出。如果他对MSFT的价格走势判断错了，价格下跌了，他仍然可以锁定大部分收益。同时他仍保留价格上涨可能带来更多收益的机会。这就是说，期权相当于一种保险产品。

技术分析在现货和期货市场中有用，但是对于期权市场却不尽然。期权市场的生命周期较短，且常发生例外情况，如指数期权的流动性比较小。交易者可以只花几美元去购买一份能够换购100股基础资产股票的看涨期权，而不用花更多的钱买入100股该股票，这样就可以让他在面对市场风险时进退自如了。尽管这一点通常被视为期权的优势，但也意味着交易者要承担很高的杠杆风险。

对于新手来说，这个风险是很大的。

由于期权是现货市场或期货市场（即基础资产市场）的衍生工具，所以要先分析基础资产市场，然后将交易规则用于期权市场。例如，美国标准普尔 500 指数期货市场产生了买入信号时，交易者可以不在期货市场中交易，而是会买入看涨期权，卖出看跌期权，或者采用看涨期权和看跌期权的某种组合。

期权本身是一个很复杂的专题，本书不打算详细展开。由于期权是其他金融工具的衍生品，因此读者应在充分了解现货和期货市场的前提下，再开始深入学习期权市场。

多数期权在交易所中交易，但大型金融机构也会在不透明市场的柜台上进行特殊期权的交易，比如信用违约期权（credit default options，CDO）。信用违约期权在近期的金融危机中引发了许多问题。在这些市场上不能自由交易，也没有现成的价格信息可供进行技术分析。参与这类交易的金融机构可以获得相关的价格信息进行研究，但公众无法知晓其中的内幕。

互换和远期合约

互换（swap）和远期合约（forward）在柜台上交易，而不是在价格连续公开的交易所里交易。这些合约只对特定的参与方开放，而且不可转让，不能自由交易，也不会有连续变化的报价。因此，对于这类合约来说，技术分析没有用处。互换是交易方之间同意对特定的投资工具进行交换的合约，例如用一个利率工具与其他投资工具互换。远期合约是在未来某一段时间内将类似的投资工具进行互换的协议。例如在回购协议（repurchase agreement）中，一方同意先出售再回购美国短期国债，就是一份远期互换协议。技术分析对于大多数此类合约都不适用，因为它们不能自由交易，不可替代，也没有持续变化的报价。因此，在很多情况下，人们无法给这些合约估价。

技术分析知识 5-4

外汇市场

外汇市场，经常写作 FOREX，指的是进行货币交易的市场。根据国际清算银行的数据，2013 年 4 月外汇市场每日交易额平均高达 53 万亿美元，使其雄踞全球最大的金融市场宝座。货币的交易不是发生在一个中心化的市场里，而是在一个电子化的柜台市场中进行。交易在全球的几个主要金融中心交替进行，这样就形成了一个 24 小时不间断的环球货币市场。

显然，外汇市场对于国际贸易十分重要。如果企业要与世界各地的公司做买卖，就和满世界旅行的人一样，必须兑换货币。但是在外汇市场中如此巨额的交易量，这类参与者必然只是次要角色。世界银行估计 2013 年全球经济总产值（各国 GDP 之和）是 755.9 万亿美元（www.worldbank.org）。即便全球全部商品都进行交易，外汇市场不到 15 天的交易额也抵得上国际贸易一年所需兑换的货币金额了。这说明很多外汇交易只是出于投机的目的。几乎每天有 40% 的外汇交易发生在货币做市商之间。其他金融机构，比如对冲基金、自营交易基金、非做市商银行以及投资公司，占了每日外汇交易的一半以上。尽管中央银行出于调整货币政策的需要，也会参与外汇市场交易，但只占每日外汇交易的大约 1%。

每一笔外汇交易都包括两种货币，用一种货币兑换另一种货币。对于 87% 的外汇交易来说，美元是其中一种主要货币。几乎 1/4 的外汇交易是欧元和美元之间的兑换。美元和日元、美元和英镑之间的兑换交易分别占 18% 和 9%。最常见的非美元兑换交易是欧元和日元兑换，约占外汇市场的不到 3%。

一些学术成果不仅记录了技术分析在外汇市场的广泛使用，而且提出了在外汇交易中可以获利的技术策略。其中一部分学术成果如下：

- Chang, P. H. Kevin, and Carol Osler, 1999, "Methodical Madness: Technical Analysis and the Irrationality of Exchange-Rate Forecasts," *Economic Journal* 109, 636-661.
- LeBaron, Blake, 1999, "Technical Trading Rule Profitability and Foreign Exchange Intervention." *Journal of International Economics* 49, 125-143.
- Neely, Christopher J., and Paul A. Weller, 2003, "Intraday Technical Trading in the Foreign Exchange Market," *Journal of International Money and Finance* 22, 223-237.
- Osler, Carol L., and Kevin P. H. Chang, 1995, "Head and Shoulders: Not Just a Flaky Pattern," Federal Reserve Bank of New York Staff Report No. 4.

市场运作机理

为了理解技术分析的规则，我们必须熟悉市场运作的机理，并了解市场交易的各个主体。为了更好地了解市场价格的设定方法，我们先来看一个虚构的交易例子。假设我们在看纽约证券交易所的交易公告，留意到了一家虚构的公司——国际商用产品公司（International Business Products，IBP）在正常的交易时段中的交易情况。

假设现在有位金融专家有兴趣投资 IBP 公司的股票，这位专家的工作就是稳定 IBP 公司的股价。此外，还有几个市场参与者，他们代表了对这只股票感兴趣的场外投资者。第一个场外投资者是一只公募基金，其分析师认为公司的收益将会大幅增加，因此这只公募基金有意向投资。分析师通过研究 IBP 公司的财务报表，走访该公司的管理层，确定了投资预期。第二个场外投资者是来自新泽西一家高尔夫球俱乐部的一群人，其中有个人在一年前购买了这家公司的股票，获利颇丰，因此其他人也跃跃欲试。第三个场外投资者是目前持有

IBP 公司股票的养老基金。该养老基金曾从 IBP 股票中获利，但是认定该公司股价过高了，因此决定出售手中的股票。第四个场外投资者是一家机构，需要将手中的头寸变现，用来支付税金。第五个场外投资者是一家对冲基金，该基金关注股票价格变化已有一段时间，能够随时买进或卖出股票，但是对于目前公司的前景没有明确看法。

因此，在这个假设的市场中，各市场参与者的情况可以总结如下。

（1）专家的工作是为了稳定 IBP 公司的股票价格。

（2）股票基金认为 IBP 公司的收益会大幅度上升，因此有意向买入该公司的股票。

（3）一群投资者知道 IBP 公司的股价曾经上涨，现在有意向买入股票，开展投资。

（4）已经拥有 IBP 公司股票的养老基金认为当前的股价过高。

（5）拥有 IBP 公司的一家机构打算卖掉股票变现。

（6）对冲基金打算投资 IBP 公司的股票，但是对于该公司将来的前景不能确定。

可以看出，各个市场参与者有不同的信息来源，对于这些信息的看法也不同。他们交易 IBP 公司股票的理由不同，投资时间长短和投资预期也不同。股票基金相信分析师的建议，认定该公司前景乐观，想要买入该公司股票，期望股票快速上升。另一方面，养老基金认为该公司的价格会下跌，因为未来价格继续上涨的概率不大。这两种观点肯定有一种正确，这取决于未来股票在市场上的表现。除了主要的市场参与者外，还有一家机构因为手头流动资金不足，希望出售股票。该机构对公司的前景不太关心，只是想尽快卖出股票取得现金。专家对公司的前景自有看法和预期，但是他的责任是稳定市场和股价。必要时他需要及时介入股票买卖，提高个股的流动性，并保持股价上升或下跌的幅度不至于过大。该专家应该是进行逆向操作，在股价下跌时买进，股价回升时卖出。对冲基金会充分利用这种反常现象，抓住股价走势或价值出现异常的时机进行交易。最后，高尔夫球俱乐部的成员则有意向购买股票，理由就是他们认识的一个人因为买了这家公司的股票而赚钱了。他们认定购买该股票会有大钱可赚。

上述不同的市场参与者只是我们举的例子而已。在真实市场中，市场参与者的数量不计其数，而对于市场信息的解读也会各不相同，他们根据对信息的不同看法进行买卖决策。有时候，信息可能和公司本身并无关系，甚至是错误信息。例如，那个机构出售股票完全是出于自己的需要，而高尔夫球俱乐部的成员购买股票的决策依据，是他们的一个熟人已经购买并且赚钱了。很有可能那个机构并不缺钱，或者高尔夫球俱乐部的那个人说自己买股票赚钱未必真实可靠。因此，市场参与者对于信息的解释有可能出错。他们本身可能并不关注公司的状况，也有可能当市场出现突如其来的下跌时，他们完全只能感情用事，被自己的贪婪或害怕所左右。最后的结果是买卖双方按照特定的价格达成了交易。这一价格显示了当时所有参与者的看法和信息的总和。

市场参与者之间的互动过程会对价格造成怎样的影响呢？很明显，每个新价格代表了各方对信息的一个新的解读。比如，IBP 公司的最新价格是 50 美元，股票基金急于买入 2 万股，出价每股 50 美元。养老基金却并不急切，报价每股 50.4 美元和 50.6 美元，准备分别卖出 1 万股和 2 万股，这也是该基金手头的全部股票。当然这还只是出价，新的价格有待确定。专家认为买卖双方出价的价差过大，从自己掌握的消息中，他判断买方人数多于卖方，所以准备以每股 50.1 美元的价格卖出 1000 股。因为最后一笔交易的成交价是 50 美元，所以专家的卖价不可能低于这个价格。高尔夫球俱乐部的成员立即以 50.1 美元买下了这 1000 股。现在市场中出现了一个新的成交价——50.1 美元，比先前的 50 美元略高一点。看到这个苗头，市场上对于该公司的股价有了更乐观的估计。现在那家机构进入市场，打算卖出 1 万股，刚好卖给了准备买入的公募基金，价格是 50 美元。现在市场的价格又回到了 50 美元，成交量更高了。对冲基金看到这 1 万股很轻松地以 50 美元成交，认为市场上还有更大的买家愿意以

50 美元买进，于是该对冲基金以 50.4 美元的价格购买了养老基金的 1 万股。我们要记住，每一次交易发生时，就代表了一个市场参与者愿意以某个价格买入一定数量的股票，另一个市场参与者愿意以同样的价格卖出同等数量的股票。每一笔交易都有一个买家和卖家，对应同等数量的股票。而且每个买家和卖家都知道自己买卖的动机是什么，但是他们并不知道与他们做交易的对手是谁，也不知道对方为什么要做这笔交易。所有市场参与者只能看到股票的价格和成交量。针对同一公司的股票，以不同的价格和成交量成交，充分反映了多个市场参与者对不同信息的不同看法。股票基金和养老基金在解读公司的基本面信息，并据此评估股票的价格。专家根据自己对买卖双方出价信息的理解做出应对。对冲基金则隔岸观火，随时准备出击。机构和高尔夫俱乐部成员不理会价格，机构按照自己的计划行事，高尔夫球俱乐部成员则是跟着感觉走。只要市场买卖两端的交易者相对平衡，股价的波动的幅度就会比较小。这就是上面所说的情况。如果买卖一方的力量压过了另一方，价格就会出现调整。价格调整的原因并不重要，对于投资者和交易者来说，关键是如何通过对过去交易的观察，确定价格未来的走向。这就是技术分析师研究价格行为的理由。技术分析不看重已知信息和解释，只考虑价格行为对预测未来价格运动的作用。

市场参与者

从这个例子中我们可以看出，市场上确定的某一种证券的价格，是众多市场参与者相互作用的结果。学者将这些市场参与者分为三大类：知情者（informed）、噪声（noise）和流动性市场参与者（liquidity）。

早期的有效市场假说认为，只有知情投资者在市场内的行为才会影响价格的确立。这一群体应该能够对新信息进行理性的评估，并迅速将证券的价格调整到其均衡价值。这一原本很严格的解释，现在已经被放宽了。目前，知情投资者和过去所说的"专业或聪明的资金投资者"等同，但是后者和其他投资者或交易者一样，也会受到偏见或错误信息的诱导。专业的投机者、头寸交易者、对冲基金管理人、专业的套利者和内部知情交易者都属于这一类。

噪声是费希尔·布莱克（Fisher Black，1986）提出的，用以描述价格围绕均衡价值波动的随机行为。学者将不知情的市场参与者称为噪声。更普遍、更传统的叫法是大众投资者。多数基金管理人、养老基金管理人、交易员和技术分析师被归入这一类，他们也都是专业人士。知情市场群体和不知情市场群体的界线比较模糊，这种区分仅在针对这些群体进行情绪统计分析的时候才有意义（见第7章）。所有类型的参与者都是人，都会受到人类普遍的偏见和认知局限的影响。

流动性市场参与者是以投资或交易以外的原因对市场价格产生影响的市场参与者。比如在刚才所举的例子中，那家要把股票卖出变现的机构。这类主体不做任何投资决策，但是急于变现的行为对市场造成了短期的影响。另举一例，指数资金会根据基金所追踪的指数进行调仓，从而引发对证券的买卖。这样一来，不管投资价值本身如何，都会对证券的价格造成影响。

这三类市场参与者常被认为是互相独立、各不相同的群体。但是，这些群体也在不断变化。套利者有时候会加入不知情群体；公众得知内幕消息后也会改变自己的群体性质；内幕人士对市场判断失误，就不能归为知情交易者等。因此，经验和知识同等重要，这常常会发生变化。总而言之，市场不是一个单方向趋于均衡价值的稳固体系。各个市场参与者之间的互动是动态而不是线性的，因此它是一个复杂的系统。

市场测量方法

当市场中越来越多的参与者愿意买入股票，而愿意卖出股票的人越来越少时，股票的价格自然就会上涨。同理，如果市场中许多交易主体愿意卖出股票，相对而言，只有少数人愿意买入股票，股票的价格自然就会下跌。观察一只股票的价格升跌，能够让我们了解这只股票是否处于强势市道。如果我们想要评估股市的整体走向，就需要掌握能够测量由多个公司股票构成的整体市场走向的方法。

美国股市的起源可以追溯到 1792 年，当时纽约市 24 名股票经纪人和商人齐聚在一棵梧桐树下，签署了《梧桐协定》（Buttonwood Agreement）。直到百年以后，测量整体市场走势的方法才得以形成。19 世纪末，查尔斯·亨利·道开始发布股票的平均指数。道氏是想通过观察当时作为蓝筹股（blue chip）的 9 种铁路股票，分析股票市场的总体走势，而这个道氏指数从开始的几种股票的平均指数，发展到如今的道琼斯工业平均指数（DJIA），这一点我们在第 3 章也讲过。此外，道氏的工作还促成了道琼斯运输业平均指数（Dow Jones Transportation Average）和道琼斯公用事业平均指数（Dow Jones Utility Average）的形成。

在道氏理念的基础上，其他人也开始发展平均指数或用指数来衡量市场的动向。如今，股票平均指数或指数的数目几乎和股票的数目一样多。虽然市场平均值或指数的概念很简单，但选择一种恰当的方法来构造指数却并不容易。构造指数的方法有三种：价格加权平均法（price weighted）、市值加权平均法（market capitalization weighted）和等权重加权法（equally weighted）。

价格加权平均指数

道琼斯平均指数就是价格加权平均指数，即将每一种成分股的价格加总起来，得出的和数除以成分股的个数。价格每年会因为股票分拆或者分红而变。要理解如何构建价格加权平均指数，可以先看表 5-3 中所列的 4 种虚构的股票。每一个交易日的价格加权平均指数都是通过加总 4 个价格，然后除以 4 得出。价格加权平均法的弊端就在于高价格股票比低价格股票对最后得出的平均值影响更大。请注意，在第 1 个交易日（D1）和第 2 个交易日（D2），阿尔法（Alpha）公司的股价上升了 10%，而其他 3 种股票价格保持不变。这导致了价格加权指数出现了 3.8% 的涨幅。第 3 个交易日（D3），德尔塔（Delta）的股价上升了 10%，其他 3 种股票的价格没有变化。由于德尔塔的股价较低，因此这个涨幅只造成了价格加权平均值 0.9% 的涨幅。价格加权平均值并不是股票组合构建的常见结构。很少有投资者会在一个投资组合中买入同等数量的每一种股票。

表 5-3   价格加权平均指数、市值加权平均指数和非加权指数的计算

（价格单位：美元）

公司	阿尔法		贝塔		伽马		德尔塔		价格加权平均指数		市值加权平均指数		非加权指数	
流通股数量	5 000 000		8 000 000		6 000 000		2 000 000							
	价格	变化	价格	变化	价格	变化	价格	变化	价格	变化	价格	变化	价格	变化
第1个交易日	80		85		25		20		52.50		100.00		100	
第2个交易日	88	10.00%	85	0.00%	25	0.00%	20	0.00%	54.50	3.81%	103.15	3.15%	102.50	2.5%
第3个交易日	88	0.00%	85	0.00%	25	0.00%	22	10.00%	55.00	0.92%	103.46	0.31%	105.06	2.5%
第4个交易日	88	0.00%	85	0.00%	27.5	10.00%	22	0.00%	55.62	1.14%	104.65	1.14%	107.69	2.5%

市场价值加权平均指数

另一种计算市场指数的方法就是在加权过程中使用市值。美国标准普尔 500 指数就是市值加权平均指数，其中的 500 只股票按照其市值进行加权平均计算。纽约证券交易所综合指数、纳斯达克综合指数和罗素（Russel）指数都采用市值加权法计算。美国标准普尔 500 指数在 2005 年春季发生了有趣的变化，之前它是根据每个公司已发行股票的数目来计算的，之后则根据每一股的流动量（float）来计算。流动量是指在市场中流通的可供买卖的股票数量。很多公司会有一部分股票被留存起来，一些股票以期权的形式赠给了员工，还有一些公司可以通过二次发售的方式进行补充发行，另有一些股票由一些经济实体如养老基金、基金以及其他公司、所有人或集团所持有。这些股票一般不会用于日常的交易，因此没有列入指数的计算范围之内。这种计算方法的目的是

减少冻结或非市场内的资本价值对指数的影响。

表5-3中比较了市值加权平均法和价格加权平均法的区别。首先需要计算所有股票的市值，才能确定市值加权平均指数。例如，将第一个交易日每一种股票的价格乘以流通股数量，再求和，得出价值为1 270 000 000美元。这个数字只是个基数，对应一个指数值，通常为100。然后对每一个交易日的新的市值进行计算，将这个新的市值与初始的基数进行比较，来计算每日的指数值。计算日指数水平的一般公式如下。

$$指数_t = \frac{\sum P_t Q_t}{\sum P_b Q_b} \times 指数的初始值$$

式中　指数$_t$——第t个交易日市值加权指数；

　　　P_t——第t个交易日的收盘价；

　　　Q_t——第t个交易日的流通股数量；

　　　P_b——初始基准交易日的收盘价；

　　　Q_b——初始基准交易日的流通股数量。

使用加权方法后，人们发现，流通股数量大的股票和高价股票对于市值加权平均指数的影响并不均衡。在表5-3显示的样本数据中，第2、3、4个交易日中各有一种股票价格上涨10%，剩余的三种保持股价不变。通过比较可以看出，这个指数对于流通股数量大、价格高的股票的反应更灵敏。价格加权平均指数并不代表多数投资者购买股票的方式，市值加权平均指数也不能体现出投资者的投资组合，原因就在于很少有投资者是按照市场资本化的程度来投资股票的。

等权重加权（或几何）平均指数

计算指数还有一种方法，即对所有包含的股票价格进行等权重加权。有时候，未加权指数（unweighted index）是指无论股票价格和市值如何，所有股票占有相等权重的一种股票平均值，将所有股票价格变动比例进行加权平均可得到这个指数。在表 5-3 中，无论何种股票的价格上升，其结果都是一样的。对于每一个样本中所示的交易日，一种股票的价格上升 10%，其他三种股票价格不变，则对应的等权重加权平均指数增加 2.5%。

这个指数的计算是基于美元的加权平均值，即该指数假定投资者对于每一种股票投资了相等数额的美元。例如，投资者如果有 1 万美元，就会对这 4 种股票各投资 2500 美元。因此，投资者会少买高价股票，多购入低价股票。这种计算方法最真切地反映了投资者在建立自己的投资组合时所表现出来的典型心态。

价值线（value line）的多个平均指数就是等权重加权指数，一般使用变化百分比的算术平均值来计算。但是，有一种价值线平均值，即价值线行业平均指数和英国《金融时报》普通股票指数，也都是等权重加权指数。等权重加权的股票指数构成的方法稍有不同。这两种指数都使用持股期回报率（holding period returns，HPR）的几何平均值进行计算。表 5-4 给出了 4 种股票投资组合的几何平均值的计算结果。

表 5-4　几何平均值的计算

交易日	阿尔法		贝塔		伽马		德尔塔		几何平均值计算		
	价格	持股期回报率（HPR）	价格	持股期回报率（HPR）	价格	持股期回报率（HPR）	价格	持股期回报率（HPR）	$\prod_{i=1}^{n}$ HPR	$\prod$HPR$^{1/4}$	指数值
第 1 个交易日	80		85		25		20		（HPR乘积）		100
第 2 个交易日	88	1.1	85	1	25	1	20	1	1.1	1.024	102.411
第 3 个交易日	88	1	85	1	25	1	22	1.1	1.1	1.024	104.881
第 4 个交易日	88	1	85	1	27.5	1.1	22	1	1.1	1.024	107.410

针对同一类股票，比较几何平均法和等权重加权法的计算方法，可以发现在使用几何平均法时，相对于算术平均法表现出了数据偏低的趋势。投资者如

果在第一个交易日分别花了 100 美元购买每一种股票，持有 4 天后，最终得到 430 美元，收益率为 7.5%，但是使用几何平均法计算收益率为 7.41%。

总 结

在本章中，我们探讨了市场运作的基本规律。由于我们的兴趣是使用技术分析，因此本章的重点放在拥有特定资产类型的市场上，即资产具备可替代性、流动性强和市场中买卖交易持续等特征。在这些市场中，我们发现参与市场买卖行为的群体分为三类：知情市场参与者、不知情市场参与者和流动性市场参与者，这些群体的相互作用影响了证券的价格。作为技术分析师，我们主要是在这些市场参与者忙于交易的时候，观察和预测价格动向，而市场指数则用来计算市场的总体价格走势。

在继续阅读第二篇前，我们要首先确立以上观念。第 6 章将介绍道氏理论以及市场与经济的基本关系。第 7 章主要讨论市场参与者，我们关注情绪的种类、情绪和人类偏见如何影响知情和不知情市场参与者的行为。第 8 章主要描述测量市场力量的方法。我们使用指数可以观测市场的历史表现，同时还将探讨指标，来说明市场能否继续保持当前的业绩。第 9 章着重介绍时间趋势。根据历史研究，分析师已经在市场上找到了影响价格运动的季节和周期趋势。第 10 章将探讨市场的资金流动，即"资金流"。

复习题

1. 技术分析应用的前提条件是交易的资产必须可以替代或互换。请解释可互换性的概念。为什么可互换性资产的存在是技术分析可以应用的前提？

2. 技术分析应用的前提是有价证券交易的市场必须具备足够的流动性。请解释说明流动性的意义以及流动性是技术分析应用前提的原因。

3. 请解释说明知情市场参与者、不知情市场参与者和流动性市场参与者的区别，并说明这种分类的理由。

4. 请将下列各种市场参与者按照知情市场参与者、不知情市场参与者和流动性市场参与者的标准进行分类，并说明理由。

（1）雷蒙德 18 岁，即将上大学。他的父母出售微软公司和日本 KO 公司的股票，为雷蒙德支付学费。

(2) 桑德拉在《华尔街日报》上读到一篇文章，讲述了沃尔玛（Walmart）的成本管理经验。她受到文章启发，打电话给她的经纪人，准备购买 100 股沃尔玛的股票。

(3) 米歇尔是 Led 计算机公司的首席执行官，购买了 5000 股 Led 公司的股票。

5. 请解释价格加权平均法的概念。在构建价格加权平均指数的过程中，价格为 10 美元以及价格为 50 美元的股票，哪一种对加权平均数的影响更大？请说明理由。

6. 请说明如何计算市值加权平均指数。

7. 请说明如何计算非加权平均指数。

8. 下列表格包含了 4 种股票的 6 个交易日的收盘价。

(1) 计算每种股票每日价格变动比例。

(2) 计算第一个交易日至第六个交易日的价格加权平均指数。

(3) 计算第一个交易日至第六个交易日的市值加权平均指数。

(4) 计算第一个交易日至第六个交易日的非加权平均指数。

(5) 计算价格加权平均指数、市值加权平均指数和非加权平均指数的日百分比变化。

(6) 请说明下表中 3 种指数的结果区别。

公司	BCD		EFG		HIJ		KLM	
流通股数量	2 000 000		3 000 000		7 000 000		9 000 000	
	价格		变化(%)		价格		变化(%)	
第 1 个交易日	60		85		53		16	
第 2 个交易日	63		88		52		19	
第 3 个交易日	60		91		51		15	
第 4 个交易日	61		85		53		16	
第 5 个交易日	58		87		50		17	
第 6 个交易日	60		88		53		18	

9. 从道琼斯工业平均指数中选择 5 只股票。下载过去 30 天内这 5 只股票的收盘价。

（1）请计算过去一个月里这5只股票的价格加权平均指数，并绘出曲线图。过去30天内该指数的收益率是多少？

（2）请找出这5家公司已经发行的股票数量。使用这一信息，计算过去30天这5只股票的市值加权平均指数。绘出该指数的走势，并计算过去30天内该指数的收益率。

（3）构建并绘制出这5只股票的非加权平均指数。计算过去30天内该指数的收益率。

（4）请将已经计算出的3种指数和图表进行比较。

（5）请解释图表和收益率的区别。

第 6 章

道 氏 理 论

本章目标

- 了解道氏理论发展的历程回顾以及这一理论的主要突破；
- 了解雷亚提出的道氏理论三大假设；
- 了解道氏理论的基本观点；
- 了解道氏理论提到的三种趋势：主要趋势、次级趋势和短期趋势；
- 了解道氏理论中确认的概念；
- 了解道氏理论中成交量的作用；
- 了解对道氏理论的批评。

查尔斯·H. 道是纽约道琼斯财经新闻服务公司的初始人，也是《华尔街日报》的创始人和首任主编。道氏逝世于 1902 年 12 月，享年 52 岁。他是一位资深的新闻记者，早年师从《麻省斯普林菲尔德共和党人报》（*Springfield* [*MA*] *Republican*）的主编萨缪尔·鲍尔斯（Samuel Bowels）。道氏来自新英格兰地区，聪明好学、自律严谨并且极为保守，在业务方面也非常精熟。在讨论问题时，无论有多激烈，道氏总能保持绝对的冷静，心无旁骛，人们很少看到他特别激动或非常生气。他的正直无私和敏锐，给华尔街的每个人带来了信心。当时还没有多少报纸设立金融板块，而且在这些为数不多的报纸中，对金融有深入了解的少之又少（Hamilton，1922）。

现代技术分析之父查尔斯·道创建了首个衡量美国股票市场价格总体走势的指数。但是，道氏从来没有提到其理论的具体内容是什么。的确，当道氏在《华尔街日报》断断续续发表自己的评论和观点时，也未曾想过要梳理总结自己的想法和文章。凭着作为记者和华尔街顾问的专业经历和非凡天赋，道氏将自己的经验以社论的形式发表在《华尔街日报》，每篇自成一体。实际上，他只写了 5 年这样的评论，就英年早逝了。道氏理论首先由查尔斯的朋友尼尔森（A. C. Nelson）于 1902 年提出。当时尼尔森发表了一篇题为《股票投机的基础知识》（*The ABC of Stock Speculation*）的文章，对道氏的《华尔街日报》社论进行了分析。

道氏过世之后，威廉·彼得·汉密尔顿接任《华尔街日报》主编。从 1902 年到 1929 年，在长达 27 年的时间里，汉密尔顿一直坚持使用道氏理论的原理，在《华尔街日报》上继续撰写财经评论。在汉密尔顿 1922 年出版的著作《股市晴雨表》（*The Stock Market Barometer*）$^{\ominus}$中，他阐述了道氏理论的基本原理。

阿尔弗雷德·考尔斯三世（Alfred Cowles Ⅲ）于 1934 年首次用道氏理论的原则进行了交易盈利水平测试。考尔斯是股票市场早期的理论家，他使用统计方法检验了汉密尔顿能否"跑赢市场"。考尔斯发现，根据汉密尔顿的理论建立起的投资组合带来的投资收益，要比考尔斯开发的市场指数投资组合的收益率低（考尔斯指数是标准普尔 500 指数的前身）。因此，考尔斯认为汉密尔顿不可能跑赢市场，并由此得出结论，道氏理论无法快速把握市场时机，导致了收益落后于整体市场。考尔斯的研究对市场择时策略进行了深入的统计检验，为随机游走假说和有效市场假说的形成奠定了基础。

近年来，学者使用了更复杂的统计学方法，对考尔斯的工作进行了重新验证。1998 年 8 月，《金融学刊》（*Journal of Finance*）发表了布朗（Brown）、高兹曼（Goetzmann）和库玛（Kumar）等人合写的一篇文章，经过风险调整（汉密尔顿因为自己部分文章的观点，已经退出了市场），他们发现汉密尔顿的择时策略在 1902～1929 年获得了很高的夏普比率和正的阿尔法值。换言之，与考尔斯原先的研究结论相反，布朗、高兹曼和库玛的结论，表明汉密尔顿完全可以用道氏理论对市场的时机进行准确判断。此外，这几位学者还发现，将汉密尔顿的投资决策用在一个神经网络模型中，用 1930 年 9 月～1997 年 12 月的真实市场数据再次进行检验，汉密尔顿的方法依然是有效的。他的方法在市场出现突然下跌时尤其有效，并大大减少了投资组合的波动率。

汉密尔顿去世后，罗伯特·雷亚（Robert Rhea）进一步修正了道氏理论。1932 年，雷亚撰写了专著《道氏理论的发展及其在投机活动中的应用》（*The Dow Theory：An Explanation of Its Development and an Attempt to Define Its Usefulness as an Aid to Speculation*）。书中，雷亚详细阐述了道氏理论，引证了汉密尔顿的

　　$\ominus$　此书中文版已由机械工业出版社出版。

文章，将道氏理论总结归纳，形成了一系列的准则、假设和原理。

雷亚提出以下三个假设：

（1）主要趋势无法撼动；

（2）平均指数很重要；

（3）道氏理论并非无懈可击。

第一个假设主要针对"人为操纵"（manipulation）这个概念。虽然雷亚认为，次级趋势、短期趋势以及股票市场平均值的每日波动有可能受到人为干预，但他认为主要趋势是无法操控的。第二个假设是平均指数最重要，因为价格是各个市场参与者根据自己的知识、对信息的看法和预期，发生相互作用的结果。第三个假设是道氏理论并非无懈可击。鉴于此，投资需要进行严谨求实、全面深入的研究。

技术分析知识6-1

威廉·汉密尔顿对股市和道氏理论的思考

证券交易所交易的总量与趋势，代表了整个华尔街将过去、现在和将来的认识用于贴现未来的综合结果。（汉密尔顿，1922年）

市场说明的不是现在的商业状态，而是提前几个月预告以后的发展情形。（汉密尔顿，1922年）

股票晴雨表（道琼斯工业平均指数）需要考虑到所有因素，包括最易变的、最不稳定的和最难计算的因素，即人性本身。因此，我们不能期望物理学能够具备力学那样的准确度。（汉密尔顿，1922年）

我们要切记，道氏理论不是一个为了在投机游戏中取胜的系统，也不是一个玩弄市场于股掌间的不会出错的体系，但是平均指数确实需要我们认真考量。当我们的愿望超越理智的思考时，平均指数就会很有欺骗性。大家都知道，新手玩弄魔术师的魔术棒，很容易一不小心就招来"魔鬼"。（汉密尔顿，1922年）

这三个假设对于现在的技术分析师来说非常熟悉。它们体现出了道氏的先见之明，以及道氏理论针对不同时代的普遍适用性。随着市场效率的提高，人们对于市场已经发生和可能发生的人为操纵行为提出了质疑。许多大公司特意隐瞒自己的收益，就说明了它们想要操纵价格的企图仍然存在。道氏理论原则说明了股票价格的主要趋势不能被操纵。因此，所有想在市场上一显身手的投资者，都应该充分注意到这一点。

价格说明了一切，包括市场的预期，价格甚至具有预测作用——这可谓道氏理论中最具有革命意义的一个假设。在此之前，多数投资人主要关注一些个股，研究个别公司股票的表现。道氏认为股票的平均指数预测了行业的前景，因此对于人们正确认识经济状况具有重要意义。

道氏从来没有自欺欺人地认定他已经找到了致富的神秘方法，汉密尔顿和雷亚也是如此。但是，他们一致认定，通过仔细全面、不偏不倚地研究市场的平均指数，交易者能够对市场的趋势是否持续或扭转做出预测，进而提早对经济再次发生类似的转变做好准备。道氏理论强调研究和尽量摒除感情用事，至今仍有重大意义，忽略这一点仍是众多投资者失败的重要原因。

道氏理论的定理

道氏理论的定理之一是：理想的市场图景包含市场的上涨、顶部、下跌和底部，其间穿插着回撤和盘整。图 6-1 表明了理想状态的市场情形。这一幅图当然不可能表现出最理想的状态，用汉密尔顿的话说，就是"标准的市场形态从来就不会发生"。（汉密尔顿，1911 年 5 月 4 日。）这幅图展示了股票市场价格行为随着时间的流逝所呈现的一般化的模型。这个模型很简单，类似一个没有固定不变的周期或振幅的谐波。

根据有效市场假说的现代观点，这个理想化的图形很有意思。因为它假定，价格根据投资者累积的情绪和商业周期，会进行长期震荡。如果市场价格能够精确地反映商业周期，那么价格不会有如此大的震荡，也不会对商业周期有如此大的影响。一些理论研究者的确认为是市场造成了商业周期，人们对市场充满信心或毫无信心会相应地表现为商品的买卖行为（Szala，Holter，2004）。但是，对于道氏理论来说，不管商业周期形成的原因如何，理想市场都会保持一个模样。

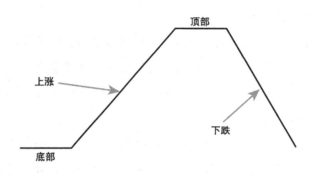

图6-1　道氏理论的理想市场情形

道氏理论的第二个定理是应该用经济思维解读股票市场的行为。我们还记得，是道氏创立了工业平均指数和铁路运输业平均指数，尽管我们不知道当初道氏这样做的理由是什么。雷亚认为，工业平均指数反映了工业利润的变化趋势和前景，而铁路股票则代表了铁路运输业的利润和前景。这两个门类的指数应当彼此吻合。例如，工业生产产品，铁路业负责运输，如果铁路不运送产品，工业发展的速度就会慢下来。生产出来的商品必须运送给消费者，而铁路必须确保将生产出来的产品付运和出售。当然，现在的铁路运输业平均指数已经转变成了运输业平均指数，包括航空公司、公路运输和海运等形式，但是货物生产和运输的经济学原理，在当今的工业部门中依然有效。服务业和高科技行业对应的经济原理，与道氏的经济原理有些区别，而且服务业和高科技行业的产值要比工业部门更大。一些分析师用这些新兴部门的代表性股票来构建行业指数，作为解释股票市场行为的经济逻辑。

道氏理论的第三个定理是价格走势。走势是指事物发展变化的一般方向。

我们这里讨论的是市场，因此这里的"事物"指的是价格。

技术分析知识6-2

威廉·汉密尔顿有关价格走势的思考

对这两个平均指数进行观察，一个经过反复验证的规则是：一个主要牛市价格波动会继续，直到次级走势的上冲确立了这两个平均指数的新高点……（汉密尔顿，1921 年 12 月 30 日，摘自雷亚，1932 年）

［价格］走势现在依然有效，直到它被另一个取代……（汉密尔顿，1929 年 9 月 23 日，摘自雷亚，1932 年）

在第 2 章中，我们已经说明了价格趋势是技术分析最基本的概念，也是技术分析能够带来利润的根本原因。走、趋势是所有价格运动的一个基本形态。走势分为上涨（upward）、下跌（downward）和横向盘整（sideways）。显然，要从横向盘整走势中盈利，远比从上涨或下跌走势中盈利困难。技术分析师尝试预测市场走势的方向，因为趋势是技术分析的核心原则。第 12 章和第 14 章主要讨论技术分析师现在如何定义、衡量和分析趋势的方法，现在，我们主要从道氏理论的角度理解趋势。

道氏理论认定价格运动中有三种基本趋势，每一种都是从时间角度定义的。

平均指数的运动方式有三种，所有趋势都可能同时发生。第一种最重要，是主要趋势（primary trend）。大幅上涨或下跌，人们通常称为牛市或熊市，这就是主要趋势，有可能要持续好几年时间。第二种是最具欺骗性的价格运动，叫作次级趋势（secondary trend），是指牛市中出现的重要下跌，或者熊市中出现的一次反弹。这类态势通常延续三周到几个月。第三种通常是不重要的价格运动，指的是每日的波动情况（雷亚，1932）。

图 6-2 显示了这三种趋势的关系。我们来仔细分析这三种趋势：主要趋势、次级趋势和短期趋势（minor trend）。

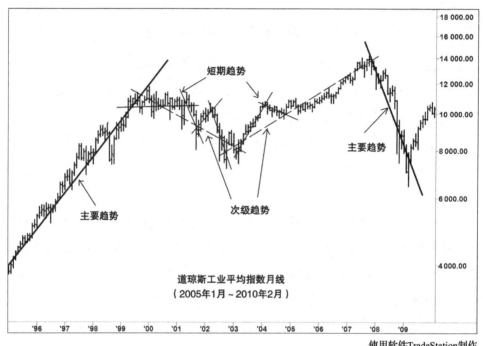

图 6-2 道氏理论的三种趋势类型（月线图，2005 年 1 月～2010 年 2 月）

主要趋势

投机活动取得成功，最重要的因素是要准确把握主要价格运动（趋势）。没有已知的方法可以预测主要趋势的程度或时限。（雷亚，1932）

主要趋势是三种趋势中延续时间最长的一种。它代表了市场股票价格整体的、大范围和长期的运动方向。这种长期趋势的时间期限有可能长达几年。主要趋势包括上涨趋势，称作牛市；也包括下跌趋势，称作熊市。图 6-2 中的长期上涨趋势显示的就是"牛市"。

牛市包括三个独立的阶段。第一个阶段代表了从前期熊市中恢复对的市场信心；第二个阶段代表了对公司收益不断上升的反应；第三阶段则是投机活动占了上风，股票价格因投资者的"希望和预期"而飙升。

熊市是长期的价格下跌运动，穿插着偶尔的反弹，下跌态势将一直持续到价格已经下跌到了最糟糕的境况，之后才会重新开始上升。熊市也包括三个独立的阶段。首先，人们不再愿意购买股票；其次，由于公司收益下降而出售股票；最后是廉价抛售（distress selling）。在这种情况下，不管股票价格如何，交易者都会因认定市场之后会更糟糕，或者因为不得不将股票变现而出售股票。

次级趋势

人们认为次级趋势是牛市的一次重要下跌或者熊市的一次显著反弹，通常持续三周或长达几个月。其间，从上一个次级趋势结束开始算起，价格回调幅度通常会达到本次主要趋势 33% ~ 66% 的水平。（雷亚，1932）

次级趋势是一种中期趋势，与主要趋势的方向相反。例如，在一次长达几年的上涨走势中，价格可能会每隔几周或几个月就下跌一次。在这种次级别的下跌走势中，价格的下跌往往会抹去自从上一个次级走势结束后，主要趋势所产生收益的 33% ~ 66%。

如果有能力预测或意识到次级趋势的存在，则可以通过充分利用小幅的市场波动来增加盈利机会。但是道氏认为这种操作很危险，因为主要趋势和次级趋势的反转有着类似的特征，而且次级趋势很有可能会被认定是主要趋势的一部分——是其内部的暂时变化，也有可能被误认为是主要趋势的结束和新趋势的开始。

短期趋势

由平均指数的每日波动得出的结论常常具有误导性，没有太大的价值，除非可以形成趋势线。应该对每日波动进行记录和研究，因为绘制的每日价格波动总会形成某种具有预测价值的、容易辨认的形态。（雷亚，1932）

横向盘整是指价格持续在 2～3 周时间内的水平运动，一般价格均值的波动范围在 5% 以内。这通常是一种积累或分布信号。如果在横向盘整上限以上出现突破点，或者在横向盘整下限以下出现突破点，就表明市场将会沿着突破点的方向继续运动。由某个平均指数确定的趋势，如果没有得到另一个平均指数的验证，则这种趋势往往不会延续太久。（雷亚，1932）

道氏理论中有关横向盘整的描述如此重要，因此用定理描述实在有些低估其作用，应该用公理来表述才对。（雷亚，1932 年 9 月 23 日）

股票市场的每日波动之间不存在逻辑性。（雷亚，1932）

今天的投资人和交易员对于分钟走势和日内交易十分着迷，而在道氏、汉密尔顿和雷亚看来，这很不可思议。他们认为日内交易的风险太大（根据目前日内交易者的失败率来看，他们的看法也许是正确的）。上述观点主要说明了时间区间越短，价格的变化就会越随机，也越难以预测。这一观点在当今的股票市场中仍然有效，也进一步解释了在道氏、汉密尔顿和雷亚所处的时代，投资者和交易员更喜欢长线交易，而尽量避免短线交易的陷阱的原因。

趋势确认

道氏往往会对平均指数没有被其他趋势确认的价格运动忽略不计。

道氏去世后很长一段时间的实践证明，不断检查平均指数是一个十分英明的方法。根据道氏的理论，下跌的次级趋势有可能最终对主要趋势具有重要的指示作用，但必须是在两个平均指数的新低点均低于之前趋势的低点这一现象出现之后才能确定。（汉密尔顿，1928年6月25日；摘自雷亚，1932）

与使用工业平均指数和铁路运输业平均指数作为经济和商业状态的晴雨表的逻辑一致，道氏理论引入了一个至今依然很重要的概念：确认（confirmation）。确认趋势有多种方法，本书后续还将详细介绍。但是在雷亚的时代，"确认"就是综合考虑工业平均指数和铁路运输业平均指数。"由某个平均指数确定的趋势，如果没有得到另一个平均指数的验证，则这种趋势往往具有误导性"（雷亚，1932）。

当按照每日收盘价计算的工业平均指数和铁路运输业平均指数都已达到新高点或新低点时，才能确定道氏理论所说的趋势出现了。两个平均指数不一定同时到达新的高点，但是要说明出现了关键的主要趋势反转，就必须在确认主要趋势之前，确认每一个平均指数都发生了反转，或者到达了新的价格水平（见图6-3）。所以，趋势的确认是确定主要趋势的前进方向的必要手段。如果主要趋势中包含的次级趋势没能到达规定的水平，就可能预示着主要趋势将要反转。例如，如果在一个大牛市中，平均指数在第二次上涨过程中，没能达到新高，这一现象就提醒分析师：主要趋势有可能发生反转，熊市很有可能即将出现。这种现象称作"未能确认趋势"。另外，如果在次级的下跌趋势中，市场价位达到了更低水平，则表明主要趋势将从上涨的牛市转变成熊市。因此，在主要趋势的相反方向发生次级回撤而形成的极值水平，正好证明了主要趋势正在转向。如果另一个平均指数也确认了这一趋势，技术分析师就有了证据，表明主要趋势已经反转，因而可以采取相应的应对措施。

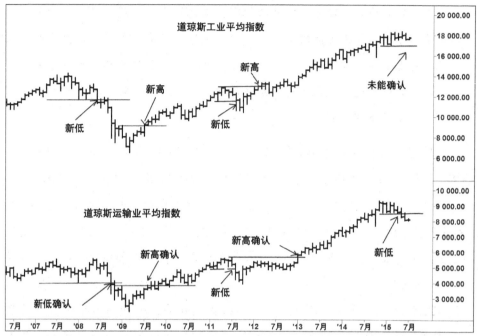

使用软件TradeStation制作

图6-3　道氏理论的趋势确认：道琼斯工业平均指数和道琼斯运输行业平均指数（月线
　　　　图：2006年6月~2015年6月）

　　当前的经济结构与道氏和汉密尔顿时代的经济结构相比，发生了很大变化。
随着大批工业企业股票和技术企业股票涌向市场，确认一个重要趋势的方法是
综合分析两种平均指数，即标准普尔500指数（Standard & Poor's 500）和罗素
2000指数（Russell 2000）。标准普尔500指数代表最大的、资本化程度最高的
公司，而罗素2000指数代表小型、有增长潜力的公司，通常是以技术型公司为
主。当这两个指数能够彼此确认时，主要的趋势就能确认了。图6-4显示了道
氏理论确认方法的现代应用。

成交量的重要性

　　成交量的减少有多种原因。华尔街一个老生常谈的说法就是，千

万别在沉闷的市场上做空头。这句话正确的时候多，错的时候少。但是在一个不断延续下跌的价格波动中，这个建议可能就大错特错了。因为在这种波动情况下，市场上的反弹乏善可陈，更多的是"跌跌不休"。（汉密尔顿，1909 年 5 月 21 日，摘自雷亚，1932）

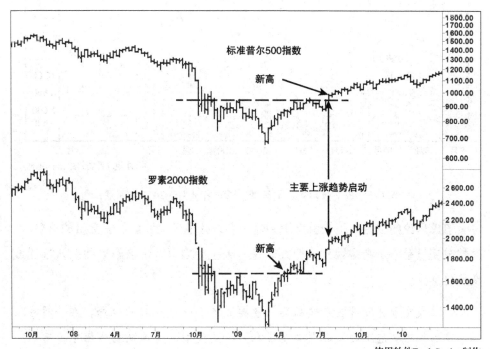

使用软件TradeStation制作

图 6-4　标准普尔 500 指数和罗素 2000 指数的趋势确认（周线图：2007 年 8 月~2010 年 3 月）

　　虽然成交量并不能对趋势反转给出信号提示，但却可以对趋势进行第二次确认，所以很重要。如果在极高的价位上伴随着比此前反弹时还小的成交量，而且很多股票都有下跌的倾向，通常表示这是一个超买市场（见图 6-5）。同理，在低迷的下跌中，如果在极低的价位上伴随着大成交量交易，则显示这是一个超卖市场。"牛市终结于过度态势，而起始于小成交量交易"（雷亚，1932）。

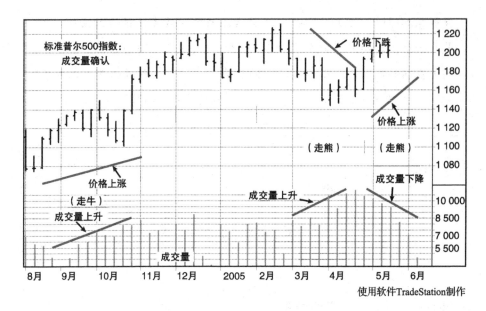

图6-5　成交量确认（周线图：2004年8月~2005年5月）

道氏理论的创始人很快就意识到这一点，并中肯地评价了成交量的重要性。虽然成交量是一个考虑因素，但并非是一个主要因素。价格趋势和确认远比成交量更重要。

> 成交量并没有它看起来那么重要。这是一个相对的概念，在一种市场供给状态下的大额成交量，在一个更大型、更活跃的市场中有可能微不足道（汉密尔顿，1922，177页）。

对道氏理论的批评

虽然道氏理论构成了现代技术分析的基石，但对于该理论的批评也不少见。其中之一就是道氏理论的滞后性——遵循该理论的投资交易者，总是在市场见顶或筑底之后才采取行动。当采用道氏理论进行分析时，在主要趋势出现实际扭转和人们意识到趋势改变之间，存在着时差，这一点是不可避免的。也就是说在趋势已经变化并得到确认以后，道氏理论才能意识到该趋势已经扭转。

但反过来，如果能够正确解读这个理论，就能意识到主要趋势的变化，继而杜绝大量损失发生的可能性。道氏认为，专注于较短时间里的趋势变化，而忽略长期的趋势，会增加个人投资组合价值缩水的可能性：所有权的频繁转移、判断失误、交易成本增加等，都会导致投资人的资产缩水。由于存在对趋势变化的错误认识造成成本增加的可能性，道氏理论往往被人诟病"反应太迟"。

对道氏理论的第二个指责是，道氏理论对于不同趋势的定义不够清楚。通常来说，价格波动很难用特定的趋势类型进行解释。例如，次级趋势的开端往往和主要趋势的开端没有区别。这使得在某些情况下很难确定主要趋势，因而会对投资产生误导。

还有些人认为道氏理论对于确定趋势变化的要求过细。规定只能使用收盘价判断，而且任何新的变化（无论变化幅度有多大）都要考虑，会让人过度拘泥于价格的细微变化。

> ……道琼斯指数……具有随意解释的空间，很难在所有预言家之间取得共识。这些道琼斯指数并不是总有意义。（汉密尔顿，1925 年12 月 17 日，摘自雷亚，1932）

总　结

虽然道氏理论并不是由查尔斯·道系统整理成文的，但是道氏的工作和贡献，奠定了现代技术分析的基础。尽管 20 世纪的股市发生了翻天覆地的变化，但道氏的很多理论和观点，当下依然有效。虽然道氏可能会惊讶于今天的高级技术分析工具和计算机能力，但是他的经典著作为当代诸多模型提供了基本理论。虽然道氏时代存在于工业股票和铁路运输业股票之间的关系已经不能反映当今的情况，必须要做出修正，才能全面反映现代经济状况，但是这些基本经济关系依然是市场的基础。尽管今天的技术分析师能轻而易举地建立复杂的数学模型，并对各种交易策略进行精密的计算机检验，但是我们依然要记住：对于市场活动及其基本规律的了解，是任何交易理念能在市场中获利的必要条件。

···

复习题

1. 雷亚提出来的道氏理论的三个假设是什么？它们与现代投资者有什么关系？

2. 请描述道氏理论中所述的理想市场的上涨、顶部、下跌和底部形态。

3. 为什么道氏认为工业公司的股票和铁路公司的股票之间存在重要的经济关系？你如何看待当今时代经济活动与经济各部门之间的关系？

4. 道氏理论中的三大趋势是什么？哪一种最重要？请说明理由。

5. 道氏理论为什么认为投资者应该避免通过预测次级趋势来赚钱？为什么道氏和他的追随者认为按照次级趋势进行交易风险太大？

6. 道氏及其追随者对当下的日内交易行为会有什么反应？根据道氏理论，这些日内交易者应该遵循什么趋势？

7. 道氏理论中的确认是什么意思？

8. 在道氏理论中，成交量扮演了什么角色？

9. 根据道氏理论，投资者应主要观察哪些表示市场将发生市场反转的信号？

10. 道氏理论受到的批评之一是对于市场趋势反转的确认太迟。请解释为什么道氏理论会"反应太迟"？投资者如何在对市场反转趋势反应过慢的系统中做一些调整？

···

第 7 章

市 场 情 绪

本章目标

- 理解"情绪"一词的含义；
- 理解逆向观点的概念；
- 熟悉不知情市场参与者和知情市场参与者的情绪
  测量方法。

　　一般来讲，其他人在做什么，你就做什么，这是很愚蠢的。因为几乎可以肯定，有太多人正在做同样的事情。（威廉·斯坦利·杰文斯（1835—1882），摘自内尔，1997）

　　本章主要研究市场情绪（market sentiment）。市场情绪是指市场参与者的心理或情绪。有时候投资者会很恐惧或很悲观；有时候又充满了希望、过度自信和贪婪。这样的情绪构成了投资者心理（investor psychology）的典型特征。投资者受到自己的情绪主导而对市场做出反应，这些反应进而影响了市场。因此，投资者心理学和市场活动之间会互相影响。

　　我们从简化视角，考虑一个价格一路上涨的牛市。在牛市中，投资者看到自己的资产组合在升值，一旁观望的人听说自己的亲朋好友在股市上发了大财，按捺不住也要进场一试身手。大众投资者总是踌躇满志，自信地以为股市上涨趋势会继续下去。当然，只要投资者在股市中不断增加投入，那么股价确实会上涨。按经济学的说法就是：当市场上的投资者人数增加时，市场对股票的需求上升，从而推动股票价格不断上涨。市场参与者看好市场，会助长价格的涨势。如果投资者取得了成功，就会变得过度自信乃至贪婪，会忽视"价值"，不断买入更多股票。在乐观情绪达到巅峰状态时，投资者会把大部分可以动用的资金全部投入股市。此时，市场上能够推动股票需求的资金量变得越来越少，当已经没有推动价格继续上涨的燃料时，市场就会见顶。

　　相反，当投资者对市场比较悲观、恐惧时，他们就会卖出股票。随着市场上的看跌情绪蔓延，更多的投资者加入出售，股价随之下跌。这些股票价格的下跌引发越来越多投资者的恐慌情绪，他们迫不及待地抛售股票。当投资者的悲观和恐惧的心理完全占据上风时，投资者就会纷纷从股市撤离。下跌加速了投资者撤离，市场也将触底。

情绪的概念

情绪被定义为所有市场参与者在特定的时间对某种资产或市场价格乐观或悲观看法的综合结果。当股票或商品在远高于或远低于其内在价值的价位上交易时——其中有些原因，我们只能稍后才能了解，而这种偏离价值的状况一般总是和投资者当时的情绪有很大的关系。正是市场参与者的群体情绪和人与人的互动所产生的无形因素，导致了价格偏离其正常的价值水平。这是行为金融学系的研究课题，即人类认知偏见和大脑活动对金融决策产生的影响。这也是技术分析的重点，因为技术分析师一直认为价格是事实和情绪的混合物。当情绪泛滥，价格大幅偏离均衡价位时，必将出现价格反转。价格至少要向平均值回归，甚至继续在回归方向上越过平均值。因此，当价格反映出人们的极端情绪时，技术分析师应该及时察觉到。

技术分析知识7-1

逆向投资理论

每当非专业投资者在对股价走势形成一边倒的看法时，市场往往就会朝着与大众预期相反的方向变化。

假定绝大多数投资者（暂且称他们为"非专业投资者"）对市场的态势极度看好。那么对牛市的高度预期的合乎逻辑的结果，就是他们将大量买入股票，直到大众的资金投入能力达到极限。当大众极度看好牛市时，他们几乎会不惜一切代价地投资！直到他们已没有剩余资金购买更多为止。如此一来，市场上还有谁可以继续创造需求呢？当然不会是那些我们称为职业投资者的群体。这个群体肯定是在市场价格和人们的乐观预期不断上升的时候，向非专业投资者供应股票的人。他们意识到人们已经高估了股票的价值。

众人极度看涨股市，就出现了市场缺乏需求的状况。非专业投资者此刻持有大量股票却缺乏现金，而此时的职业投资者手中流动性很好却不想买入。一旦需求达到饱和状态，哪怕供给只增加一点点，也会引发股价发生震荡。此时股价必然是下跌而非上涨。（马迪·兹威格2004年为奈德·戴维斯的《逆向投资的辉煌》一书所写的序言。）

市场参与者和情绪

恰当的市场投资择时策略就是跟随知情交易者的情绪，逆着交易者情绪的正反馈进行操作，不必理会流动性交易者的情绪。（Wang，2000）

我们在第5章曾提到，市场中有三类参与者：知情市场参与者、不知情市场参与者和流动性市场参与者。在该章所举的例子中，等着把股票卖掉换取现金的机构就是一个流动性交易者。流动性市场交易者在市场上只有一个想法——变现，他们对于决定价格趋势没有多大作用，对市场产生的影响最小。另一方面，知情交易者和不知情交易者决定了市场的价格形态。他们之间的互动是决定价格的主要因素。我们在本章主要关注这两个群体的情绪。

不知情市场参与者是行为不理性的市场参与者，会受到自身情绪和偏见的控制。看到市场价格上升时，他们就信心满满地买入股票，进而创造市场的巅峰时刻；在市场回撤的时候，悲观情绪导致他们出售股票，制造了市场底部。虽然不知情市场参与者常被称作"大众"，但有时候职业投资人和交易者也会加入这一群体。区分知情市场参与者和不知情市场参与者的标准，重要的不是市场参与者的职业或名称，而是对与市场高点或低点相关的利好买进或利空卖出的时机判断。研究已经发现，即使是基金经理、华尔街策略师和投资简讯撰稿人等专业人员，也会成为不知情参与者。换言之，多数市场参与者是不知情的市场参与者。

知情市场参与者往往会反其道而行。这就意味着，知情市场参与者会在多数人乐观的时候，在市场顶部卖出；而在多数人恐惧悲观的时候，在市场底部买入。正如不知情市场参与者未必就是业余投资者，知情市场参与者也可以是非专业人士。他们可以是公司的内部人员，或者是坐在远在加勒比海的家里操作的日内交易者。

总体而言，不知情市场参与者比知情市场参与者的资金多很多。尽管知情市场参与者每天通过捕捉价格反常现象进行交易，或者按照逆向投资的原理对低估的资产进行投资，但是长期而言，不知情市场参与者往往会通过正反馈而导致价格过度波动。很多时候，这会迫使知情交易者利用市场情绪躁动进行趋势交易。

由于人们的极度乐观或悲观情绪往往发生在市场出现极端情况的阶段，也因为这些情绪主要出自于不知情市场参与者，因此如果技术分析师了解这三个群体的行为模式，就可以对市场价格的未来变化趋势做出估计。通常而言，知情的专业人士会做出正确的操作，而不知情的大众会采取错误的操作，在出现极端情绪的情况下更是如此。如果我们了解到，参与市场交易的多数人认定股票价格会持续上涨，就可以判定这些投资者差不多已经在市场上进行了满额投资，股票价格即将见顶。我们在本章中讨论的情绪指标可以用来衡量投资者乐观或悲观情绪的程度。通过使用这些情绪指标，技术分析师希望能把知情市场参与者与不知情市场参与者的情绪和行为区分开来。分析师希望做出与不知情市场群体相反的投资决定，并努力模仿知情市场交易者的行动。

技术分析知识7-2

神经化学对人类思维的影响

神经递质（neurotransmitters）影响人类的情绪和行为。目前，人们已经发现了108种不同的神经递质。它们互相影响、刺激或抑制彼此引发的行动。"其中有5种神经递质在大脑的绝大多数活动中起作用：组胺、血清素、多巴胺、伽马氨基丁酸（GABA）和乙酰胆碱"（Peterson，2007，*Inside the Investor's Brain: The Power of Mind Over Money*，第48页）。"鸦片类药物、去甲肾上腺素、应激激素和Ω-3脂肪酸均影响人类的行为和决策过程。除此而外，还有普通用药、街头毒品，甚至食品都会对人的判断力产生影响"。（Peterson，第50页）

许多病态的心理状态（如抑郁、狂躁、焦虑和沉迷）、神经病学状态（如帕金森病、阿尔茨海默症等）以及控制冲动障碍（如盗窃癖、强迫性购物和病态赌博等），都是人尽皆知的影响金融决策的因素。抑郁与风险规避有关；狂躁与投资者过分自信相关；焦虑与"分析麻痹症"（analysis paralysis）相关；强迫症与过度交易有关。有意思的是，这些与金融相关的疾病症状，可以通过药物作用缓解。（Peterson，第47页）

人类的偏见如何影响决策过程

有效市场假说认为，大量投资者的理性行为，让技术分析师不可能从证券的错误定价中盈利，而这些证券的错误定价正是由不知情市场群体的情绪导致的。但是，行为金融学发现了很多种投资者的行为缺乏理智的表现方式。这些错误不仅非专业投资者或不知情公众会犯，职业投资人也会犯。看看20世纪90年代末有多少专业的证券分析师栽在股市的泡沫里，就可想而知了。他们并非头脑愚蠢的无理性之人，但是他们内在的缺点是人类共有的，这妨碍了他们做出理性判断，让他们沉溺在乐观情绪之中而乐极生悲。

技术分析知识7-3

投资者最大的敌人就是自己

摘自兹威格（2007）。

▶ 大家都知道应该低价买进，高价卖出，但是很多人往往是高价买进，低价卖出。

▶ 大家都知道打败市场几乎是不可能的，但是偏偏就有人认为自己能够打败市场。

▶ 大家都知道因为恐慌而出售股票是个坏主意，但是那些宣称获得了每股23美分而不是24美分收益的公司，市值有可能顷刻之间缩水50亿美元。

▶ 大家都知道华尔街策略分析师有可能预测不了市场未来的行为，但是投资者依然盲目相信那些在电视节目上大吹大擂的金融专家的话。

▶ 大家都知道追逐热门的股票或公募基金是玩火自焚的事情，但是每年都有数百万的投资者会蜂拥而上。虽然有些人在一两年前还发誓"再也不会玩火自焚了"，但他们依然故我。

……我们的大脑常驱使我们做一些毫无逻辑但却很有情感意识的事情。

　　行为金融学者将金融市场参与者的某些有偏差的行为归咎于羊群效应。这些学者已经发现群体的观点充满了偏见。人们习惯于跟从群体一起行动，这使得和群体意见相左的观点很难被人们接受，提出此类意见是很危险的。人们不喜欢被拒绝，也不喜欢被嘲笑，所以不惜以沉默来避免遭受来自群体的阻力。人们如果与群体行为背道而驰，常会遇到来自群体的敌意。还有一个偏差是，人们往往期望过去的走势可以继续发展，并从中获得信心，尽管这样做是非理性的，但是人们只能慢慢改变自己的观点。此外，人们觉得接受别人的观点是安全的，尤其比较认可专家的观点，并且相信这样做会受到别人的庇护。

投资人的情绪和偏见会影响投资决策，这一点很重要，主要原因有二。第一，理解情绪、投资行为和股票价格之间的关系，可以帮助技术分析师抓住市场极端情况而获利。第二，技术分析师必须记得，他们自己与其他投资者一样会受到人类偏误的影响。人的偏误影响深远，即使我们意识到它们的存在，也未必能够完全躲开它们造成的影响。成功的交易员和投资者经常说，在投资活动中，投资者最大的敌人就是自己。技术分析师希望能从股票交易中盈利，因为他们懂得投资者会受到自身偏见的影响，心理上有以高出股票内在价值水平购买股票的动机。但是技术分析师稍有不慎，自己也会被偏见诱惑做出不理性的举动。

例如，行为金融学的"表征"（representation）原理认为，人们往往会找到一些实际上不存在的模式形态。虽然技术分析师的策略是尽量去识别出价格形态，但也要做到不让不存在的价格形态干扰自身的判断。因此，投资者或交易者不仅要了解自己的缺点，还要找到一个避免或改正缺点的方法。

有时候，情绪泛滥会引发价格飙升（有时候大幅下跌也会影响我们的情绪，常被叫作爆仓或恐慌）。无论是股市，还是交易黄金或郁金香球茎的市场，都将这种价格极度飙升的状态称为泡沫（bubble）。当股市存在泡沫时，市场收益率要比平均收益率高很多。泡沫现象也是我们在第4章所说的肥尾现象的一部分。虽然股市泡沫不常发生，但远比在完美的随机游走模型下发生的机会要多。

就我们现在的讨论来说，泡沫的存在证明了价格并不总是由理性决定的。情绪可以控制市场，正反馈会使市场价格飙升至远远超过理性的价值水平，然后再回转。这种泡沫现象如图7-1所示。20世纪90年代末，股票价格迅速上涨，到了2000年，股价已经上升到高处不胜寒的地步，尤其是科技型上市公司的股价涨势凶猛。许多公司的市盈率都创下了历史新高，而对于其中一些公司来说，根本谈不上市盈率这个概念，因为这些公司根本就没有任何盈利。投资者不得不假定每年盈利都以100%的涨幅上涨，而且连续上涨20年，才能用传统的股票估值模型来确定当时的股票价格。根据投资分析专家戴维·德雷曼（David Dreman）的观点："这是一个典型的投资者反应过度的案例。"但是，当贪婪和其他心理偏见影响决策过程的时候，泡沫的存在证明了所有类型的投资者都会犯对现实视而不见的错误。

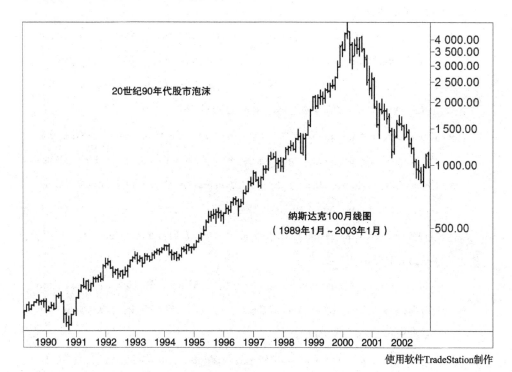

图 7-1　20 世纪 90 年代纳斯达克 100 指数泡沫

技术分析知识 7-4

讲述市场癫狂与恐慌史的书籍

描写金融市场陷入癫狂和恐慌的杰作有不少。如果你想进一步了解，可以参考以下原版书籍：

- Ahamed, Liaquat. *Lords of Finance: The Bankers Who Broke the World*. New York, NY: Penguin, 2009.

- Allen, Fredrick Lewis. *Only Yesterday*. New York, NY: First Perennial Classics, 2000.

- Amyx, Jennifer. *Japan's Financial Crisis: Institutional Rigidity and Reluctant Change*. Princeton, NJ: Princeton University Press, 2004.

- Bernstein, Peter L. *Against the Gods: The Remarkable Story of Risk*. New York, NY: John Wiley & Sons, Inc, 1996.

- Bruner, Robert F. and Sean D. Carr. *The Panic of 1907: Lessons Learned from the Market's Perfect Storm*. New York, NY: John Wiley & Sons, Inc. , 2009.

- Chancellor, Edward. *Devil Take the Hindmost: A History of Financial Speculation*. New York, NY: Plume, 2000.

- Galbraith, John K. *A Short History of Financial Euphoria*. New York, NY: Penguin House, 1994.

- Kindlelberger, Charles P. and Robert Z. Aliber. *Manias, Panics, and Crashes: A History of Financial Crises*, 6th ed. New York, NY: John Wiley & Sons, Inc. , 2011.

- Mackay, Charles. *Extraordinary Popular Delusions and the Madness of Crowds*. Amazon: CreateSpace Independent Publishing Platform, 2013.

- Reinhard, Carmen M. and Kenneth Rogoff. *This Time Is Different: Eight Centuries of Financial Folly*. Princeton, NJ: Princeton University Press, 2009.

- Schwed, Fred and Peter Arno. *Where Are the Customers' Yachts: or A Good Hard Look at Wall Street*. New York, NY: John Wiley & Sons, Inc. , 2006.

- Shiller, Robert J. *Irrational Exuberance*. New York, NY: Crown Business, 2006.

- Smith, Adam. *Money Game*. New York, NY: Vintage, 1976.

- Sobel, Robert. *Panic on Wall Street: A History of America's Financial Disasters*. New York, NY: Macmillan, 1968.
- Wicker, Elmus. *Banking Panics of the Guilded Age*. UK: Cambridge University Press, 2008.

群体行为和逆向观点

逆向思维（contrary thinking）的艺术可以用一句话简单表述：让思考脱离窠臼。一句话就是，不要人云亦云。

思维同一性（sameness of thinking）是自然特性。所以，要摒弃常规，需要长期练习，这样才能养成逆向思维的习惯。

浅表思考（obvious thinking）是指和其他人相同的思维模式，这常常会导致判断错误或结论错误。

现在我们用一句朗朗上口的打油诗来说明这种观点。

想得都一样，错得也一样。（Neill, 1997）

一个人在独立思考的时候，能够符合逻辑并且保持理性。一旦加入群体之中，就很有可能被某些认知偏差左右了自己的决策过程。金融狂热的例子在历史上屡见不鲜。在那种情况下，非理性遇到了新的癫狂因素，人们认为："这一次的情况有所不同。"我们近来看到的 20 世纪 90 年代末期的互联网股价泡沫，以及 2000 年初期的房地产泡沫就属于这种情况。当时我们很难提出减少投资的建议，这是和当时高涨的市场情绪背道而驰的。很多人不用认真分析也赚得盆满钵满。当然，这种局面很快就会逆转，市场会回到正常状态，而且经常是跌过了头。当价格反转时，人们责怪他人，为自己的不理智找借口，不相信自己会陷入疯狂市场而无法脱身。人们否认自己是被从众心理和情绪冲昏了头脑，要求政府制定新的法规保护市场和自己，阻止那些"邪恶"的公司、政府管制不善或者投资风潮再次引发泡沫。这样的举动不仅仅出现在金融市场中。狂躁症还存在于政治、宗教、哲学和教育以及人类社会诸多领域。这些狂热往往是人为的，郁金香球茎狂热、政治宣传和手段等皆是如此。逆向投资理论旨在告诉人们如何识别情绪过剩（emotional excess）现象，并利用情绪狂热现象获利。在接受或拒绝某个观点之前，需要全面分析其方方面面再做定夺。

> 大众用"心"思考（也就是会受到情绪影响），而个人用大脑思考。（Neill，1997）

逆向观点表现了"一种思维方式……与其说它是一种预测的系统，倒不如说它是针对一般预测的解毒剂。简言之，这是一种思维工具，而不是一只水晶球"（Neill，1997）。要成为一个逆向思维者，必须要在整体市场非常乐观的时候卖出（持悲观态度），而在多数投资者悲观甚至恐慌的时候买入（保持乐观）。这听起来很容易，但在实际操作中，执行逆向策略遇到的难题是不确定性。请记住，道氏理论的一项基本原则是价格会形成趋势。当价格上涨时，我们要做多，顺势而行。理解情绪的关键就是要及时发觉价格走势丧失动力而将要反转的苗头。因此，进行逆向投资的人，其任务是找到一个量化方法，可以确定出市场上大多数参与者前进的方向，并且能够计算出市场继续沿着该方向前进的剩余动力还有多少。要知道只要市场参与者手里还有钱，他们的乐观情绪就会继续助推价格的升势。仅当市场参与者把所有资金全部投入市场的时候，他们的乐观情绪才与股市购买脱节。此刻，市场处于超买状态，上涨趋势即将结束。技术分析师可以使用公开提供的数据，构建度量情绪过剩的指标进行量化计算。既然我们已经讨论了基础理论知识，现在我们来介绍一些典型的情绪指标的构建和评估方法。

不知情市场群体情绪的度量方法

　　市场顶部就是情绪最乐观的点位，市场底部就是情绪最悲观的点位。（Davis，2003）

　　情绪指数是帮助技术分析师测量市场情绪过剩对价格影响程度的数据序列。有了这些信息，我们就可以更好地预测市场趋势可能发生的反转。在分析市场方面，分析情绪指标通常比分析个股情况更管用。个股价格也包含了情绪成分，但是衡量总体市场情绪要比衡量个股情绪更可靠。因此，我们主要讨论反映整体市场乐观程度的情绪指标。

　　读者要明确，我们在这里主要关心两个群体：不知情市场参与者和知情的市场参与者。多数情绪指标主要针对的是不知情市场群体。这些不知情市场参与者常常无法准确判断主要的市场趋势变化。因此，如果我们了解这个不知情市场群体正在做什么，也就知道不去做什么了。另一方面，一些情绪指标可以衡量知情市场群体的行为，一般这个群体对于市场前景的评价更加准确。这些指标用于观察专业交易员和了解公司内部情况者的行为。

　　恐惧和贪婪的影响并不完全对等。在发生恐慌时的市场底部，过度的情绪往往是最强的。此外，乐观情绪往往能够持续一段较长的时间，多数情绪指标在确定市场底部时用处更大，因为此刻的恐惧情绪已经达到了顶点。而在价格上涨过程中，这些指数时常具有欺骗性。但是，贪婪情绪是在价格上升的过程中逐渐聚集的，因此，某些情绪指标产生的卖出信号不如买入信号更准确。

基于期权和波动性的情绪指标

　　为了获悉不知情交易者的行踪和动向，技术分析师常会考虑期权交易活动和波动性衡量指标。期权交易可以作为市场投机活动的标志，而波动性可以成为市场交易者焦虑的表征。现在我们来具体分析。

期权交易和情绪

传统上，人们将一手股票（一般将 100 股视为一手股票）的统计数据作为衡量市场上的不知情交易主体和小投资者情绪的可靠指标，因为他们没有足够多的资金购买大量股票。市场上出现大量的买进一手股票的现象，表明不知情的投资大众对市场抱有过度乐观情绪。而当他们过度悲观时，也会大量出现按一手股票做空的情况。这个数据代表了市场上不知情交易者和大众的投机动向，在市场趋势反转时往往达到最高点。

如今，公开发布的期权数据代替了过时的零碎股数据，成了衡量公众投机者情绪的最好的指标之一。看涨期权是可以在特定的时间，以特定的价格购买某资产（通常是股票或大宗商品）的一种期权。看跌期权是可以在特定时间，以特定的价格出售某资产的期权。有些期权通过在时间和价格上做出更多规定而可能会更复杂。现在标准的看涨期权和看跌期权是交易范围最广、成交量最大的期权交易类型。期权市场从本质上来讲是投机市场。期权依靠杠杆利率来确定最大利润，在期权到期时有可能变得一文不值。所以期权已经成为不知情交易群体的投机工具。

我们看看如何在期权市场上评估投资者的情绪状态。假定杰瑞认定 XYZ 股票的价格会超过当前每股 20 美元的水平。杰瑞可以购买一份看涨期权，那么他就有权在接下来 3 个月里的任何时间，以每股 20 美元的价格购买 100 股 XYZ 股票。期权价格和权利金（假如是 2 美元）要比直接购买该股票的价格低。如果 XYZ 股票的价格上升超过 20 美元，杰瑞可以用之前确定的价格执行这份期权合约，这个价格此时对他是有利的。但是，如果 XYZ 股票价格在接下来的 3 个月里变化很小或者下跌了，那么杰瑞可以任由这份期权合约到期，他失去的是购买这份期权合约的那笔钱。因此，期权市场让杰瑞——不知情交易者的代表通过支付一小笔期权金，对股票的价格波动进行投机。当投资者认为股票价格将上升时，他们通过购买看涨期权进行投机。如果投资者认为股票价格将下跌，就购买看跌期权进行投机。如果投资者对股票价格极度看涨，他们就会购买价外看涨期权（out-of-the-money call option），这种期权是指协议价高于当前股票的价格，这是因为该股票现在的交易价格非常低。

若看涨期权合约的持有者正确估计了价格的涨幅，或者看跌期权合约的持有者正确估计了价格的跌幅，则这类期权合约都会被执行。如果投资者对于市场的变化方向估计错误，则执行期权合约是无利可图的。若期权合约持有者在合约到期前没有执行合约，则期权合约到期时会变得一文不值⊖。

由于购买看涨期权表明这个投资者认为市场将上涨，购买看跌期权证明是对市场看跌，所以，看涨期权和看跌期权的比率显示了投机者对于两类期权的相对需求。这可以让我们了解到投资者对市场变化方向的整体判断。看涨期权购买数量比看跌期权多，则表明市场中的乐观投资者居多。

使用看跌／看涨期权比率测量情绪

计算看跌期权和看涨期权的比率有多种方法。例如，可以使用购买看涨期权的权利金的均值和购买看跌期权的权利金的均值之比表示。理论上讲，权利金代表了买方对于购买期权的热切程度，以及期权卖方对于出售期权的意愿。但从统计学角度讲，这个指标用于测量情绪未必可靠。一些技术分析师把每天交易的所有期权产品的价格与每笔交易的成交量相乘，再求和，然后算出看跌／看涨期权比率（put-call ratio）。这种计算不仅要求有精确的数据，还要求有强

⊖ 人们一直认为多数期权合约未执行而最终变得毫无价值，表明多数期权购买者未能正确估计价格动向。但是，近来的研究表明，即使对价格趋势估计不正确，很多合约持有人还是如期执行了期权。在 2004 年 11 月出版的《股票和商品的技术分析》（*Technical Analysis of Stocks and Commodities*）中，汤姆·詹泰尔（Tom Gentile）报告了国际证券交易所的亚历克斯·约翰逊开展的长达 30 年的期权数据研究的结果。该研究指出，只有 30% 的期权合约会一文不值地终止；有大约 10% 的合约如期执行；而剩余 60% 的期权合约会进行对冲抵消。由于没有执行的期权合约的比例较大，这说明市场上的许多期权购买者都是不知情交易者。

大的计算能力，但是该比率提供的信息却未必很有用。还有一些人根据看涨期权和看跌期权的未平仓量（open interest）来计算这个比例。不幸的是，这个方法得出的结果只能算是代表逆向观点的一个普普通通的指标。

技术分析知识 7-5

如何检验和优化震荡指标

当一个指标在围绕着一条水平线的某个区间震荡时，抓取买入和卖出信号的最常用方法是使用另外两条水平线，一条用于指示买入（多头），另一条用于指示卖出（空头）。（除了用卖出信号退出一个多头仓位之外，还可以告诉我们在用于建立空头仓位时，能够获得的最大利润是多少。）如果这个指标在低于上限时下跌，会发出一个信号，而如果它在高于下限时上涨，会发出另一个信号。如果这个震荡指标与市场同步，即在市场高点走高，在市场低点走低，则这个区间的下限就变成买入信号，而上限变成卖出（或做空）信号。在某些情况下，市场和这个指标是相反的，也就是说，当市场在低位时，指标是在高点，反之亦然。此时这个区间的上限变成买入线，而其下限变成卖出线。我们在这个测试方法中再增加一条规则，减少信号数量，以避免出现太多错误信号。这条规则是当出现一个买入信号时，记录那个价格方向和价格高点，只有后续价格超过那个高点时，才会执行买入操作。对于卖出信号来说，相反操作是正确的：价格必须向下突破前一个低点，才会执行卖出操作。

对所有可能的组合进行最优化处理，再据此确定这两条线的位置，看看①一些组合是否产生了比买入并持有策略更有意义的利润（在测试期间，持有股票的利润/亏损），②最大利润对应的优化后的线在哪里，以及③这种优化结果与其他方法和指标的比较。尽管这种优化可能得到出色的结果，但也可能只是源于对数据的过度拟合，在实践中并不可靠。假定一个结果被优化后的交易模型会在未来带来同样大的收益，这是一个严重的错误。在采用这类测试结果的参数时，你应该亲自检查一下。其实，当方法和指标显示能够超越买入并持有策略的利润时，如果不是这两条线的值出现了问题，可能就应该仔细检查一下这个指标的有效性。

当这个指标不是水平波动而是向某个方向漂移时，我们综合使用这个指标的移动均值的 2 个标准差（与第 14 章要讲的布林带很相似），得出买入线和卖出线，和水平线一样，也可以得到买入和卖出信号。这种测试是基于两个移动区间带的移动均值，这上下两个移动区间带是根据另一个移动区间带均值的标准差的乘数计算出来的。变量是移动均值的时间长度和用于确定上下移动区间带的标准差的乘数。接着，我们用前面提到的规则对历史数据进行优化，找出这些变量的参数。图 7-2 是一个例子，表明在获得有利信号时，区间带要比简单的水平线更有用。

计算看跌/看涨期权比率的最简单、最稳健的方法是计算每日看跌期权的成交量与看涨期权的成交量（McMillan，1996）。对于股市来说，原始的成交量数据和比率可以通过下载芝加哥期权交易所（Chicago Board Options Exchange，CBOE）官方网站的 Excel 数据表获得（网址：www.cboe.com）。根据期货行业协会（Futures Industry Association）的统计，芝加哥期权交易所是世界上规模最大的期权交易市场。

通过用移动区间带检验法（见技术分析知识 7-5）处理所有股票期权的交易量，我们发现用这个模型在最优区间买入或做空，可以获得 196.8% 的回报率，而买入并持有的回报率是 86.4%（如果在 11 年零 4 个月的研究时段里不进行任何交易）。这个模型的参数包括一个 49 日移动平均线，以及上下移动区间带的标准差的 0.5 倍和 −1.66 倍。如图 7-2 所示，数据和市场走势正好相反，所以上半部分区间是买入区间，下半部分区间是做空区间。

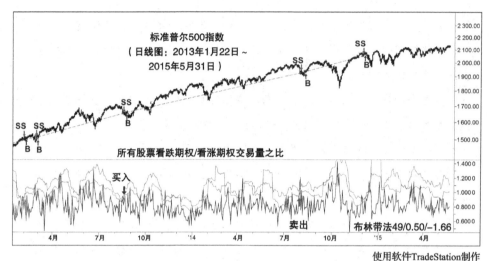

图 7-2　每日总股票看跌期权/看涨期权交易量之比与标准普尔 500 指数（日线图：2013 年
　　　　1 月 22 日~2015 年 5 月 31 日）

　　注册市场技术分析师、数量分析服务有限公司（Quantitative Analysis Serv-
ices，Inc.）的首席投资策略分析师肯·塔沃尔（Ken Tower），使用的是看跌期
权/看涨期权交易量比率的 10 日移动均值与看跌期权/看涨期权交易量比率的
126 日移动均值之比，这个比值约等于 2 周移动均值除以 26 周移动均值。这两
个均值的差距决定了期权市场波动的极值水平。高比率表明看跌期权购买方的
数目多于看涨期权购买方，也就是不知情的市场群体比较悲观。

　　与上述专业投资者买入期权做对冲不同，另一种方法是杰森·哥佛特（Jason
Goepfert）在研究期权作为情绪代理变量时用到的，称作 ROBO 法，即只计算零
售的看跌期权/看涨期权交易量之比（Retail Only，Buy to Open）。不知情市场参
与者倾向于以每天的开盘价买入投机性期权。这个指标所用的期权数据是投资
者以开盘价购买的期权数量，通常数量不大。为了进一步控制这些数据，哥佛
特将统计对象限制在开盘时期权交易合约数量不超过 10 份的交易，以减少大的
机构买家对市场造成的潜在扭曲。

图 7-3 是 ROBO 和标准普尔 500 指数图。我们优化每周 ROBO 数据并将其
与标准普尔 500 指数（1995 年 5 月 26 日开始）进行比较，可以看到优化后的
回报率是 164.1%，而买入并持有的回报率是 75.1%。图 7-3 上是 36 周买入线
和卖出线的转向水平，上区间带是 1.76 倍标准差，下区间带是 1.29 倍标准差。

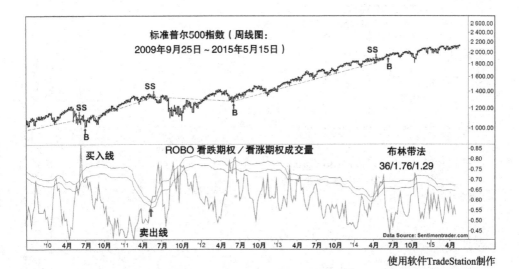

图 7-3   周看跌期权/看涨期权成交量，ROBO 与标准普尔 500 指数（周线，2009 年
9 月 25 日~2015 年 5 月 15 日）

波动性和情绪

还有一种分析不知情市场参与者行为的方法是分析波动性。波动性是衡量
证券价格震荡幅度的指标，通常与价格平均值有关，与某个时段的涨跌无关。
波动性最常见的计算方法是计算平均值的标准差。历史（已实现）波动率是指
证券在过去某段时间的价格均值的标准差。例如，100 日周期的波动性是指某
个证券在过去 100 天中在平均值附近波动的幅度。在奈德·戴维斯研究所提供
的图 7-4 中，波动性按照 12 个月的年度高点和年度低点的差值，与年度高低点
差值的 12 个月移动均值之比计算。这种方式具备一定的预测能力，如图所示，

我们可以看到这种波动通常表现出回归均值的特征，在围绕长期均值震荡一段时间之后，会向均值方向回归。

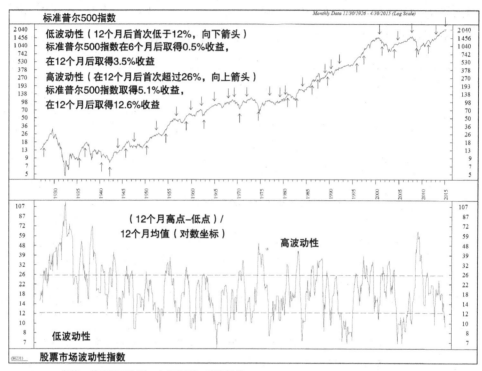

图 7-4　股市长期波动性（月线图，1925～2015 年）

　　但对于证券收益率来说，则未必回归均值。正如价格收益的分布存在着肥尾现象，波动性的分布也存在肥尾现象。另一个常见假设是波动性与价格收益相互独立，也就是说，支持这一说法的人认为预测证券波动性的能力，并不能帮助判断未来价格的方向或收益情况。一些证据反驳了这种假说。波动性能够衡量证券市场参与者的心理焦虑状态。当交易者心理紧张时，市场波动性就会上升，而当投资者对价格水平满意时，波动性就会下降。由于市场参与者是一个群体，而且是不知情的群体，所以波动性能够作为预测市场的一个因素。在图表中，当波动性这个比率超过26%时，我们就认为波动性过大了。在市场低位经常发生这种情况，因而接着就会出现上涨。相反地，尽管不一定非常准确，但低波动性通常表明市场会比较平稳，因为投资者此时并不是很急切。现在我们看看其他度量波动性的方法。

奈德·戴维斯研究所经常使用一种水平线法，用于获取买入和卖出信号。图7-5是一个关于每日标准普尔500指数波动性的示例，计算的是每日高点与每日低点之比的44日移动均值。当这个值超过了整个期间（1957～2015年）的水平均值的标准差的几倍时，就给出了买卖信号。超过2.5倍标准差的尖峰经常出现在市场底部，经常给出可靠的买入信号（58年里发生了9次，即平均每6.4年发生一次）。

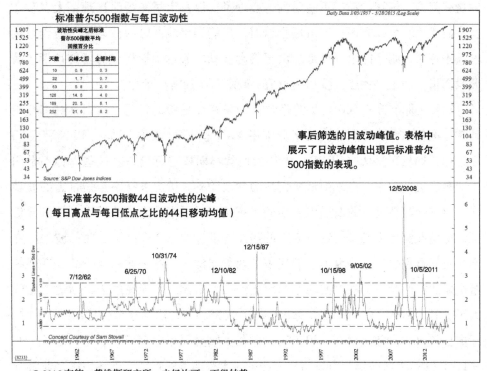

图 7-5　标准普尔 500 指数日波动性（1957～2015 年）

用波动性测量情绪

隐含波动率（implied volatility）是从布莱克－斯科尔斯公式中推导出的一个指标。布莱克－斯科尔斯期权定价模型是确定期权价值的最常用方法，其中期权的价格被认为是一个函数，与作为基础资产的证券价格和期权行使价之差、期权剩余期限、现行利率以及基础资产的波动性有关。如果我们知道了期权价格、期权行使价、证券价格、利率以及期权的剩余期限，就能算出隐含波动率。所以，隐含波动率是由期权交易者在市场上对期权进行定价而得出的一个波动性指标。隐含波动率和历史波动率一样，是和市场价格有关的。隐含波动率会在遭受阻力、情绪冲动、不确定性、心理恐惧以及市场焦虑时出现，大多数在触底时发生。另一方面，当市场上涨时，可能会出现低隐含波动率，而当市场波澜不惊时，则可能出现峰值。由于隐含波动率表达了期权交易者的预期，因此我们可以通过寻找隐含波动率极值，确定市场的情绪状态。

VIX 是标准普尔 500 指数的隐含波动率在交易所的代码。纳斯达克综合指数和标准普尔 500 指数的波动率分别用 VXN 和 VXO 表示。VIX、VXN 和 VXO 在芝加哥期权交易所（CBOE）中作为期货和期权进行交易。这些指标不是用于测量历史波动率，而是测量所谓的隐含波动率。历史波动率是指过去的波动率，通常伴随着过去的市场焦虑而同步震荡。通过查看隐含波动率，技术分析师希望借此测量市场参与者对未来的焦虑程度。如图 7-6 所示，两种波动率并不是正好重叠的。这是因为它们代表了两种想法——过去的和当下的。奈德·戴维斯研究所计算了隐含波动率与历史波动率之比，发现在过去，当这个比值大于 1 时，标准普尔 500 指数每年平均下跌 55.9%；而当这个比值小于 -1 时，标准普尔 500 指数上涨了 140.5%。在大多数时间里（65%），这个比值介于 -1 ~ 1。这是将情绪作为市场信号方法的一个很典型的特征。极端情绪是非常有意义的，是准确的反向指标。但是在大部分时间里，情绪处于中间位置，而且用处不大。

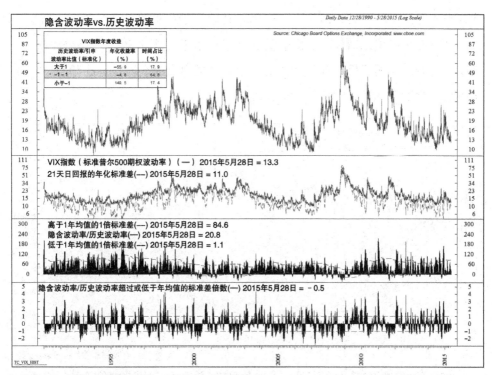

图 7-6 历史波动率和隐含波动率（日线图：1990 年 12 月 28 日～2015 年 5 月 28 日）

VIX 在择时上的最常见用法是用原始数据作图，然后观察出现峰值的点，因为那些点通常标志着重要的市场低位（见图 7-7）。我们用移动区间带优化方法处理了 VIX 数据，发现经过最优化的模型，在 20 年里产生了 512.7% 的回报率，而买入并持有的回报率是 259.9%。这个模型的参数是 22 天，上下限分别为 1.08 倍标准差和 - 0.68 倍标准差。

哥佛特建议的另一种将 VIX 当作市场择时指标的方法是 3 个月 VIX 价差，也就是 VIX1 个月后的期货和 3 个月后的期货价格之差，如图 7-8 所示。哥佛特指出，"如果期货交易者认为短期内波动性会大幅上升的话，这个价差就会比较大"，反之，这个价差就会比较小。由于波动率通常是在市场底部出现，价差大往往意味着这是一个买入信号。我们用移动区间带方法检验这个概念，就会发现这个价差可以用来做预测。这个模型在10年里产生了最高197.5%的回报率，而买入持有产生的回报只有74.0%。这个移动区间带的平均时间是49天，其上下限分别为1.99倍标准差和1.38倍标准差。

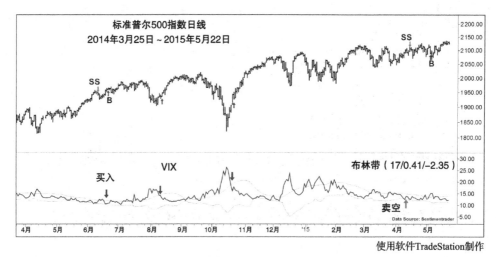

图7-7　标准普尔500指数和VIX（日线图：2014年3月25日~2015年5月22日）

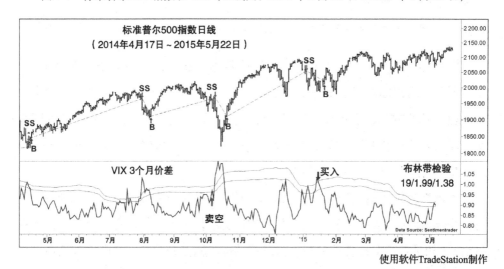

图7-8　VIX3个月期货价差（日线图：2014年4月17日~2015年5月22日）

民意调查

衡量市场参与者情绪的另外一种方法是询问参与者的意见，看看他们对市场是看涨还是看跌。虽然这看似是收集人们对市场预期的信息最直接的方法，但是抽样方法的问题和其他与民意调查相关的偏见问题等层出不穷。不过尽管存在偏见，只要定期进行民意调查，调查结果也能说明大众的心态。在市场顶部的时候看涨，在市场底部的时候看跌，所以民意调查的结果是反向指标。这种方法可以用来收集不知情市场参与者的信息，衡量该群体的情绪。现在有多家公司收集、发布根据民意调查采集的民众信息。我们来具体看几例。

咨询师意见

投资者智慧（Investors Intelligence）公司是英国股立方有限公司（Stockcube Plc）在美国的全资子公司，位于纽约州的新罗谢尔，通过情绪调查服务，提供市场投资者的情绪方面的信息。自 1963 年以来，该公司每周阅读大约 120 份独立（不附属于任何经纪人或公募基金）的投资咨询简报，然后统计出看涨、看跌或预期市场将出现调整的分析师的比例。表面上看，财经评论员的见解应该更加深刻，应该比大众的观点更加贴近整个市场的动向。但是根据过去 40 年的情况看，这种观点不正确，尤其当市场处于极端状况下时更是如此。因此，公司公布的这份调查结果只是提供了不知情市场参与者的信息，只能作为一个反向指标。他们的研究结果表明，当市场上看跌的咨询师超过一半，或者看涨的咨询师少于两成时，股票市场上一般就会出现买入信号。另一方面，当看跌的咨询师的百分比少于两成，且看涨的咨询师的比例在 55% ~ 60% 时，市场上就会出现卖出信号。该公司并没有给出他们对这些数据的检验过程，只是声称这是通过观察 45 年以上的统计数据而得出的结论。

使用这种信息进行交易决策的成功概率是值得商榷的。索尔特和斯塔曼（Solt，Statman，1988）认为，投资咨询师的情绪与股票投资回报率之间不存在统计学上显著的相关性：原始数据和多种处理方式，并没能证明它曾产生过多少参考价值。科尔比（Collby，2003）研究了咨询师情绪数据在1~1000周的指数移动平均值交叉时的投资绩效，没有发现盈利证据。

而其他人所做的一些研究表明，经过一些调整修改，咨询师的过往情绪对于确定未来股票市场价格动向，还算是一个比较有效的指标。我们用移动区间带检验法优化这个比率指标，得出了相当不错的结果，见图7-9。

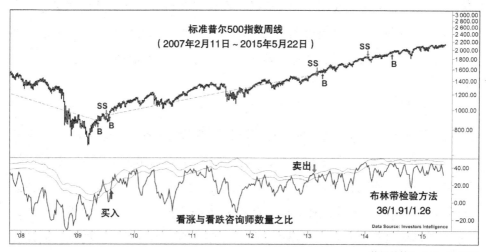

使用软件TradeStation制作

图7-9　投资者智慧公司咨询师意见，看涨与看跌之比（周线图：2007年11月~2015年5月）

情绪的标准计算方法是用看涨咨询师数量除以看涨咨询师和看跌咨询师总数而得出的百分比。将这个百分比绘在图中，就可以用于确定买卖信号。应用这些数据，我们用36周移动区间带检验方法进行了优化，发现这个方法在20年里产生了310.5%的回报率，而买入持有策略产生了184.0%的回报率，上下区间带分别采用了1.91倍标准差和1.26倍标准差。

如图7-10所示，奈德·戴维斯研究所使用了这个比例的10周算术平均值，在1970年9月18日至2015年5月22日，可以看到超过69%的升幅导致了一年1.4%的收益率；而低于53%的降幅导致了一年12.0%的收益率。如果只看多头交易，采用水平线交叉法，得出的年化收益率是 10.1%，而买入持有的收益率是 7.4%，这些都是可信的结果。

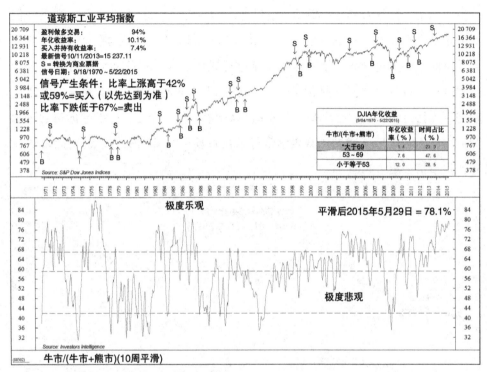

@ 2015 奈德·戴维斯研究所，未经许可，不得转载。

图 7-10 美国个人投资者协会，10 周移动平均看涨/看涨和看跌投资者比率（周线，1970 年 9 月 ~ 2015 年 5 月 22 日）

科尔比（2003）认为当多数咨询师看跌时，市场价格会上涨。他建议采用一个乐观倾向决策规则（optimistically skewed decision rule），依据咨询师情绪，找出市场极度悲观的时期。在这种决策规则下，每当看跌的市场简讯百分比超过 54 周看跌指数移动平均值加上 10 个百分点之和时，投资者就进行做空交易。采取这个策略，1982 ~ 2001 年，投资者获得的净利润要比单纯买入持有策略高 70.3%。

美国个人投资者协会

美国个人投资者协会编辑了一份针对 15 万会员的每日追踪信息，搜集他们对未来 6 个月证券市场的看法。德邦特（DeBondt，1993）发现，AAII 调查的会员倾向于根据过去的股票收益对未来进行预测。我们用移动区间带方法分析股票分布的百分比数据（见图 7-11），发现 21 年的回报率是 590.8%，而在这期间买入持有策略的回报率是 353.8%。其中参数是 3 个月，标准差的倍数分别为 -0.41 和 -0.57。负的倍数表示信号来自移动区间带的低位，说明熊市的信号比牛市信号更可靠。

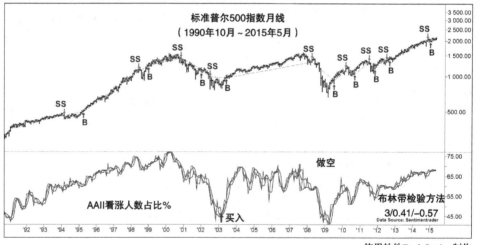

使用软件TradeStation制作

图 7-11　美国个人投资者协会看涨/看涨和看跌投资者（月线，1990 年 10 月~2015 年 5 月）

Consensus 看涨情绪指数

位于密苏里州独立城的共识有限公司（Consensus，Inc.），根据多个经纪公司分析师和第三方咨询服务公司的观点，编撰了 Consensus 看涨情绪指数。该指数涵盖了多种方法，包括基本面分析、技术分析和周期分析等。Consensus 公司在计算这个指数时，只参考那些已经发布了的信息。

市场风向标

位于加利福尼亚州帕萨迪纳城的市场风向标公司（Market Vane Corporation，www. marketvane. net）对 100 位顶级的大宗商品交易咨询师对期货市场的观点进行了调查，包括股票指数，美国长期国债、黄金、白银、日元、原油、黄豆、牲畜、白糖和其他大宗产品等。这个数据用来构建每周发布在《巴伦周刊》上的一致看涨统计数据。

Sentix 情绪指数

诞生于 2001 年 2 月的 Sentix 指数是一个面向德国投资人征求市场观点的综合调查指数，也涵盖了美国股票市场和债券市场。该指数每周五征集意见，次周星期一在德国发布调查结果。约有 3100 个投资者参加了调查（其中有 690 个机构投资者），征集对象对 12 个不同市场发表看法，具体包括德国法兰克福 DAX 指数（DAX）、德国科技股票指数（TecDAX）、欧盟 50 股票指数（EuroSTOXX 50）、标准普尔 500 指数、纳斯达克综合指数、日经指数（Nikkei Index）、债券期货（Bund-Future）、美国长期国债期货、欧元兑美元汇率、美元兑日元汇率、黄金和原油。调查意见包括投资者未来一个月（短期）和六个月（中期）的市场预期。休伯纳（Huebner，2008）描述了 Sentix 数据在预期市场动向方面的多种用途。凡·戴尔（van Daele，2005）在关于噪声交易者的行为模式的博士论文中引用了 Sentix 数据。

消费者信心指数

世界大型企业联合会是世界领先的经济指标和就业指数的发布机构，每月报告消费者信心情况。消费者信心指数是根据对 5000 户美国家庭代表的抽样调查计算得出的。与其他民意调查类似，这项调查是股票市场的一个反向指标。

如图 7-12 所示，奈德·戴维斯研究所发现，从 1969 年至 2015 年，当这个指数超过 113 时，表明消费者过于乐观，股票市场的表现却比较平淡（每年收益率为 0.20%）。相反，当多数消费者对市场比较悲观，即当这个指数降低到 66 以下时，股票市场的每年平均涨幅却达到了 14.8%。

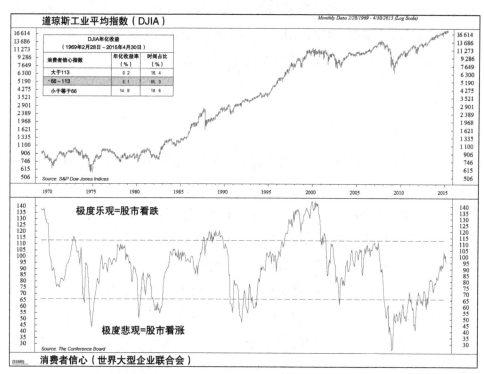

@ 2015 奈德·戴维斯研究所，未经许可，不得转载。

图 7-12　消费者信心指数（1969 年 2 月 ~2015 年 4 月）

资料来源：世界大型企业联合会。

其他测量逆向观点的指标

我们上面讨论的基于民意调查基础上的市场情绪指标，主要是依据市场参与者对市场的观点编制。当然，我们并不特别关心市场参与者对市场是否乐观的表态，而更关心市场参与者的乐观情绪达到什么水平时，会导致买入行为和证券价格上涨。我们接下来介绍基于市场价格波动的逆向观点的测量指标。

买卖高潮点

投资者智慧公司使用"高潮点"（climax）这个说法指代在一周内发生的某个特定事件。当市场出现一个52周新高点，同时价格在前一周收盘价之上收盘时，就证明出现了一个买入高潮点（buying climax）。当市场形成一个52周新低点，并且在前一周收盘价之下收盘时，就出现了一个卖出高潮点（selling climax）。投资者智慧公司声称"之所以对高潮点的定义如此严格，是因为这样可以帮助我们精确、稳健地确定是否真的出现了这种现象。保存历史上出现的买卖高潮点的纪录是非常重要的。我们注意到市场的转折点经常会伴随着买入或卖出高潮点数量的突然增加。"图7-13显示了2014年5月至2015年5月的买入和卖出高潮点。他们的研究表明，如果当时曾在买入高潮点时卖出，以及在卖出高潮点时买入，那么在4个月之后，他们对于市场价格变化方向的预测正确率为80%。

公募基金统计数据

由于公募基金投资者大多数是不知情的大众投资者，因此在确定不知情市场参与者的思想和行为方面，公募基金统计数据往往非常有用。最可靠的统计数据是股票公募基金所持现金占总资产和调整利率后的资产的百分比。

公募基金持有现金占资产的比率

众所周知，公募基金的现金持有量是证券市场的反向指标。公募基金持有现金有多种理由，但是基本特征是在市场底部常出现高比率的现金准备金。根据早些时候福斯贝克（1976）和奈德·戴维斯研究所做的研究成果，哥佛特（2004）在道氏奖（Charles H. Dow Award）获奖论文中指出，经过利率调整的公募基金的现金准备金要比头寸中的现金百分比这一指标更加可靠。他认为，把公募基金持有的现金根据利率进行调整，在 1962 年 1 月至 2015 年 4 月，当这个金额降到低于最低限度时，股票市场在接下来的一年里平均上升了 8.1%。当现金水平处于最高位时，股票市场在接下来的一年里平均下跌了 6.1%。

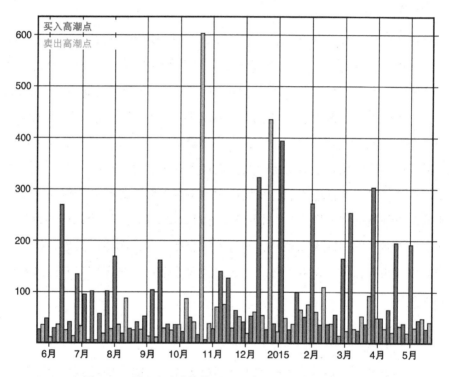

图 7-13　买入和卖出高潮（2014 年 5 月～2015 年 5 月）

资料来源：Investors Intelligence。

奈德·戴维斯研究所发现，股市与经过利率调整的公募基金的现金百分比也具有同样的关系（见图 7-14）。对根据利率进行了调整的 13 个月的股票公募基金现金资产百分比平均值的偏离值进行研究，在 1962 年 8 月至 2015 年 4 月，我们发现，通过在高于 0.1 的偏离值时做多，以及低于 -1 时做空，可以获得综合年化收益率 11.6%，而买入并持有策略的年化收益率为 7.0%。

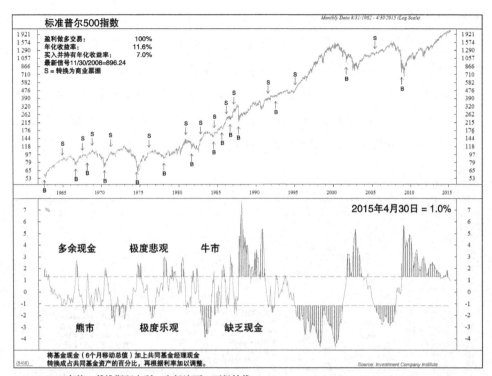

@ 2015 奈德·戴维斯研究所，未经许可，不得转载。

图 7-14　经过利率调整的公募基金的现金头寸（月线图：1962 年 8 月 ~ 2015 年 4 月）

Rydex 基金

过去几年里，公募基金管理公司表现出了风格和金融杠杆方面的不同特征。Rydex 全球咨询公司的投资风格已经自成一家，其中不仅包含标准的纯多头股票投资基金，还包括复制市场平均水平（如美国标准普尔 500 指数和罗素 2000 指数）的基金，以及在投资组合中增加杠杆的其他类型的基金。这些都被称作牛市基金，随着股市上涨而升值。与此相反，Rydex 以同样的方式提供了反向基金，专门对平均指数和其他指数进行做空交易。这类基金被称作熊市基金，随着股市下跌而升值。如果公众预期市场将上涨，他们会买入牛市基金，卖出熊市基金，反之亦然。这两个基金所持有的资产比例，可以让我们了解基金的不知情投资者对于市场走向的预期。

奈德·戴维斯研究所发现，每当这些投资者看涨的时候，市场无一例外都会下跌。从1994年1月到2015年4月，当这个比率超过82.5，市场买入牛市基金的金额比买入熊市基金多时，股票市场按年计算下跌了5.8%；而当投资者大量买入熊市基金时，这个比例降到了52.2或以下，则股票市场上涨了52.2%（见图7-15）。这些结果表明，情绪和未来的市场方向有明显的关系。

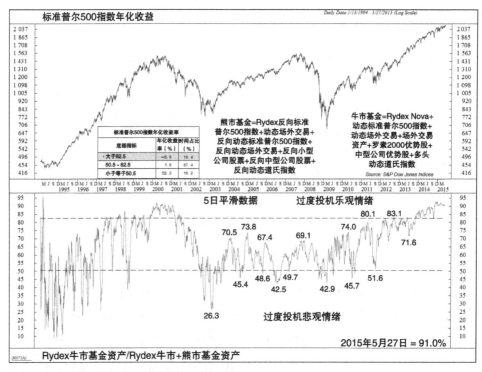

图7-15　Rydex全球咨询公司牛市基金和熊市基金（日线图：1994年1月13日～2015年5月27日）

保证金贷款

每周出版的《巴伦周刊》会汇总刊登前一个月纽约证券交易所的保证金贷款金额。分析师通常考虑的是不知情投资者举借的保证金余额，尤其是当市场处于峰顶的时候。请记住，当不知情投资者非常乐观时，他们就会把大量资金投入股市，而且可能还通过用保证金购买股票的方式给头寸加杠杆。近年来，跟踪保证金贷款余额的人发现，这个指标反映了职业投机者的情况，但效果可能没有以前那么明显了。另外，要想发挥保证金贷款预测市场的能力，需通过持有能规避美联储保证金要求的金融衍生工具头寸来实现，该要求只适用于银行。长期资本管理公司曾经出险的部分原因是其持有的衍生工具合约价值多达万亿，造成了巨大的风险，而其中多数合约的保证金要求很低。尽管有这样的顾虑，我们用移动区间带检验方法对保证金贷款进行优化处理，结果表明在过去的 44 年里，回报率达到了 3810%，而买入持有策略的回报率是 2045%（见图 7-16）。更有趣的一个现象是，从 1983 年起，每一次大的下跌都有信号提示，包括 1987 年大跌和每一次市场到达底部。有些信号是错的，但是几个月内就可以调整回来，造成的损失极小。这个优化模型用到的参数是 5 个月周期，分别用 1.04 和 −0.85 作为上下区间的标准差倍数。

奈德·戴维斯研究所用水平线方法而不是移动区间带法检验保证金贷款作为市场方向的指标。研究用 15 个月保证金贷款变化率作为指标，买入线为 −21%，卖出线为 48%，发现从 1970 年 1 月到 2015 年 3 月，在买入信号出现的 18 个月后，平均收益达到了 45.2%（见图 7-17）。卖出信号不重要，因为卖出信号出现后的业绩并不理想。其中部分原因是卖出信号和其他情绪信号一样，是在投资周期的早期阶段出现的。乐观情绪的发展是渐进的，所需的时间通常比预期的要长，而恐慌情绪通常快速而陡直，能更快、更清晰地提供价格底部的信号。

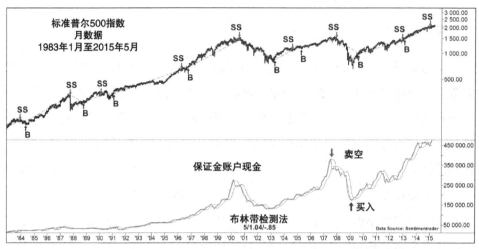

图 7-16　保证金贷款和标准普尔 500 指数（月线图：1983 年 1 月 ~ 2015 年 5 月）

货币市场基金资产

当保证金贷款余额显示投机者正在借钱加杠杆，来放大自己的头寸时，如果不知情市场参与者打算从市场抽回资金，持有现金等价物，则货币市场基金就是最好的存放资金的投资工具。作为一个逆向指标，当投资者比较悲观，而货币市场基金的资产规模扩大时，就可以预计市场将要见底了。奈德·戴维斯研究所发现了货币市场基金资产的关系（见图 7-18）。通过对 13 周变化率进行标准化处理，确定买入和卖出水平线，他们发现，当相对前一周上升时，28.6% 以上的升幅会得到 27.1% 的年化收益率，而下跌 17.9% 对应的年化收益率只有 7.8%。换言之，如果上升速度持续下降一周时间，股市的上涨收益就消失了。这是一个有趣的结果，因为这意味着在投资货币市场基金的背后存在一个动量：一旦停滞，会影响到股市未来的表现。

相对成交量

另一个测量不知情市场参与者情绪的可靠指标是纳斯达克和纽约证券交易

所成交量之比（见图 7-19）。当大众对于投资纳斯达克股票的热情上涨，纳斯达克成交量比纽约证券交易所成交量高时，该比率就会逐步上升。当该比率达到峰值的时候，市场趋势也会见顶，而当该比率降到最低点的时候，紧接着会出现市场趋势的底部。从 1998 年 8 月到 2015 年 5 月，奈德·戴维斯研究所通过研究发现，当成交量比率升高到某个上限值之上时，标准普尔 500 指数的年化亏损率为 12.7%；而当该比率降至低于某个下限值时，标准普尔 500 指数的年化收益率为 29.4%。这些数据说明这个简单易算的比率具有很好的盈利预测作用，能够辅助投资者获得丰厚的利润。

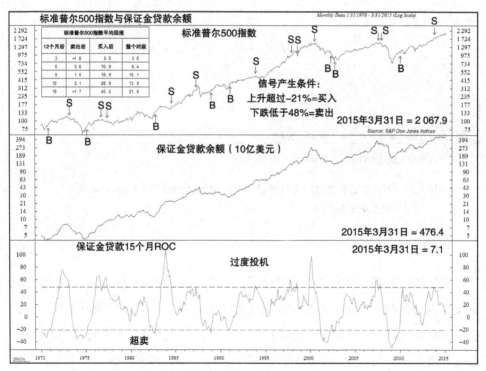

@ 2015 奈德·戴维斯研究所，未经许可，不得转载。

图 7-17　保证金贷款和标准普尔 500 指数（月线图：1970 年 1 月 ~ 2015 年 3 月）

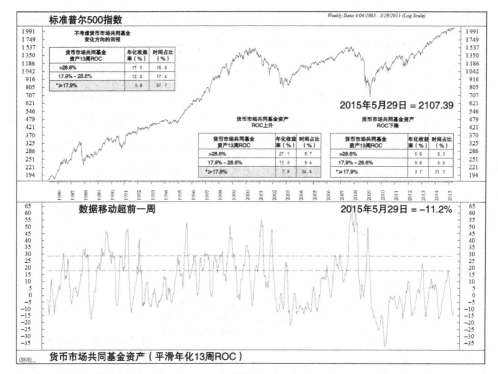

图 7-18　货币市场基金资产与标准普尔 500 指数（周线图：1985 年 4 月 4 日 ~
2015 年 5 月 29 日）

不知情投资者卖空

从过往情况看，卖空几乎已经成了一种专业活动。如今许多金融衍生工具
的交易也是如此。衍生工具的现代用途就是通过做卖空交易来降低风险。以前
卖空交易的情况与人们对某个公司的观点之间的密切关系，现在已经逐渐弱化。
另一方面，卖空的数量似乎随着市场的上升而增加，因此，这仍然算是一个逆
向指标。

空头净额比率（short interest ratio）是根据各大主要交易所的数据计算的。
传统上是根据每月纽约证券交易所的数据计算，结果在《巴伦周刊》和其他财

经杂志及报刊上发表。计算方法就是将特定报告日所有股票卖空的总数量除以
当月的成交量平均值。科尔比（2003）指出，1932~2000 年，在长达 69 年的
时间里，如果当前的比率大于 74 个月指数移动平均值，就会出现一个买进信
号；如果小于 74 个月平均值，就会出现卖出信号。虽然这个指标让人们赚到了
钱，但是还是没有买入持有策略获利多。该信号只适用于多头投资者，而且有
一半的时间该指标是无效的。

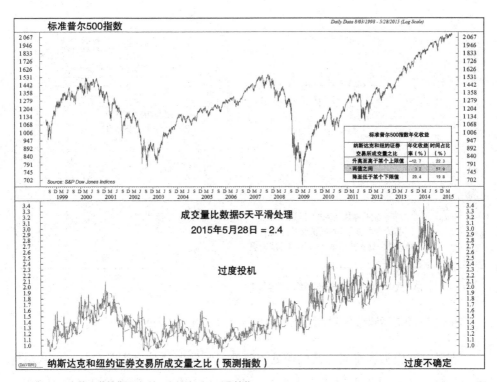

@ 2015 奈德·戴维斯研究所，未经许可，不得转载。

图 7-19　纳斯达克成交量与纽约证券交易所成交量之比（1998 年 8 月~2015 年 5 月）

奈德·戴维斯研究所（见图 7-20）发现，当这个比率大于 3.4% 时，发出
的做多信号很有价值。从 1988 年 1 月到 2015 年 4 月，年化收益率是 21.2%。

有趣的是，早在人们使用金融衍生工具、卖空成为对冲交易的有效手段的时候，这些结果就产生了。

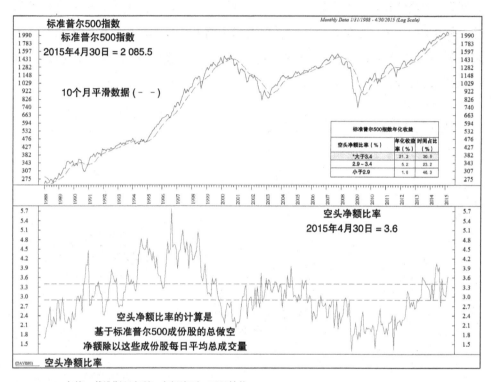

图7-20　空头净额比率与标准普尔500指数（月线图：1988年1月~2015年4月）

有关卖空数据在个股方面的用处，以及确定发生"轧空头"（short squeeze）的可能性，也就是做空的卖方回补时，导致股价快速上涨的现象。个股卖空的数据是有的，但是常夹杂了其他许多变量的影响。要获得更有用的公司层面的信息，必须要进行数据挖掘和过滤，削弱衍生工具的交易产生的负面影响，因为这类交易本身很少能够改变公司经营的前景。费尔·厄兰格（Phil Erlanger）在这方面做了大量的工作，在自己的网站上定期发布结果。他发现，针对个股做空数据进行分析时，需要用到的过滤因素包括：①数据需要根据分拆进行调整，不仅是价格调整，成交量和卖空净额也要调整；②根据短期成交量波动，对个股卖空数据进行标准化处理；③需要根据过往数据对卖空数据进行标准化处理和调整。在 5 年时间里，根据平滑处理后的个股卖空数据进行排序。这一比率反映了股票潜在的吸引力。由于卖空者也可能是正确预测了股价下跌，因此这个数字不应该作为一个机械的买进信号刻板对待。

一些无法量化的反向指标

技术分析师多年来一直在寻找能够测量市场参与者总体心境、情感和情绪的标准。其中很多都是定性的，而不是定量的指标。虽然这些指标不容易量化，也不能使用传统的数据统计方法，这些指标依然为技术分析师提供了有用的信息。

在不能量化的指标中，有一个是杂志封面报道理论。媒体报道的新闻带有明显的偏向性，也就是为人们提供他们感兴趣的新闻消息。虽然处于高位的股市正准备下跌，但是，媒体即便知道这种情况，也不会提示这个风险。相反地，他们有可能会强调市场形势良好，还会继续上涨，这样做主要是为了吸引人们听他们的意见，订阅他们的报刊，阅读他们的文章。如果这些媒体坚持与市场大众相反的观点，生意就会受到影响。因此，主要的新闻杂志，比如《时代》、《新闻周刊》、《美国新闻和世界报道》（*U. S. News and World Report*）、《巴伦周刊》、《经济学人》和《商业周刊》等在报道股市走势时，会强调大众认同或者已经知道的一些观点。这一点我们在前面也强调过，大众的想法很有可能是错误的，至少在市场出现极端情况时就是如此。由于这个原因，在股市主要趋势扭转之时或之前，往往会出现这一类的媒体报道。

《环球经济》（*Universal Economics*）的保罗·麦克雷·蒙哥马利（Paul Macrae Montgomery）曾对1923年以来的杂志封面报道做过研究。他发现，在出现一个有关股市的正面杂志封面报道之后，市场有60%～65%的概率在第1～8周保持30%的年化收益率。该市场在一年内有80%的概率会发生大的趋势转变（Baum，2000）。

2007年，里士满大学教授阿诺德（Arnold）、厄尔（Earl）和诺斯（North）在《金融学刊》（*Journal of Finance*）上发表了一篇对多家上市公司的封面报道的研究成果，这些公司在1983年至2002年曾被《商业周刊》《财富》和《福布斯》等杂志多次报道。他们发现，这些杂志通常是在股票表现好时刊登主题报道，而不是相反。例如，公司股价下跌后常出现负面报道，而在股价上升后常出现正面报道。对于报道之后的股票表现，无论是与前面的价格走势相同还是相反，都没有发现统计显著性。他们认为，如果一个人持有某个股票的头寸，如果该股票有明显的上涨或下降趋势，且有上述媒体报道这些价格变动的理由，就应该是平掉头寸的时候了。

媒体不仅会对市场进行报道（提供了有关市场参与者情绪的一些信息），媒体的报道对投资者的心境和情绪也会产生影响。受《华尔街日报》的委托，由克莱因和普雷斯伯（Klein & Prestbo）开展的研究发现，99%的金融分析师有定期阅读报纸的习惯。在这个群体中，92%的分析师认为报纸是他们读到的最重要的出版物。显然新闻很重要，但是做出快速和正确解读通常很困难。有时候，有关事实的新闻消息常会很快被市场误解。例如，萨达姆·侯赛因（Saddam Hussein）落网，股市向上跳空开市，人们沉浸在这个消息的欣喜中。当投资者思考这个新闻将会造成的结果时，他们意识到这件事并不能改变什么，而股市那天也以下跌收市。知情交易者此时会利用"事件交易"（event trading）带来的机会，在人们情绪高涨时抛售股票。这个方法可以快速评估新闻引发的公众情绪，判断大众是否反应过度。如果有这种苗头，交易者就可以逆向进行操作。事件交易的另一方面是可以衡量股票和市场是否对特定的新闻做出了适当的反应。如果没有，则证明新闻已经反映在价格里了，趋势性变化已经结束。

根据事件或新闻进行交易是利用逆向观点进行短线交易的方法。

技术分析知识 7-6

反常情绪指标

多年来，跟踪股市的人们已经制定了多项"反常情绪指标"，用于预测股票市场的动向。这些指标并不是基于经济或金融数据，而是利用"感觉良好"或者"极度……"来评估投资群体的士气。由哈里斯－厄海姆公司（Harris, Upham & Company）（经过多年的发展和一系列的并购，现在已经成为花旗银行）已故的拉尔夫·罗特内姆（Ralph Rotnem）或者伊拉·科布利和迪安吉利斯（Ira Cobleigh & DeAngelis）提出的一个最古老的"感觉良好"的指标，就是根据女性的裙摆长度做出判定：裙摆越短，市场看涨；裙摆越长，市场看跌（见图 7-21）。大家想想美国 20 世纪 20 年代被称为"咆哮的一代"（roaring generation）的那些人吧！当穿超短裙的女性增加时，股市就大涨。在接下来的股市大萧条时段，女性穿的裙子的裙摆也在变长。这个裙摆指数意味着，人们越是狂热欣喜，股价越会上涨，女性的穿着越大胆；当社会变得更悲观时，人们的衣着和投资决策也变得更保守。市场和经济观察人士还对比了啤酒与红酒销售量（啤酒销售量上涨，市场回撤，并接近市场底部）、轿车和跑车销售量（市场低迷时人们往往购买轿车，买跑车人数较少）、口红的销售量（市场回撤时，女性购买的口红品牌更便宜）、阿司匹林销售量（对市场的阻力增大，阿司匹林的销售量也升高），以及在高尔夫球练习场上忘了捡走的高尔夫球数目（市场低迷时期，人们不会随意把球遗落在球场上）。

必须要强调的是，这类指标对于股价不会产生任何影响。如果存在关系，也只是关联性，而不存在与市场的直接联系。真正有用的指标必须有其存在的理由。这里的关联纯粹是偶然的，因此也是无意义的。

图 7-21 裙摆指标（1917～1967 年）

资料来源：Paul Macrae Montgomery, Universal Economics, presentation at Society for the Investigation of Recurring Events, New York, NY, August 20, 1975.

历史指标

技术分析过去使用的多种指标，本书也涉及了很多。虽然这些指标现在看起来没有多大作用，但是它们曾一度在衡量市场情绪方面发挥了很大作用。

第一个是纽约证券交易所的会员和非会员统计数据。场外交易和电子交易时代的到来，加上套利衍生工具的使用，使得这类数据的用处被边缘化了。很多比率曾一度在市场上起到一些预测作用，包括非会员卖空比率、公众与专家卖空之比以及专家卖空比率。但是这些指标现在已经没有任何意义了，因为市场本身发生了巨大变化，会员数据已经落伍，不再可靠。

第二个重要的历史情绪指标是《巴伦周刊》的信心指数（Barron's confidence index）。这个指数于1932年出现，是高级别债券收益与投机债券收益之比。虽然这个指数至今仍然发布，但是对于测量股票市场的情绪，似乎没有太大的指导意义。

不常用指标

在这里增加介绍一些不常在股市中使用的情绪指标，我们可能不会马上想到它们和市场的关系。

对冲基金经理应该被看作了解内情的投资者，因为他们的提升取决于调查和交易技能（见图7-22）。他们要在市场处于高位时，遭受各种不确定性的考验，而在市场下跌时，要依靠悲观的直觉提醒躲避市场风险。2009年，他们准确抓住了市场底部，在市场低点重新恢复了乐观情绪。但是，市场在2011年从底部反弹时，他们错误地受到了悲观情绪的影响。对冲基金经理的情绪来自大投机者的持仓数据，算法是用做多标准普尔500指数期货的量减去做空标准普尔500指数期货的量，再除以净头寸得出的百分比。与采用水平线产生买卖信号的方法不同的是，这里得出的是一个数列，也受益于移动区间带检验方法。当这个比例下跌到-5%以下时，年化回报率会跳涨到17.3%。

不是说经纪行业不能及时抓住市场时机，其实经纪商是根据客户交易兴趣和交易活动的需要雇用经纪人的。市场顶点时的经纪人数达到做多，而在市场触底时解雇他们。这个指标反映的是客户需求变化，也告诉我们如何通过与大众做法逆向而行获利。大众在市场顶点想进场投资，而经纪商会在错误时点雇佣新经纪人打理业务。图7-23的研究成果表明，当经纪人就业率达到了3.6%以上，市场的年化增长率会大跌到-61.9%。只有到了经纪商开始解雇经纪人时，市场才会回升。

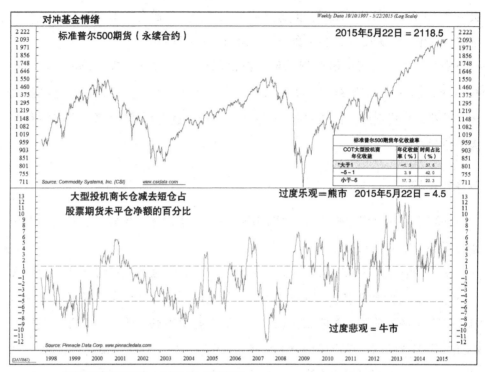

图 7-22　对冲基金情绪与标准普尔 500 指数期货（周线图：1997 年 10 月 10 日~
2015 年 5 月 22 日）

现金一般是家庭资产中流动性最好的金融资产，用来防范收入和开支的变
化，不到万不得已的时候，一般不会出售非流动性资产以填补收支差额。在这
种情况下，现金代表了家庭的流动性和收益：当现金增加时，家庭有收益，感
到快乐；当处境变差时，现金花出的多于挣到的，手中的现金减少。所以，现
金状况反映了正常家庭的经济活动，也反映了家庭的情绪。当现金持有量较多
时，家庭愿意花钱，股市冲上高点。在图 7-24 上，我们看到现金与市场在 20
世纪 50 年代至 20 世纪 90 年代有很高的关联度，之后这种紧密联系出现了逆
转，市场虽然仍在上涨，但现金却在不断减少。当市场在 2000 年到达顶点时，

现金水平其实已经非常低了。另外，我们注意到，当家庭的现金持有情况有所改善时，市场达到了中期低点，当现金充裕时，市场达到高点。家庭突然变成了出色的市场参与者了吗？

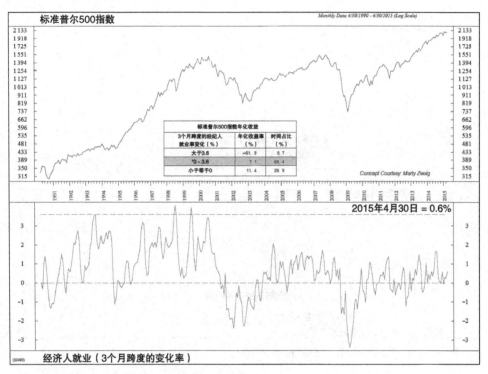

@ 2015 奈德·戴维斯研究所，未经许可，不得转载。

图 7-23　经纪人就业与标准普尔 500 指数（月线图：1990 年 4 月~2015 年 4 月）

图 7-25 展示了选民的反复无常。他们可以从不快乐和压抑状态，很快转变为兴奋癫狂，但是要注意，在公众意见变得有利时，价格曲线的走势变得更平缓，而在价格曲线掉头向下时，公众的看法也会急剧恶化。这和股市类似，贪婪的形成需要一段时间，而一旦恐慌出现，市场马上就会崩溃。这种情况很普遍，并不仅限于市场和政界。这显然是人类的一个超越理性的特征。但是投资者可以利用人性的这个弱点获利，投资者必须保持清醒和理性——知道何时会

出现过度情绪，引发市场逆转。退后一步以及理性看待周边环境和机会的能力，是在市场里取得成功的关键。

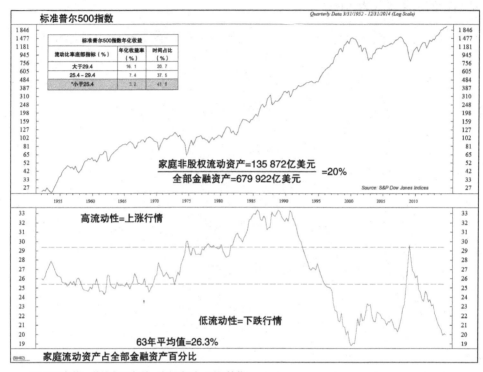

@ 2015 奈德·戴维斯研究所，未经许可，不得转载。

图 7-24　家庭现金与全部金融资产之比和标准普尔 500 指数（季线图：1952 年 3 月 ~ 2014 年 12 月）

知情市场参与者情绪的度量方法

到目前为止，我们主要关注的是不知情市场参与者情绪的测量方法。我们应该牢记，市场参与者常常做出错误的决定，尤其是在市场处于极端状态的时候。因此，针对不知情市场交易主体的情绪，可以采用逆向投资策略。现在，我们来讨论知情市场参与者的情绪，这些参与者往往能够做出正确的市场决定。

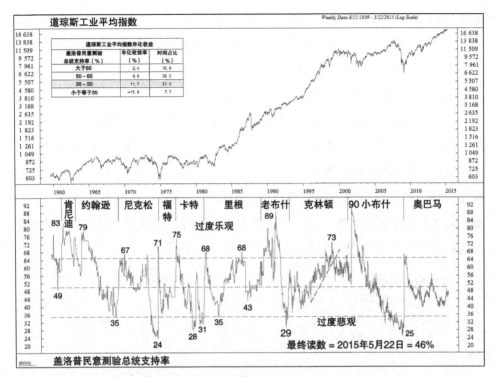

表中数据：

道琼斯工业平均指数年化收益		
盖洛普民意测验总统支持率（%）	年化收益率（%）	时间占比（%）
大于65	2.4	15.8
50～65	6.8	39.0
35～50	11.7	37.5
小于等于35	-13.8	7.7

图 7-25　总统支持率和道琼斯工业平均指数（周线图：1959 年 8 月 21 日～
2015 年 5 月 22 日）

内幕知情人员

个股或大宗商品交易最重要的知情交易主体是了解公司内幕的知情人员。公司内幕知情人员是指对公司的情况了解的人，他们要么是交易员，负责交易对公司业务有最重要影响的大宗商品期货，比如在石油公司负责交易石油，或者在糖果公司负责交易可可，要么是了解企业内部业务情况和前景的股份持有人。这个群体的行为自然是为了自己的利益。但愿他们会遵守法律，基于自己的知识进行买卖交易。根据证券交易管理委员会（SEC）的规章，公司内幕知情人员必须在一个月内报告自己的股票交易情况，而证券交易管理委员会（SEC）将每周公布这些交易信息。由于公司内幕知情人员被限制在六个月内不能从自家公司股票的交易中获利，因此，他们的行动可以作为对公司六个月以后的经营情况分析的参考。投资者智慧公司和维克斯股票研究所（Wickers Stock Research）发现，将所有的内幕交易信息进行汇总分析，有利于预测股市未来一年的情况。

当企业管理层在被问及对经济环境的看法时，他们和普通人一样，也难以避免地会受情绪影响。世界大企业联合会（The Conference Board）每季度进行抽样调查，并发布世界前100强企业的CEO对经济的感受和预期。一般来说，当受访的这些高级经理人感觉悲观时，市场就会到达价格底部。实际上，奈德·戴维斯研究所也发现，当45%或更多的CEO感觉悲观时，股市次年的年化收益率是12.4%（见图7-26）。

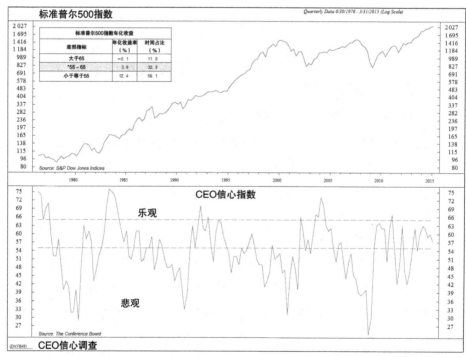

图7-26　CEO情绪和标准普尔500指数（季线图：1976年6月~2015年3月）

信贷违约指数

信贷违约互换（credit default swap，CDS）主要在专业人士之间交易，但是其他人即使不持有债券，也可以购买 CDS。CDS 的价格是根据保证人承担的利率确定的，是一种类似保险的衍生品，可以让债券投资者对冲所持债券违约的风险。债券持有人和另一位投资者（即担保人）达成协议，通过一系列支付行为，互换其持有的债券的风险。如果债券违约，担保人将债券按其价值支付给投资者，并获得债券的所有权。CDX 指数是 Markit 构建的一个指数，用于跟踪美国 CDS 产品的价格。他们还有跟踪不同行业板块和国家的 CDS 指数。投机者可以在金融或经济困难时期买卖这些指数，也可以用于对冲特定债券的违约风险。当知情投资者认为经济（以及股市）有风险时，他们会买入 CDS。通过优化的移动区间带检验方法（见图 7-27），我们发现投机者对市场的评估是正确的。在买入并持有的 9 年零 8 个月时间里，这个优化模型的收益率是 162.6%，而买入并持有策略的收益率是 71.25%。最大和最小标准差倍数分别是 2.01 和 1.84，移动平均值的计算采用 31 天周期。

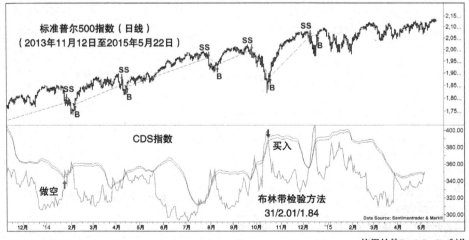

使用软件TradeStation制作

图 7-27　CDS 指数和标准普尔 500 指数（日线图：2013 年 11 月 12 日 ~2015 年 5 月 22 日）

二级市场再融资

当股票价格上升、长期利率上涨时，公司往往会在股市上再次发行股票。有时候是想要出售股票的内幕知情人导致了这一筹资行动，也有可能是公司希望筹集低成本的资本进行扩张，或者是通过二级市场进行股票融资。不管理由是什么，当市场价格上涨时，二级市场再融资也会增加，这给出了见顶的信号预警。奈德·戴维斯研究所调查了这一现象，发现这之间存在一种微弱的联系。他们通过计算二级市场再融资发行的股票数量的 5 个月算术移动平均值与 45 个月算术移动平均值的比值，发现当该比率升至超过 1.47 时，次年的收益率达到 0.7%；而当该比率降至低于 1.09 时，年收益上升至 12.9%（见图 7-28）。

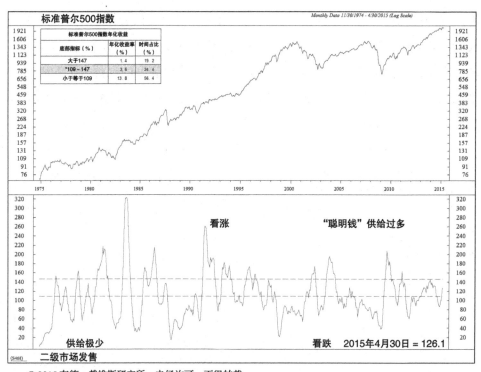

@ 2015 奈德·戴维斯研究所，未经许可，不得转载。

图 7-28　二级市场发售和标准普尔 500 指数（月线图：1974 年 11 月 ~ 2015 年 4 月）

大宗交易

专业交易人员常常进行大宗交易。大宗交易数据有多种使用方法，首先是计算大宗交易总成交量与市场总体交易量的比率。该比率可以显示当大宗交易者进行交易时，成交股票数额占总体市场的份额。科尔比（2003）发现，当大宗交易成交量比率突破 104 周指数移动平均线时，将出现买入信号，使用该信号有 70% 的盈利可能性，1983～2001 年，该信号带来的净利润率达到了 511%。但这一策略只适用于多头交易。在同一时期，当该比率下降至低于 104 周的移动平均线时，触发了空头交易，但却以亏损收场。

股票交易时的急切程度可以通过买家是否在跳动点向上或跳动点向下时买入来进行观察。急于持有某只股票头寸的激进买家会在跳动点向上时进行大宗买入。跳动点向上时大宗买入与跳动点向下时大宗买入之比，反映了专业投资者持有股票的兴趣。

奈德·戴维斯研究所发现，如果在跳动点向下时出现大宗买入，市场很快就会转向。从 1978 年 1 月到 2015 年 5 月，产生了一个可以盈利的信号（见图 7-29）。这表明在市场下跌筑底的过程中，即当市场处于恐慌的后期时，有人在进行大宗交易；当恐慌结束时，大量投资者会开始买入，他们清楚自己行为的目的，并且断定市场已经筑底。这一研究结果显示，在做多头交易时，买入持有的收益率是 8.7%，而这种做法的年化收益率是 11.4%。使用大宗交易的跳动点数据（tick data）进行空头交易不能盈利，因此进一步确定了科尔比（2003）发现的方向偏差（directional bias）。

阿特·梅利尔（Art Merrill）研究了 5 万股以上的大宗交易数据，将大宗交易分为三大类：向上跳动点、向下跳动点和不涨不跌，并对每一组数据进行了平滑处理。他计算了向上跳动点平均值与向下跳动点平均值的比率，对该比率用 52 周数据进行平滑处理，计算出平滑处理后平均值的移动标准差。研究得出接下来 13 个星期、26 个星期、52 个星期的比率分别为 66%、81% 和 76% 这一明显的市场方向信号（Colby，2003）。

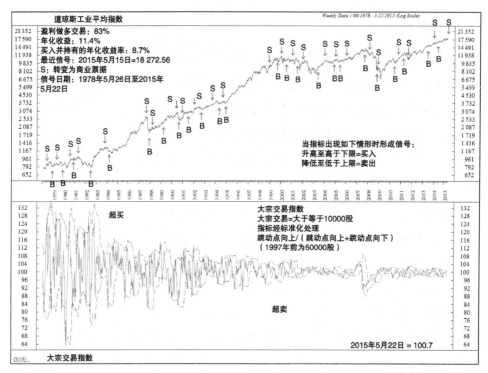

图 7-29　大宗交易和道琼斯工业平均值指数（周线图：1978 年 1 月 6 日 ~2015 年 5 月 22 日）

交易者持仓报告

这项研究探讨了以头寸为基础的交易者情绪指数对于美国标准普尔 500 指数期货市场收益率的预测作用。结果表明，大投机者的情绪是价格持续性指标，而大型套期保值者的情绪是一个反向指标。小交易者的情绪对市场未来动向几乎没有任何指示作用。此外，大投资者的极端情绪及多项极端情绪综合指标，能够提供更可靠的市场预报。这些发现表明，大投机者对于市场时机判断有着超凡的预测能力。（Wang，2003）

从美国标准普尔 500 指数期货中，我们发现大投机者的情绪是一个价格持续性指标，而大型套期保值者情绪是一个微弱的反向指标。小投资者的情绪不能预报市场收益率。我们展示了两大类交易者的极端情绪及多项极端情绪综合指标，这是一个比较可靠的预测工具。我们的研究结果表明，大投机者可能有着超凡的预测能力；大型套期保值者就像正反馈交易者，而小投资者就是流动性交易群体。(Wang, 2000)

1974 年，美国国会设立商品期货交易委员会 (Commodity Futures Trading Commission, CFTC; www. cftc. gov) 负责下列事项：保护市场参与者和公众不受欺诈；防止人为操纵以及其他与大宗商品和金融期货、期权销售相关的不当行为的伤害；推进公开、竞争和金融体制健全的期货与期权市场。

商品期货交易委员会 (CFTC) 每周都会对 22 个不同的期货市场的大型头寸交易做出报告，包括股票、债券期货、金属、汇率和农产品市场。此类报告称为交易者持仓报告 (commitments of traders, COT)，报告内容为星期二收盘后的各类金融资产的头寸，并于星期五发布。只有市场上持仓数量排名前 20 的大头寸的资产，才有资格列入商品期货交易委员会的交易者持仓报告。

未平仓量 (open interest) 总量减去要求报告的交易者头寸后的结果称为公众头寸 (public position)。交易头寸可以分为两大类：商业头寸和非商业头寸。这种命名方法起源于农产品报告方法。金融市场中的商业交易者，无论是个人还是机构，都是现货市场的交易者，因此被称为套期保值者。非商业交易者进行投机，经常改变头寸，被称为大投机者。按照传统的观点和实证分析的角度，股票市场中大投机者常能有更好地预期市场动向，而套期保值者往往落后，只能被动地跟随趋势走 (Wang, 2000)。因此，指标应该充分考虑大投机者和套期保值者之间的差异。小投机者的行为往往不理性，他们的统计数据的价值不大。

就美国标准普尔 500 指数期货市场而言，奈德·戴维斯研究所只考虑商业交易者 (套期保值者) 头寸，并在头寸变化和后续的市场收益损失之间找到了

关联关系（见图 7-30）。他们把经过 6 周平滑处理的 78 周（1.5 年）内的商业
交易者净头寸百分比作为一个指数。各位读者稍后还会了解一个叫作随机指标
（stochastic）的震荡指标。奈德·戴维斯研究所的这个算法就是一个长期随机指
标。当随机指标上升，在 55% 处超买，即当商业交易者持有大型头寸时，美国
标准普尔 500 指数期货市场往往会上涨，每年上涨 16.0%；而当商业交易者看
跌，且随机指标跌至 31.5% 及以下时，市场则下跌 9.0%。这种方法是理解职
业知情交易者行为最可靠的方法。

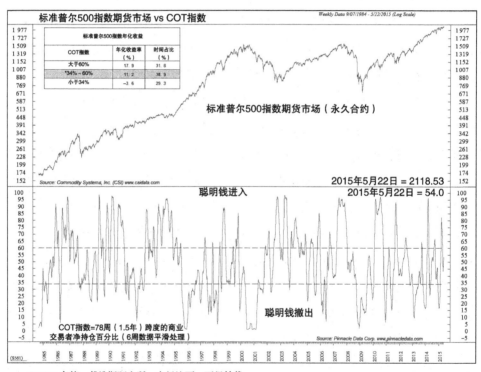

@ 2015 奈德·戴维斯研究所，未经许可，不得转载。

图 7-30　交易者持仓报告（COT）和标准普尔 500 指数期货市场（周线图：1984 年
　　　　9 月 7 日 ~2015 年 5 月 22 日）

由于股票市场的期货市场因为市场和其他金融工具之间的对冲而被分割，所

以某个市场的交易者持仓报告数据未必可靠。《麦克莱伦市场报告》（*McClellan Market Report*）的主编汤姆·麦克莱伦（Tom McClellan）将所有的股票期货数据综合换算为以美元加权计算的一系列的指标，然后观察这些商业交易者（套期保值者）的净多头头寸占总体头寸的百分比。麦克莱伦发现该指数显示的信号比现货市场价格趋势早 3 周出现。

多项测验表明了在股票期货市场中应用交易者持仓报告数据以及美国商品期货交易委员会数据的可行性。最可行的办法是使用平滑数据对长期趋势进行标准化处理，由此发现了商业交易者和非商业交易者的关系，不仅会随着时间的变化而变化，而且在不同的期货合约中也各不相同。这就促使了技术分析师采用不同方法对每种期货合约进行测试，这样做主要是为了找到最好的方法，以及时刻关注每个市场上的主要参与者带来的变化。

债券市场的情绪

鉴于本书主要探讨技术分析，而本章前面讨论的都是股票市场，现在我们来简要回顾一下其他的市场情绪测量方法。

国债期货看涨／看跌比率

期货市场中，期权市场的发展催生了新的情绪指标。交易最普遍的期权是国债期货。图 7-31 显示了奈德·戴维斯研究所对这些期权预测能力的最新研究。他们使用标准的看涨/看跌成交量比率对美国国债市场进行观测。研究结果表明，当该比率升至超过 1.1 时，市场会出现过度的乐观情绪，随后一年市场回撤了 2.9%。反过来，当该比率降至低于 0.9% 时，市场会出现浓重的悲观情绪，结果后续的市场平均年增长率反而达到 5.7%。这些数据从 2006 年 1 月 3 日开始，反映了美联储对长期债券政策改变后的债券市场变化。

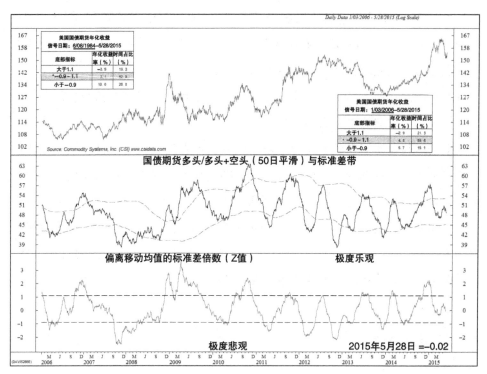

图 7-31　美国国债期货看涨/看跌比率（2006 年 1 月 3 日~2015 年 5 月 28 日）

国债交易者持仓量数据

　　大投机者和商业套期保值者之间的分歧，往往与债券价格正相关，而与长期利率反相关（见图 7-32）。在分析商业多头/空头比率时，奈德·戴维斯研究所发现，从 1992 年 9 月 25 日到 2015 年 5 月 22 日，当大投机者持有净多头（net long）时，债券市场每年平均增长率为 5.4%，反之，当这个比率下降到 0.9 以下时，债券市场每年平均下跌 5.3%。

国债主要交易者头寸

　　与之前所说的商业交易者和债券市场期货关系相反的是主要做市商头寸与债

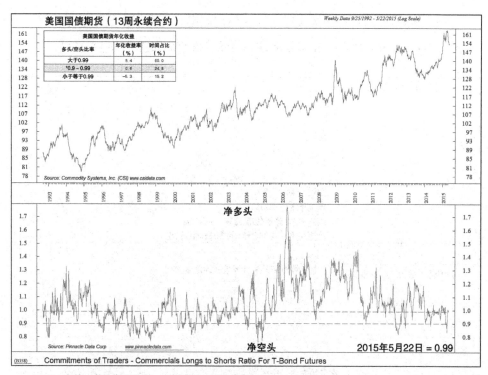

图 7-32　大型投机者的头寸与美国国债期货（周线图：1992 年 9 月 25 日~2015 年 5 月 22 日）

券价格期货的关系。债券主要做市商可以与美国财政部直接进行交易，可以对长期债券进行套期保值交易，因此，在商品期货交易委员会规定的交易者持仓量报告中，他们的数据是商业套期保值者这一栏目的规定内容。在市场处于底部的时候，做市商应该持有净多头头寸，而在市场顶部的时候，做市商应该持净空头头寸，反之亦然。然而，现实中主要做市商往往会在市场顶部持有净多头头寸，在市场底部的时候持有净空头头寸（见图 7-33）。这个差异的理由是做市商必须对消费者的需求进行预测。他们通过拍卖购得头寸，然后再出售给客户。如果客户认为市场看涨，那么做市商手里必须有存货。因此，他们往往会在市场见顶、认为消费者看涨的时候持有多头头寸，并且愿意多出钱买进债券。同理，当悲观情绪抬头时，做市商对持有存货犹豫不决，他们认定悲观情绪会导致客户抛售，于是会转向空头头寸。因此，在市场底部的时候，做市商会持有净空头头寸。

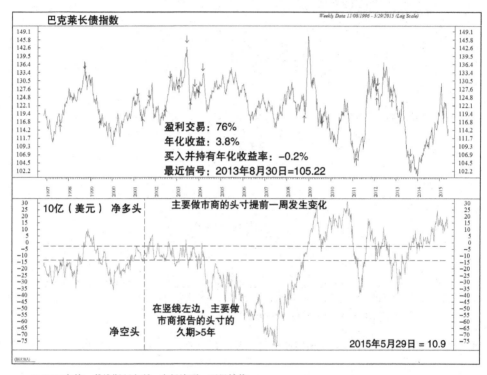

@ 2015 奈德·戴维斯研究所，未经许可，不得转载。

图 7-33　美国国债主要做市商头寸和巴克莱长债指数（1996 年 11 月 8 日～2015 年 5 月 20 日）

奈德·戴维斯研究所发现，通过与做市商进行反方向的交易，年化收益率可以达到 3.8%，而买入并持有策略的收益率只有 -0.2%。

货币市场基金管理者对国库券利率的预期

货币市场基金业务的竞争性很强。基金管理人为了能够获得更高利润，需要根据对未来短期利率的预期，延长或缩短自己持有的国库券头寸的久期。更长久期的头寸表明基金管理人认定短期利率会下降，较短久期的头寸意味着他

们认为短期利率将上升，这表明它是国库券市场收益率的一个反向指标。基金
管理人在评估未来的短期利率时很容易犯错。在图 7-34 中，基金管理人预计利
率将下降，结果就延长了自己持有资产的久期，利率反而上升；反之，当他们
认为利率上升，因而将头寸的久期缩短时，利率将会下降。

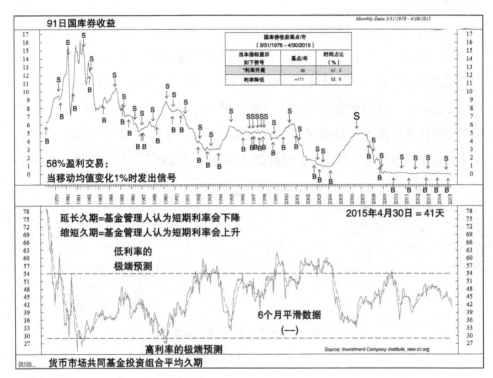

@ 2015 奈德·戴维斯研究所，未经许可，不得转载。

图 7-34　基金管理人投资组合平均久期和美国国库券收益率（月线图：1978 年 3 月 ～
　　　　　2015 年 4 月）

　　图 7-34 表明奈德·戴维斯研究所对于货币基金管理人的研究状况。结果显
示，当资产按日计算的平均久期超过了 6 个月的移动平均值时，91 日国库券的
利率在一年内上升了 88 个基点。这一方法是一个反向指标，因为预期收益率上
涨，基金管理人本应该缩短久期，等待未来更高的利率。相反，当他们认为利

率会下降时，他们就会延长久期，但是国库券的市场走向刚好与他们的预期相反。当平均久期下降，跌至 6 个月移动平均线下方时，利率反而会降低，使得这个指标计算成为国库券利率的反向指标。

黄金情绪指数

马克·赫尔伯特（Mark Hulbert）发表了一份名为《赫尔伯特财经文摘》（*Hulbert Financial Digest*）的财经时讯，作为《市场观察》（*Market Watch*）的分刊，追踪其他投资咨询的情况。赫尔伯特从 1980 年就开始从事这项工作。他采用的方法与投资者智慧公司的方法类似。根据多份时事简讯讨论的黄金价格，赫尔伯特计算了黄金市场情绪指数。与其他测量市场情绪投资咨询简讯一样，这个指数也是市场未来动向一个绝佳的反向指标（见图 7-35）。奈德·戴维斯

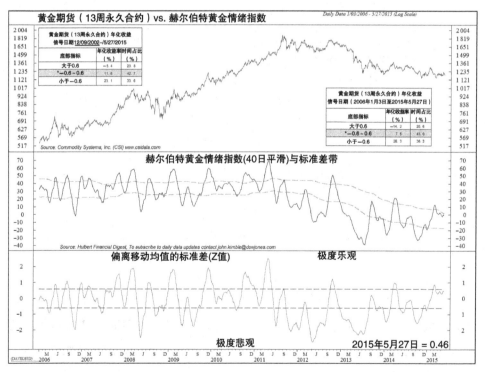

图 7-35　赫尔伯特黄金情绪指数与黄金期货（日线图：2006 年 1 月 3 日~2015 年 5 月 27 日）

研究所查看了这一数据，并得出了一个结论，即情绪和未来价格之间存在经典关系：当指数下跌到 -0.6 倍标准差时，黄金期货年化增长率为 26.3%，当指数超过移动均值之上 0.6 倍标准差时，黄金市场每年下跌 14.2%。

总　结

本章主要讨论了市场情绪——市场参与者的整体心理。情绪是市场参与者行为的一个重要决定因素。市场参与者在泡沫出现时会显示出极度乐观情绪；而在股市发生爆仓或恐慌时，会出现极度悲观情绪。不知情市场参与者往往在市场到达峰值时，最为看好市场；而在市场下跌至底部时，表现出对市场的极度消极。换言之，当他们应该全身而退，变现手中所持有的头寸时，多数投资者反而倾尽全力进行投资；而当市场处于低位可以进行投资时，他们却选择留在市场外面。技术分析师可以采用逆向投资策略，逆着不知情群体和多数市场参与者的情绪进行操作。

复习题

1. 如何定义金融市场中的"情绪"这一概念？

2. 华伦在学习交易法则。他说："我在确定自己的多元化交易策略时，既乐于听取那些总能做出正确投资决策的人的意见，也愿意听取那些总是做出错误投资决策的人的信息。"请解释说明为什么华伦觉得那些做出错误交易决策的人的信息是有帮助的。

3. 请解释为什么投资者的极度乐观情绪往往在市场见顶时出现？

4. 桑德拉认为微软公司现在的定价过高，而托尼认为微软公司的定价太低。这两个投资者谁更有可能购买看跌期权？谁更有可能购买看涨期权？请回答并说明你的理由。

5. 如果你听到一份报告说看跌/看涨成交量比率很高，那么你如何解释这种高比率？有了这么高的比率，你判断市场投资者的情绪如何？在这种情况下，你会采取什么投资策略？

6. 请解释逆向投资策略的意义。逆向投资者关注的是哪些市场信号？

7. 民意调查能使你了解市场情绪的哪些信息？民意调查的数据来源是什么？你对于使用民意调查数据有何建议？

8. 新闻报道和市场情绪之间存在怎样的关系？

第 8 章

测量市场力度

本章目标

- 理解评估市场内部力量的重要性；
- 理解市场宽度的概念；
- 熟悉用腾落线测量市场宽度的方法；
- 熟悉上涨或下跌成交量与市场力度的关系；
- 熟悉如何用新高点和新低点等统计数据评估市场力度；
- 熟悉股票价值高于历史移动平均值的股票数目与市场力度的关系。

在上一章中，我们讨论了市场参与者情绪在确定市场趋势过程中所起的重大作用。除了评估市场参与者的态度之外，技术分析师还需要了解市场的内在力量。通过查看每个市场的具体数据，分析师可以确认市场是强劲还是疲弱。本章我们会介绍技术分析师如何分析市场数据，包括股票上涨或下跌的数量、赢家和输家的成交量、52 周新高点和新低点、平均值与移动平均值的相对位置。这些方法都能帮助我们了解股票市场的基本情况。本章计算相关指标所用到的市场数据，大部分可以在各大财经报纸上找到。

技术分析知识 8-1

什么是背离

确认一个趋势的最重要的一个概念是背离（divergence）。只要一个指标——尤其是价格变动速率或者其他数据（称为动量）等指标，与价格趋势一致，就称作这个指标与价格趋势"吻合"。当指标或震荡指标与趋势不吻合时，就属于顶背离（negative divergence）或者底背离（positive divergence），具体要看这些指标的顶部和底部与价格的顶部或底部情况来决定。这说明当指标和震荡指标确定新的价格高点和低点时，技术分析师要格外注意价格数据。背离分析几乎适用于所有指标和价格，在价格趋势发生扭转之前，背离现象有可能会出现一次或多次。

例如，用来分析成交量的一个原则是，当价格上涨时成交量应该随着价格的上涨而上升。如果在价格的短期峰值上,成交量没能相应增加,则发生了顶背离。这就提示技术分析师这个新的价格高点的动力不足,因而上涨的趋势即将结束。

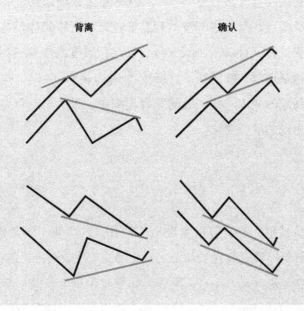

要注意的是,了解很多技术分析指标并不能让一名技术分析师更有价值,也不能给他带来收益,但是知道何时该使用何种指标则可以达到效果。因为我们几乎不可能了解所有指标,技术分析师应该从中选出一些进行深入研究。

在查看指标时,技术分析师一般要寻找的是走势被确认或者走势背离的情况。当价格上涨而指标也上升时,走势得到确认。反之,市场和指标同时下降也可以确认走势。换言之,当价值变化和市场内部因素相吻合时,走势得以确认。

当市场的指标不支持价格的运动方向时,技术分析师得到一个强烈的警告信号,显示市场趋势正在扭转。像这样缺乏对走势的确认,就称为背离。

我们用变动率(ROC)指标举例说明。这个比率是指当天的收盘价与过去某一天(如20天以前)的收盘价进行对比。当市场或股票价格再创新高,并且变动速率也到达了一个新高点时，我们就可以确认这个价格趋势。如果市场或股票价格达到高点，而变动速率没有再创新高，则出现了顶背离，这个信号警告我们市场上涨的趋势已经放缓了。

还有一种背离叫作反转（reversal），1999 年由康斯坦斯·布朗提出。当震荡指标达到次级低点，但价格却没达到新低点时，下跌趋势没有得到确认，这种情况就称为正反转（positive reversal）。反之，当震荡指标达到新的高点，但价格却没有到达新高时，就出现了负反转（negative reversal）。这里所说的两种情况都是背离现象的变体。在一般的背离现象中，每次出现背离都代表了市场运动方向可能出现的潜在变化。

市场宽度

在一个交易日里，股价可以表现出三种方式的变化：收盘价比前一日高，收盘价比前一日低，或者收盘价与前一日相同。如果收盘价比前一日收盘价高，则认为股价是在上涨（advance），同理，如果收盘价低于前一日的收盘价，那么股价正在下跌（decline）。收盘价与前一日相同，则说明股价没有发生变化（unchanged）。

2000 年 7 月之前，普通股价格少于 1 美元（或 1 点）的小数点变化是按照 1/8 的倍数表示的，这与很久以前人们把西班牙金币平分为 1/8 或者 1/8 的倍数来标记类似。到了 2001 年 2 月，传统的 1/4、1/8 和 1/16 被十进制数取代。十进制的使用影响了许多过去的关联关系，其中之一就是买卖价差（bid-ask spread）变小了，这有可能大大减少了许多本来在收盘的时候价格保持不变的股票的书目。

上涨/下跌数据被视为股票市场的宽度（breadth of the stock market）。我们在这一节关注的指标主要用于评估市场的内在力量，旨在考量股票的价格是在上涨还是下跌。在这一节中，我们考虑累积宽度线（cumulative breadth line）、腾落比率（advance-decline ratio）、宽度差异（breadth difference）和宽度冲力（breadth thrust）。

在进一步阐述具体的指标之前，我们必须提到最近发生的一个变化。自从 2000 年以来，人们原本认为能够提供精确信号的许多宽度指标的参数发生了巨大的变化。之前能够用来确定股票市场反转的方法和标准，现在未必那么有效了。导致这种变化的原因可能不止一个，而且很多理由是不为人知的。

导致原先的参数发生变化的因素之一是在纽约证券交易所上出现了大量的交易所交易基金（ETF）、债券基金、房地产投资信托基金（Real Estate In-vestment Trust，REIT）、优先股和外国股票的美国股票存托收据（American Depository Receipt，ADR）。这些工具并不能代表美国国内所有公司的经营状况，因此也不直接与美国公司的经济活动相关联。它们取决于许多未必和股票市场直接关联的影响因素，这意味着这些工具并没有体现市场的传统贴现机制。

还有一个可能的因素是采用了十进制，这一点前面也提到过。许多有关市场价格上涨或下跌的指标仍然使用十进制执行以前的计算方法，而它们的优化参数其实已经改变了。还有一个可能是许多不经常使用的指标是通过 1982 年以后至 2000 年前的长期牛市数据计算的。技术分析师要学会的一个重要教训，就是指标并非一直保持不变。已知指标的参数会随着时间和市场的结构变化而变动。技术分析师应该对指标进行多次测试，并不断调整指标类型和所使用的参数。

宽度线或腾落线

宽度线，又称腾落线，是最普遍的一个震荡指标，也是测量市场宽度和内在市场动力的一个最佳方法。计算宽度线时，是用上涨股的个数减去下降股的个数，再加上前一日的宽度线值，计算宽度线的标准公式如下：

宽度线值(D_t) = 上涨股票数量(D_t) − 下跌股票数量(D_t) + 宽度线值(D_{t-1})

式中　　　宽度线值（D_t）——第 t 个交易日的宽度线值；

　　　　上涨股票数量（D_t）——第 t 个交易日的上涨股票数量；

　　　　下跌股票数量（D_t）——第 t 个交易日的下跌股票数量；

　　　　宽度线值（D_{t-1}）——第 $t-1$ 个交易日的宽度线值。

当上涨股票的数量超过下跌股票的数量时，当日的宽度线值就会变大；当上涨股票的数量小于下跌股票的数量，当日的宽度线值就会变小。

宽度线可用于构建多个指数、行业板块、交易所或股票组合。除了用每日数据计算外，还可以用每周或其他长度周期的数据计算，只要能获得相关的宽度数据即可。由于大宗商品组合或大宗商品指数很少交易，所以这个公式一般不适用于大宗商品市场。但是，随着商品研究局指数（Commidities Research Bureau，CRB）、高盛大宗商品指数和道琼斯期货指数市场的兴起，这种情况正在改变。

一般来讲，绘制的宽度线大致和股市平均值的走势相同，也就是说，当股市的平均值上升时，宽度线也会上行。这表明市场上涨与大多数股票的上涨有关。

宽度线对于技术分析师格外重要的时刻是在宽度线与价格曲线发生背离之时，即宽度线和市场平均值出现大的偏差时。例如，如果股市的平均值上升，但是腾落线（advance-decline line）却下降，这说明只有几种股票在助长市场的反弹，大多数股票没有为这种市场走势出力，甚至有些还在下跌。

技术分析师指出了宽度线背离指标未来的作用会不及过去的效果的一些理由。第一个原因是之前所说的没有在美国开展经营的公司在美上市越来越普遍。为了解决那些在经营公司中没有任何股权的股票带来的偏差，技术分析师常常只用那些在美国实际生产产品或提供服务的公司的普通股进行宽度线计算。例如，纽约证券交易所只会提供普通股的宽度数据，而忽略了数以万计的公募基金和优先股等。而这些额外信息在世界大多数财经类报纸均可查到。根据普通股清单获得的宽度值一般比那些包含了所有股票种类的宽度值更加可靠。

但是，近来出现了一个纽约证券交易所如何公布宽度数据的问题。2005 年

2 月开始，纽约证券交易所决定只提供包含的代码不超过 3 个字母的股票，以及纽约证券交易所综合指数成分股的宽度数据。由于这一改变，之后的数据与之前的数据出现了不一致。

除了公开数据之外，一些机构还提供可以订购的宽度数据。例如，罗瑞报告公司（Lowry's Reports, Inc.）提供自行计算的宽度线数据，该数据去除了所有优先股、美国托管凭证、封闭式基金、房地产投资信托资金（REITs）以及其他非制造业公司的股票。

科尔比（2003）对 2000 年以来的情况进行了研究，认为市场宽度的应用还存在一个困难，其他学者使用 2000 年以前的数据也发现了同样问题。在此之前，尽管存在不能包含所有股票的种类问题，综合运用公开的宽度数据和交易规则，依然显示了相对令人满意的结果。但是，针对 2000 年以后的情况，我们使用了同样的交易规则，却发现许多指标的结果都不尽如人意。使用的交易方法一样，只是时间跨度不同，两者就有如此大的差异，因此这不能归咎于交易规则本身，也不能怪罪交易工具最优化策略。这一现象肯定与背景、特征、领导力或历史关系等方面密切关联。

为什么发生了这个变化？最明显的经济层面的变化是股市和长期利率脱钩了。自 20 世纪 30 年代的大萧条到 20 世纪最后的 10 年，债券市场和股票市场几乎是同时触底，但债券市场往往比股票市场更早到达顶峰，这是商业周期的典型特征。20 世纪 90 年代末期，这种商业周期特征被打破，变成了完全相反的关系，即债券市场的走势和股票市场的走势常常大相径庭。由于市场宽度数据包括许多与利率相关但没能包含在热门指数中的股票，因此债券市场和股票市场关系的变化，有可能就是使用市场宽度的交易规则发生变化的原因。这使得宽度线在市场顶部要比底部更有效。

在纳斯达克，仅由纳斯达克上涨股、下跌股和价格不变股构成的纳斯达克累积市场宽度线，自 1983 年以来一路下跌（早期的数据很难找到），即使从短线来看，强烈的看跌趋势也是难以掩盖的。这一看跌倾向很有可能是由幸存者效应（survivor effect）造成的。自 1996 年至 2015 年，纳斯达克上市的股票从 6136 点跌到 3005 点，表明很多公司在此期间爆仓；即使当"幸存"的大型股在上涨时，它们也在下跌，而在 2009 年到 2015 年的反弹期间，它们都无缘参与。纳斯达克指数是市值加权指数，市场"幸存者"对指数价格有充分的影响力，但对市场宽度却几乎毫无影响。这表明纳斯达克市场宽度作为一个背离指标没有太大用处，单纯研究该指标的方向没有多大意义，必须研究该指标的加速变化。

在经典的技术分析文献里，有提及使用腾落线概念的一些指标。虽然这些指标在近年来的市场中表现并不出色，但技术分析新手还是应该对这些传统指标有所了解，以备将来之用。

双重顶背离

当市场均值水平达到新的市场高点，而宽度线却没有达到新高时，就出现了顶背离（negative divergence），如图 8-1 所示。此时，市场内部趋势信号较弱，上升趋势出现较晚，而且很有可能很快终结。1926 年，克利夫兰信托基金公司（Cleveland Trust Company）的伦纳德·艾尔斯上校（Colonel Leonard P. Ayres）首次引进了宽度线概念，并提请业内人士注意宽度线与市场均值形成顶背离信号。他的理论认为，大市值股票会影响市场平均指数，而市场宽度线包含了所有股票，并没有考虑到市值造成的影响。有时候，当牛市接近尾声时，大市值股票继续上涨，而小股票就开始踟蹰不前了。

其他市场分析师，包括詹姆斯·休斯（James F. Hughes），认为伴随着经济扩张的利率上升，可以在股票市场中得到反映，并导致了诸如公用事业的利率相关股票停步不前，这些与利率相关的股票往往要承受巨大的资本举债成本，这会使市场宽度线失去动力。不管起因如何，自 1928 年 5 月以来，市场宽度线顶背离提前一年对 1929 年的崩溃发出了示警，非常清晰地发出了股市即将见顶的信号。

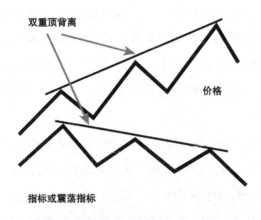

双重顶背离

价格

指标或震荡指标

图 8-1　顶背离形态

　　虽然顶背离信号表明了市场顶部的出现，但一些重要的股市顶部也可以在无背离现象的情况下出现。也就是说，市场宽度线顶背离未必就是市场达到峰顶的必要条件。例如，1937 年和 1980 年出现的市场顶部就没有出现宽度线背离。市场在长期大幅上涨后，市场参与者就应该提高警惕，使用宽度线背离指标，找出市场有可能出现的趋势反转。但是，技术分析师要知道，市场顶部出现前，未必会出现市场宽度线背离这一现象。

　　在市场底部，尤其是当市场价格呈现势不可挡的跌势后，累积市场宽度线指标底背离是市场反弹的可靠信号。此外，在主要的低点或者所谓的次低点出现的市场走强时，看涨宽度线背离指标也发挥了巨大的作用。

　　技术分析师需要了解宽度线的一个重要特点：该指标带有下跌倾向。因此，每当市场跌至新低时，就会出现一个全新的累积宽度线，即该宽度线与先前一个宽度线无任何关系。1959 年纳斯达克市场见顶，而其累积市场宽度线就是一例。虽然 40 年来，累积市场宽度线再没有达到 1959 年的水平，但是到 2000 年，期货市场平均水平已经上涨了不少。这并不代表在长达 40 年的时间里出现了很大的顶背离，尽管也许有人认为，2007 ~ 2009 年超过 50% 的下跌就是对这一背离的后续修正。对于背离分析来说，一旦一次重大的下跌开始，新的累积宽度线就开始了。当市场跌至一个新的重要低点，即出现了 4 年以上的周期性变化（参阅第 9 章）的情况时，累积宽度线的分析要重新开始，因为宽度线与先前主要市场的周期已经没有关联了。这就好比一次新的市场下跌磨灭了过去所有市场下跌的记录，市场宽度又开始了一轮新的周期，创造新的历史。

无论市场顶部出现前是否一定出现顶背离，顶背离指标已经成了过去 50 多年预警主要的市场顶部最成功的一种方法。和其他多数指标一样，每位技术分析师使用的市场宽度指标也各不相同。例如，曾在 20 世纪 30 年代创办市场简讯的詹姆斯·休斯从艾尔斯上校那里学到宽度线背离的概念（Harlow，1968；Huges，1951）。休斯使用了宽度线顶背离指标作为自己股票市场预测报告的主要依据。休斯认为至少需要出现两个连续的宽度线顶背离，即两次背离（double divergences）（见图 8-1），才能认定市场见顶信号已经出现。这一要求避免了仅仅因为一个小的背离就仓促得出市场即将见顶的结论。一个宽度线背离信号很有可能被后来出现的市场平均值和宽度线的新高证伪。在主要的市场顶部，往往会出现两个以上的宽度线背离信号。

当市场上出现了两次背离预警信号时，一般在一年内会出现价格最高点。自 1987 年起，两次市场宽度线背离的出现预示了 1987 年的大爆仓。1987 年 4 月出现了宽度线的峰值，5 个月以后，即在 1987 年 9 月出现了市场的最高点和骤跌。在 1990 年 7 月市场宽度线又出现了新的峰值。最近一次两次宽度线背离出现在 2007 ~ 2008 年——宽度线峰值于 2007 年出现，而价格峰值在 2008 年出现，如图 8-2 所示。与 1928 年至 1929 年出现的两次背离一致，宽度线峰值和市场波峰之间的时间间隔延长到 21 个月，远比传统的 10 个月长。图 8-2 很清楚地显示出，2007 年的双重顶背离预告了 2008 年至 2009 年的大盘大跌。背离和最终低点之间的时差不是常量，但双重顶背离信号预告了重要的市场回撤这一理论仍然有效。

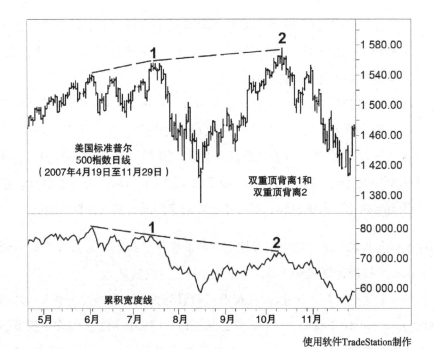

使用软件TradeStation制作

图 8-2　美国标准普尔 500 指数和宽度线，2007 年双重顶背离（日线图：2007 年 4 月 19 日～11 月 29 日）

不再管用的传统腾落指标分析方法

在过去 10 年里，市场发生了天翻地覆的变化，使用移动平均线和趋势反转作为信号的传统方法变得不再可靠。下列各项证明了传统的腾落线方法为何不能再用来盈利。

▶ **腾落线移动平均线**（advance-decline line moving average）。科尔比提到，在 2000 年之前使用这个指标能够盈利。这一指标可以通过计算美国标准普尔 500 指数和宽度线的 30 天移动平均线得出。当指数和宽度线都高于各自的移动平均线时，市场处于买入状态。反之，当指数和宽度线都低于各自的移动平均线时，市场处于卖出状态。我们发现 30 日移动平均线在 1998 年表现很好，而在 2000 年的表现则很差，从那之后就一直不理想。优化的移动均值是 2 天，在 50 年里提示了 4645 次回转交易，业绩没有买入并持有的表现好。

▶ **腾落线日变化**（one-day change in advance-decline line）。当腾落线走势在一天内发生变化时，就出现了最简单的信号。在过去 50 多年里，这种方法在 2002 年 2 月表现最好，然后直到 2009 年都没能盈利。通过对模型加以优化，从 2003 年起，我们发现 75 天以后出现的趋势反转将给投资者带来丰厚的利润，但其年化收益率仍低于买入并持有策略。

这个信息非常有用，它让学习技术分析的新手了解到，分析方法是不断变化的，因此在投资计划实施之前，一定要经过充分的验证。

约翰·斯达克（John Stack）在接受《股票与大宗商品技术分析》（*Technical Analysis of Stocks & Commodities*）杂志采访时，提到使用宽度线和主要市场指数进行比较的指数（Hartle，1994）。他的目的是避免同时观察指标和价格曲线的交叉，从而能在背离出现时尽快辨别出信号。他还提出了一个用来提示宽度线与市场指数同步或背离的新指标，以判断市场是否在酝酿新麻烦。亚瑟·梅利尔（Arthur Merrill）1990 年提出了一种确定宽度线和市场指数相对斜率的计算方法。通过这个斜率可以确定宽度线是获得还是失去了动量。这种指标的优势在于它还可以在价格回撤的时候衡量相对动量。

技术分析知识 8-2

什么是震荡指标

我们经常会把某个指标（indicator）称为震荡指标（oscillator）。震荡指标是用来确定市场处于"超买"（overbought）或"超卖"（oversold）状态的指标。一般来讲，震荡指标的曲线一般放在图表底部，即价格曲线的下方，如图 8-3

所示。震荡指标，顾名思义是指在一定时间内来回震荡波动的指标。市场的超买和超卖（市场极端情况）是通过这个指标的极值（extreme value）表现的。换言之，当市场从超买区开始走向正常价值区，再到超卖区时，震荡指标的价值就从一个极端走向另一个极端。不同的震荡指标有不同震荡区间。一般来讲，震荡指标震荡区间都是设在 -100 ~ 100 或者 -1 ~ 1（称作有界的区间），但也有一端无界限的情况。

腾落线和 32 周算术移动平均线

技术分析师已经掌握了灵活运用腾落线的许多方法。其中一种方法是利用腾落线的移动平均线给出市场买入和卖出信号，这也是一个震荡指标。奈德·戴维斯研究所计算了纽约证券交易所腾落线和对应的 32 周算术移动平均线的比值。他们发现，从 1965 年至 2010 年，当该比率升至超过 1.04 时，用纽约证券交易所综合指数衡量的股票价格的年增长率达到 19.3%；当该比率将至低于 0.97 时，股票市场一年下跌的幅度为 11.2%。这个震荡指标的图像如图 8-3 所示。

宽度差异

宽度差异的指标通常按照上涨股票数目减去下跌股票数目的净额来计算，既可以用该得数的结果符号，也可以用该结果的绝对值来判断。应用宽度差异的一大问题是交易的股票数量会不断增加。例如，在 1960 年至 2000 年的 40 年里，纽约证券交易所发行的股票数量翻了一番，从 1528 只增加到了 3083 只。截至 2015 年，这个数目增至 3287 只。上市公司和股票数目越多，代表上涨股和下跌股的差额数目可能会越大。因此，任何使用宽度差异的指标都必须对其参数做出定期调整，从而适应发行数目不断增大的情况。下面举几例指标作为说明。

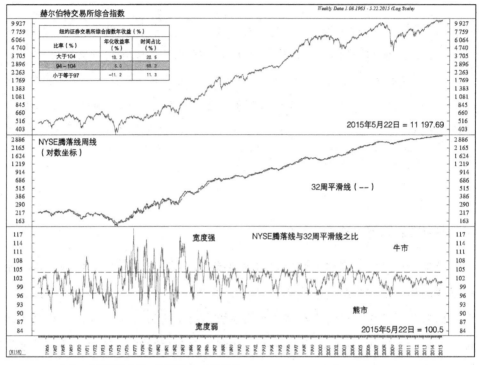

@2015 奈德·戴维斯研究所，未经许可，不得转载。

图 8-3　腾落线/对应的 32 周算术移动平均线比率对比纽约证券交易所综合指数（1965 年 1 月 8 日~2015 年 5 月 22 日）

技术分析知识 8-3

什么是股本线

　　股本线是账户潜在价值的曲线，从起点日期开始，都需要用后续产生的交易盈亏进行调整。该曲线可以用于评估交易系统的成功程度。在理想状态下，每笔交易都应该盈利，能在交易结束的时候提高账户的价值。任何从这个理想曲线上的偏离都是下跌、波动或者是账户损失的征兆。这些都是任何交易或投资系统中不可避免的问题。对于盈利的系统，股本线应该从左到右上升，中间调整的次数应该尽可能少。有关股本线的详细信息，请参阅第 22 章。

麦克莱伦震荡指标

1969 年，谢尔曼（Sherman）和玛丽安·麦克莱伦（Marian McClellan）创建了麦克莱伦指标。这个指标是上涨股票数目的指数移动平均线减去下跌股票数目的指数移动平均线之差。这两条分别是 19 日和 39 日指数移动平均线。这个震荡指标的极值点在 +100 或者 +150，以及 −100 或者 −150 水平上，分别对应着股市超买和股市超卖。

这个震荡指标的原理在于，对于中期超买或超卖，短期移动平均线比长期移动平均线上升得更快一些。但是，如果投资者等候这个移动均线掉转方向的话，可能价格早已发生了很大改变。这两条移动平均线的比率要比其中任何一条移动平均线都更加敏感，因此能与价格趋势发生同步反转，或者先于价格发生反转，尤其是当这个比率达到极值的时候更是如此。

机械交易信号出现在这些极值水平或者在移动平均线穿过零线的时候。1995 年 5 月至 2015 年 5 月，作者对指数移动平均线与零线的交点进行了测试，确定市场宽度数据的明显变化是否会对这个震荡指标产生作用。结果表明这个指标不能够产生利润。在 +100 和 −100 水平上的交点的测试表明在这些水平上无法盈利，因为这些极值点不能发生交叉会合。在市场顶部和底部发生的背离很有导向意义。麦克莱伦震荡指标的第一个超买水平常常代表股市中期上涨的初始阶段，而不是市场见顶的信号。因此，伴随着市场宽度指标动力不足的价格上涨，常有可能导致这个指标达到次高峰值。市场底部的情况证明了这一指标是可靠的。最后，该指标的趋势线可以在一系列连续的指标低点和高点之间划定，当趋势线被突破时，与价格线穿越趋势线的情况类似，这也是一个明显的信号。

麦克莱伦比率调整震荡指标

麦克莱伦由于意识到股票上涨数目与下跌数目的差额本身受到市场发行数目的影响，所以设计了一个比率，用来调整并替代原有的计算涨跌股数目差异的方法。这个比率就是上涨股票数目减去下跌股票数目，再除以上涨股票数目与下跌股票数目的总和。当股票发行数量变化时，除数会对整体比率进行调整。这个比率通常要乘以1000以方便使用。调整比率通过使用相同的指数移动平均线进行平滑处理计算。

一项针对该项指标有效性的研究表明，经过对该指标超买和超卖水平的优化，我们发现+4/+2是最佳水平。1995年8月至2015年5月，该指标带来了404.4%的收益率，而对应的买入持有策略的年化回报率为8.17%，见图8-4的股本线。

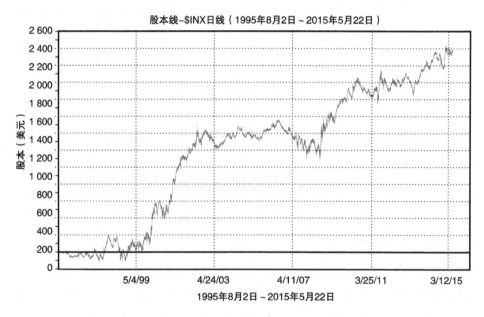

图8-4 麦克莱伦调整比率震荡指标的股本线，超买/超卖水平为+4/+2

麦克莱伦求和指数

麦克莱伦求和指数基本上是在麦克莱伦指标曲线下方。通过对每日麦克莱伦震荡指标的数据进行求和，可以得到一个累积指数。麦克莱伦夫妇发现该指数的平均震荡幅度是2000。将该指数加上1000，该指数就会在0～2000震荡，而1000就是中线。一开始，该累积指数是通过用上涨股票数目减去下跌数目之差进行求和计算。但是考虑到市场上股票发行数目不断增加的情况，产生了调整后的比率，称作比率调整求和指数（ratio-adjusted summation index，RASI）。该比率以零线作为中线，在 +500 和 -500 之间震荡， +500 和 -500 也成了麦克莱伦认定的超买和超卖临界线。虽然这里没有规定机械交易信号，但是麦克莱伦夫妇提出超买信号后常出现短暂的市场调整，然后价格继续创新高。如果没能达到超买水平，就出现了顶背离。因此，这是一个市场正在触顶的信号。科尔比指出，当求和指数转向时，中期信号（一般的日期为 172 天）仅对多头交易有利。

奈德·戴维斯研究所用了一个超买/超卖冲击型信号来判断麦克莱伦求和指数的买入水平（见图 8-5）。当震荡指标明显超过边界并且出现比平时更大幅度的涨跌时，就出现了冲击型买入信号。它的取值范围是在 2000 以上或者 -350 以下。超过这两个极限的信号是有效的。其中的逻辑是，在一个主要的市场价格底部阶段，陡直下跌通常是由恐慌造成的，由此形成极端的超卖情况。但是触底之后，市场通常会出现 V 形的强烈反弹，在向上反弹冲击的过程中，正是最好的买入时点。最好的情况是超卖信号出现在一个短期的超买信号之后，比如 1970 年、1974 年和 2009 年出现的几个主要价格低点。

相对多数指数

相对多数指数是通过对 25 天内的上涨股票和下跌股票数目的差异的绝对值进行求和计算出的一个指数。考虑到变化量净值与方向信号互相独立，所以，这个指数通常是一个正值。股市往往会有突然快速下跌和缓慢上涨的倾向。因此，如果相对多数指数偏高，就意味着市场要触底了；而该指数偏低，则说明市场要见顶了。这个指标发出的信号在多头交易中是可靠的，因为在市场上升时期会出现较低的指数，给出信号的时间过早。传统上看，这个指标在 12 000 和 6 000 发出信号，但是股票发行数目的上升会使得这些信号数字过时（Colby，2003）。科尔比使用突破长期（324 天）布林带（详见第 14 章）上边界的两倍标准差作为买入信号，而将突破这个布林带下边界的两倍标准差作为卖出信号。

这一方法产生了比较好的投资效果，自从 2000 年以来一直被广泛使用。在这个指标的信号里，以 15 日和 30 日为周期的止损操作只适用于多头交易。

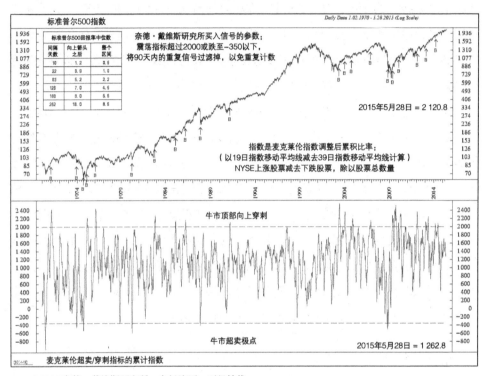

@ 2015 奈德·戴维斯研究所，未经许可，不得转载。

图 8-5　麦克莱伦求和指数的超卖/冲击指标（日线图：1970 年 1 月 2 日 ~ 2015 年 5 月 28 日）

为了去除股票发行数目不断增多的影响，还可以使用麦克莱伦比率，将上涨和下跌股票数目之差除以两者的总和。因此，25 日周期相对多数指数的原始数据就是用涨跌股票数目之差的绝对值除以上涨股票和下跌股票的总和进行计算，当然也可以取更长周期的数据。作者尝试在 20 年时间里对这个比率进行优化。尽管 7% ~ 8% 的年化收益率是可能的，但是模拟组合的回撤超过了 50%，对大多数分析师来说，这是没用的。

绝对宽度指数

休斯宽度震荡指标使用了上涨股票数目和下跌股票数目之差除以交易股票的总数作为比率，而绝对宽度指数是使用上涨股票数目与下跌股票数目之差的绝对值除以交易股票总数的比率。因此，绝对宽度指数永远是正值。通过实验，科尔比（2003）发现 1932～2000 年，当该指标超越前一天的 2 日周期指数移动平均值 +81% 时，就会出现可以盈利的信号。科尔比的报告只适用于多头交易，通常的持有时间为 13 天，在长达 65 年的时间里比买入持有策略的回报率高出 31.5%，而且不需要支付佣金，也没有滑点风险。奈德·戴维斯研究所发现，使用一个震荡冲击型指标的 10 日移动平均线，在 1977 年 2 月至 2015 年 5 月期间进行多头交易，可以获得 9.1% 的年收益率，而买入持有的年收益率为 8.3%。由于穿越移动均线在做多和做空交易中，通常是不同的，因此除了使用一条移动均线，作者还试验用一个类似科尔比的交易系统进行优化，采用了两条移动均值线：一条用于多头交易，一条用于空头交易。结果相当不错（见图 8-6），20 年的收益率达到了 505.8%，超过了买入并持有的收益率 279.8%，年化收益率达到了 9.10%，回撤幅度只有 4%。用于做空的移动均值采用 4 天周期，用于做多的移动均值采用 48 天周期，并在两条线上再加 63%。

不变股票指数

不变股票指数采用价格不变的股票数量除以总体交易股票数量计算。这背后的理论是指在趋势较明显的时候，不变价格的股票的数目会下降。不巧的是，在股票报价采用十进制之后，价格不变的股票数目也在减少。这个比率现在看来没有多大预测作用。经过测试，我们发现自从 2000 年 4 月开始，使用这个指标只能带来亏损。

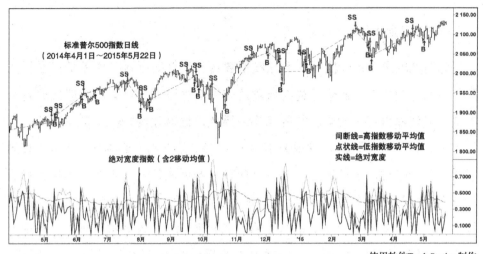

使用软件TradeStation制作

图8-6 绝对宽度指数和标准普尔500指数（2014年4月1日~2015年5月22日）

宽度比率

不同于用上涨股票和下跌股票的每日差额和每周差额计算比率，这种方法很容易受到市场发行的股票数目影响的方法不同，宽度比率使用按照不同标准计算的上涨股票数量、下跌股票数量和价格不变股票数量之间的比率做成震荡指标，测量市场的动向。使用比率可以避免宽度数据发生长期偏向的问题。这些比率通常能够预示市场短期的趋势变化，但对于长期投资者来说，用处不大。自2000年以来，这些指标的特征和可靠性发生了改变。

腾落比率

该比率是由上涨股票的数量除以下跌股票的数量得来的，然后将该比率或其组成部分用特定时间周期进行平滑处理。奈德·戴维斯研究所使用腾落比率对1947年至2000年的每日宽度数据，发现当10日上涨股票数目与同一周期下跌股票数目的比率超过1.91时，出现了30个买入信号。这些信号在接下来一年里获得了 17.9% 的平均收益率。假如在这 30 个信号中，只有一个信号失效，则亏损也只有 5.6%。作者决定再次使用 2 条信号线和经过优化的腾落比率（见图 8-7），计算了所有上涨股票数量和所有下跌股票数量的均值，然后用前者除以后者。这两条信号线分别用于买入和卖出的场合。在 20 年里，这个优化方法达到了 429.0% 回报率，而买入并持有的回报率是 279.7%。年化回报率是 8.51%，但是最大回撤超过了 37%，使得大多数交易者都觉得难以接受这个系统。

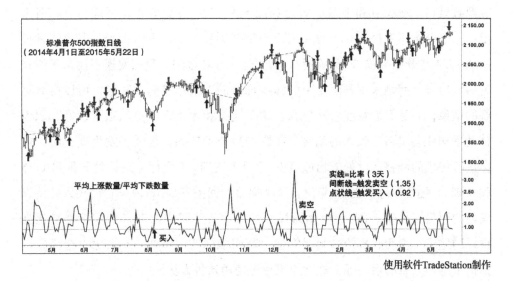

使用软件 TradeStation 制作

图 8-7　优化腾落比率和标准普尔 500 指数（日线图：2014 年 4 月 1 日~2015 年 5 月 22 日）

科尔比（2003）研究报告了使用了以 1 日为周期的腾落比率的情况。当该比率上升超过 1018 时，可以买进道琼斯工业平均指数（DJIA）；当该比率降至低于 1.018 时，可以卖出道琼斯工业平均指数。按照这种做法，从 1932 年 3 月至 2000 年 8 月，假设没有佣金、滑点，也没有分红，100 美元可以赚到 8 8471 7056 美元。当然周转率也非常大——大约每 3.47 天进行一次交易，但是无论是做多还是做空交易，这个比率带来的收益率都是丰厚的。我们在 1995 年 4 月至 2015 年 5 月进行了测试，发现到 2002 年 2 月为止，该指标一直值得信赖。但是，自从 2002 年起，其股本线大幅下跌，这否定了 1 日周期的腾落比率的可操作性。

宽度冲击

冲击是指相对标准水平出现了引人注目的非常大的偏离，当出现这样的信号时，要么旧的趋势要被终结，要么即将开启一个新趋势。

马丁·兹威格（Martin Zweig）设计了最常用的宽度冲击指标——计算上涨股票数量与上涨股数和下跌股数之和的比率的 10 日简单移动平均值。一般来说，当这个指标超过 0.659 时买入，当降低到 0.366 以下时卖出。但是这种做法从 1994 年开始就没有产生盈利。为了优化计算方法，我们发现不用水平线作为买入信号，而是采用腾落比率的移动均值的 1 倍标准差区间带，可以得到更好的结果，只是回撤幅度会比较大。这个检验和优化方法要比水平线好，因为移动平均线会跟随更长线的趋势，在影响这个走势的其他因子发生变化时，也会进行相应的调整。此处的均值是以 39 日为周期，2 个标准差倍数分别是 1.15 和 0.32（见图 8-8）。在 20 年里，这个模型的回报率是 521.7%，而买入并持有策略的回报率是 272.8%，年化回报率是 9.25%，回撤为 18.3%。这些变化是很好的例子，说明分析师必须经常检讨所用指标的可靠性。如果优中选优的指标仍不尽如人意的话，那么通常应该避免使用这种方法。

宽度指标总结

自从 1995 年起，股市的波动就出现了较长线的特点，而宽度指标给出的短线信号大部分都失效了。这些失败的例子表明，技术分析师必须时刻警惕和评估他们所用的指标。市场上通常会发生很多结构性的变化，比如采用十进制，以及将许多非本土企业的股票纳入了宽度数据。此外，还有许多市场观念也发生了变化，包括股价与利率的脱钩等。没有哪一种指标能够保证永远盈利，这些市场的内部变化以及技术分析师对于各种指标的过度利用，都会影响指标的使用效果。显然，最好的宽度数据利用方法是传统的艾尔斯 – 休斯双重顶背离分析以及宽度冲击。这两个指标在长达 60 年的分析和测试中的失败率较低。在市场上使用一个指标之前，要先对这个指标进行客观的测试。没有哪项指标因为近期效果好，就确保能用。

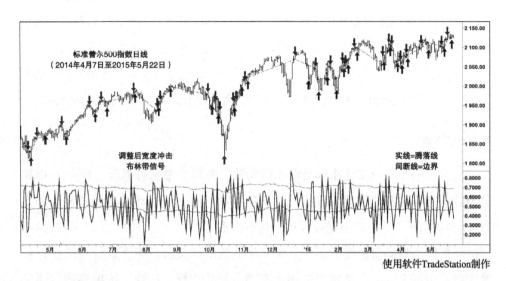

使用软件TradeStation制作

图 8-8　经调整的兹威格宽度冲击和标准普尔 500 指数（2014 年 4 月 7 日 ~ 2015 年 5 月 22 日）

涨跌成交量指标

宽度指标通过计算在市场上涨跌的股票数目来测量某个交易日的市场力量，另一种测量市场内部结构的方法是测量股价上升和下降时的成交量。上涨成交量是指当日上涨股的总成交量，下跌成交量是当日下跌股的总成交量。多数财经类媒体都会发布上升和下跌成交量的数据。

考虑成交量而不只是考虑交易的股票数目，这样就把焦点更多地放在了交易活跃的股票上。在使用宽度指标时，每一笔价格上涨的成交量小的股票与那些成交量大的上涨股票会被同等对待。通过加入成交量这个衡量标准，成交量小的股票对震荡指标的影响就不如成交量大的股票明显，而在低价位大量成交的股票也会对整体数据产生重大影响。2009 年 12 月 9 日，37.6 亿股花旗银行股票的交易就属于这种情况，那天的上涨和下跌成交量数据没有多大意义。最后一点是，使用黑池交易、场外交易以及其他避免报告交易的办法，加上 ETF 涵盖的股票成交增加等因素，彻底打破了早先成交量和单个投资者之间的平衡。比如，许多股票今天仍作为一个指数中的商品进行交易，并不是因为它们具有很高的投资价值，而是因为它们是被包含在指数里。因此，作为一项统计指标，成交量构成了市场上变化的另一个方面，其作为技术指标的用途也在改变，需要技术分析师以谨慎的态度对待。

阿姆斯指数

最常用的涨跌成交量指标是阿姆斯指数，由理查德·阿姆斯（1995 年市场分析师协会年度奖获得者）创立。阿姆斯指数（Arms，1989）的报价机代码为 TRIN 和 MKDS，每天在财经类媒体上均有报道。

阿姆斯指数衡量上涨股票和下跌股票的相对成交量。当下跌股票的交易量放大时，市场有可能已经筑底或接近底部。与此相反，出现上涨股票的大成交量往往是一个正常现象。阿姆斯指数计算方法如下

$$\text{阿姆斯指数} = \frac{\text{上涨股数目／下跌股数目}}{\text{上涨股成交量／下跌股成交量}}$$

该指数中，分子是上涨股数目与下跌股数目的比率，分母是上涨股成交量与下跌股成交量的比率。如果交易量低的上涨股绝对数上升，则该比率上升。阿姆斯指数较高表明虽然上涨股的数目在上升，但是由于成交量较低，市场不够强劲，不足以支撑价格的上涨。因此，该比率与市场价格呈反向关系（反向绘制的图像除外），在市场处于底部时，该指数见顶；而当市场处于峰值时，该指数触底。这种反向的关系对于那些看图表进行交易的交易者来说，一开始可能会造成混淆。

和宽度指标类似，阿姆斯指数也可以用移动平均线进行平滑处理，并对参数进行测试，选择进场的时点。阿姆斯指数大于 1.0 是看跌信号，而阿姆斯指

数较低则意味着市场前景良好。在我们的试验中，从 2003 年 2 月到 2015 年 5 月 22 日，当阿姆斯指数升至 1.0 以上时，这是一个短期的买入信号，而不是一个卖出信号，其股本线见图 8-9。注意盈利从一开始就下跌，之后再没有恢复过。这段时间不适合使用阿姆斯指数。

图 8-9　阿姆斯指数超过 1.0 买入的股本线与标准普尔 500 指数（日线图：2003 年 3 月 28 日 ~ 2015 年 5 月 22 日）

科尔比（2003）引入了一些模型，在 2000 年以前，这些模型都有较好的表现。由阿尔费尔和库恩（Alphier，Kuhn，1987）设计的一个著名的恐慌信号，是当阿姆斯指数超过 2.65 时，买入股票并持有一年时间。这个信号直到 2009 年以前都表现不错，而在 2009 年发生了 46% 的回撤，2011 年恢复盈利。但是这样大的回撤是无法被大多数投资者接受的，当我们缩短持有时间时（原来是 252 天），这个信号的表现有所改善，但是回撤幅度仍有 2009 年那么大。

上涨成交量和下跌成交量的成交量冲击指标

只用上涨成交量和下跌成交量构造一个震荡指标——这两个成交量的比率的移

动平均，可以为我们带来盈利，在纳斯达克尤其如此。图8-10展示了奈德·戴维斯研究所给出的方法。这是10日上涨成交量与10日下跌成交量的比率，超过1.48就是买入信号，低于1.00就是卖出信号。当这个比率位于以下三个区间时，得到的业绩表现分别是：大于1.48时，纳斯达克取得38.9%的年化收益率；介于1.00和1.48时，年化收益率下降到12.9%；小于1.00时，会遭受7.4%的年化亏损。

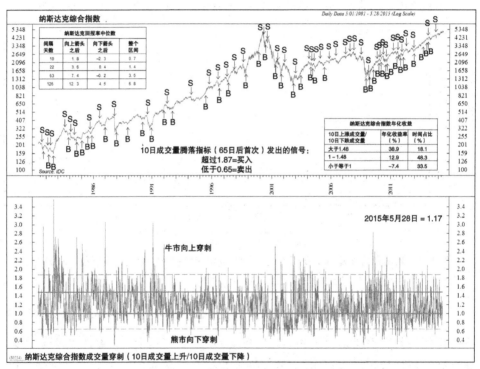

图8-10　成交量冲击和纳斯达克综合指数（日线图：1981年5月1日~2015年5月28日）

90%回撤日

保罗·德斯蒙德（Paul F. Desmond）在道氏奖获奖论文中提出了确定主要市场底部的一项可靠方法，具体来讲，就是根据每日的上涨和下跌股票成交量以及每日的收益和损失点数进行综合分析。成交量数据在财经类媒体上会进行报道，如股票行情表。很可惜的是，每日总的盈亏点数没有公开数据，需要大量手工统计或用计算机完成。当某日下跌股票数目占上涨和下跌股票总数的比率超过90%，并且下跌股票的损失点数占所有股票总损益点数的比率也超过了90%，就认为市场有90%的股票下跌。同理，当某日上涨股票数目占上涨和下跌股票总数的比率超过90%，并且上涨股票总收益点数占所有股票总损益点数的比率也超过了90%，就可以认定市场有90%的股票在上升。他发现如下情况：

- 单独一个90%回撤日（ninety percent downside day，NPDD）指标只是警告前面有可能发生潜在的危险，说明"投资者处于恐慌之中"。（Desmond，2002年，第38页）
- 在市场新高或者突发的负面新闻报道之后出现的90%回撤日，通常会伴随一个短期调整。
- 当出现两次或更多次的90%回撤日时，再隔30多个交易日，还会再出现一次90%回撤日。
- 90%回撤日之后常出现2天或2天以上的大成交量反弹，对于熟练的交易员来说有利可图，但不建议一般投资者参与。
- 当90%回撤日的次日出现90%的上涨，或者连续两天发生80%的上涨时，市场将出现一个重要的趋势反转。
- 有一半的情况是，在低点出现的5日内会出现上升反转。向上反转所需的间隔时间越长，投资者越应该谨慎对待。
- 当成交量和损益点数超过90%这两个指标只出现一个时，投资者应该格外谨慎，因为这样的反弹是短暂的。
- 连续90%的上涨很少出现，但往往是长期牛市的信号。

10∶1成交量上升日和9∶1成交量下降日

德斯蒙德是将宽度指标和成交量综合起来作为恐慌指数，而奈德·戴维斯研究所对上涨和下跌股票的成交量进行了独立研究，没有用宽度指标做验证。奈德·戴维斯研究所的交易规则有些复杂，技术分析师须了解这一点。复杂的交易规则往往是建立在曲线拟合的基础上，由于对过往数据的拟合度很高，所以未必适用于未来的交易中。但是，这些研究成果给人留下了深刻印象，而且给出了相反的观点，即恐慌时期正是买入时机，而从低点开始的暴涨往往是下跌趋势的终结。

从 10∶1 成交量上升日发生后大约 6 个月，市场上涨了 9%（见图 8-11），而从 9∶1 成交量下降日发生后大约 6 个月，市场上涨了 6%（见图 8-12）。在每个信号出现后的较短时期内，市场都上涨了，只不过幅度不同。换言之，这些指标都指明了恐慌性底部。

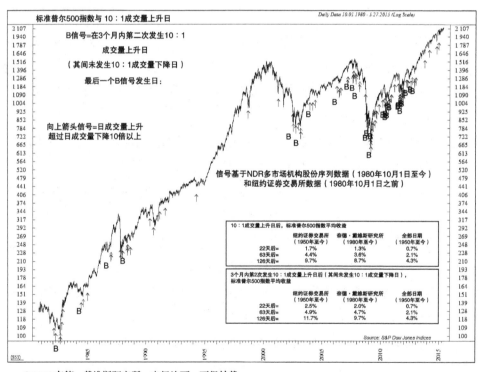

@ 2015 奈德·戴维斯研究所，未经许可，不得转载。

图 8-11　10∶1 成交量上升日与标准普尔 500 指数（日线图：1980 年 10 月 1 日 ~ 2015 年 5 月 22 日）

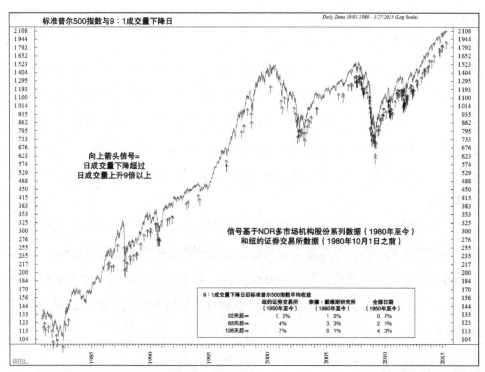

图 8-12 9:1 成交量下降日与标准普尔 500 指数（日线图：1980 年 10 月 1 日 ~ 2015 年 5 月 22 日）

净新高和净新低

当股票市场上涨时，认为个股再创新高，这是一个合理的想法。相反，股票市场下跌时，个股也会再创新低。

一般来讲，当某股票某一天的价格比去年任意一天的价格都高时，可以认定该股票到达新高点。1978 年前，新高点和新低点是从当年的 1 月开始算的。但在 1978 年，纽约证券交易所开始根据 52 个星期的价格表现，确定新的高点和低点。其他交易所也开始调整自己的方法，以便和纽约证券交易所数据保持一致。当某个价格比过去52周内任一时间的价格都高时，就称为再创新高，该新高点未必就是过去一年里最高的价格。

财经类媒体会报道52周的高点和低点，但是52个星期的周期未必就是唯一的。分析师可以根据各自的投资时间长短，选择其他周期进行计算。例如，对于短线突破，可以用10日或21日作为周期。不管用哪个周期跨度，新高点和新低点的数量可以有效衡量参与市场上涨或下跌的股票数量。因此，这个指数是一个有关趋势延续的指标，与宽度数据类似，需要进行背离分析。

由于交易所上市公司发行股票数量不断变化，新的高点和新的低点的原始数据和宽度数据一样，存在着类似问题。这使得高点和低点之间的差异不可靠，而指标参数也要不断变化。与宽度指标一样，要避免这个问题，就将新高和新低之间的差异除以交易所上交易的股票总数量，从而去除上市股票数量变动带来的影响。

新高点与新低点

最直接也许是最有用的指数是，当每日创新高的股票个数超过了创新低的股票个数时就买进，相反就卖出。科尔比（2003）对于市场疲软和走强的情况下的做多和做空交易进行了研究，发现这一指标非常有用，但持有期都比较短。每周高点和低点的一个有趣现象是，它们的峰值会比市场峰值出现得早，这与宽度线类似。这一非常可靠的现象警告我们，如果一周高低点数出现了顶背离，则市场调整即将开始（一般会提前33周出现，但是误差较大）。

图8-13展示了奈德·戴维斯研究所对这个指标的优化结果，方法就是用每日新高除以创新高和新低的总数的55日指数移动平均值。当这个震荡指数上涨超过21%时，出现买入信号，而相对最近一次峰值下跌40.5%时，出现卖出信号。使用这个方法获得了9.3%的年化收益率，而买入并持有的收益率为6.6%。

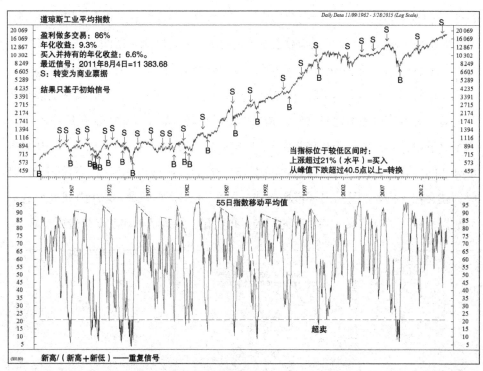

图 8-13　新高/(新高 + 新低) 与道琼斯工业平均指数 (日线图: 1962 年 11 月 9 日 ~ 2015 年 5 月 28 日)

高 – 低逻辑指数

诺曼·福斯贝克 (Norman Fosback, 1976) 开发了高 – 低逻辑指数 (High Low Logic Index)。这一指数定义为下列两者中较小的一个: 当周新高点的数目除以总发行股票数目, 或者当周新低点的数目除以总发行股票数目。这个指数较低水平往往表示市场强劲。指数小表示要么是创新高点数目少, 要么是创新低点数目少。指数大表明市场处于混杂状态, 因为只有当市场创新高点数目和创新低点数目都大时, 才会出现高指数水平。

技术分析师一般用 10 周移动平均线对这个指数进行平滑处理 (见第 14 章)。无论使用原始数据还是经过平滑处理的数据，这个指数都可以确定并产生相应的信号。高指数水平代表看跌市场，低指数水平代表看涨市场。在第一版的（《技术市场指标百科全书》）（*The Encyclopedia of Technical Market Indicators*）中，作者罗伯特·科尔比和托马斯·梅耶斯，1988）报告说，从 1937 年到 1987 年，这些指标的表现非常显著，有效置信度可达 99.9%。指数的临界值是，高于 0.020 表示 1~3 个月后市场会下跌，而指数低于 0.002 表示 1~6 个月后市场将出现上涨。对于 10 周平滑处理的指数来说，当它超过 0.058 时，3 个月后将出现市场回撤，而低于 0.005时，就会在 3~12 个月后出现市场上涨。图 8-14 显示了奈德·戴维斯研究所的研究数据，以及对应的买入和卖出的信号。很明显，买入信号比卖出信号更可靠。

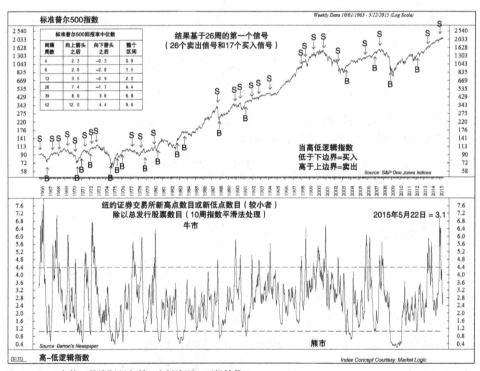

@2015 奈德·戴维斯研究所，未经许可，不得转载。

图 8-14　高 - 低逻辑指数和标准普尔 500 指数（1965 年 10 月 1 日 ~2015 年 5 月 22 日）

兴登堡凶兆

许多指标都是在综合了其他指标之后才给出操作信号，兴登堡凶兆就是这一类指标（见图 8-15）。与福斯贝克的高低逻辑指数相似，该指标是由吉姆·米基亚（Jim Mikkea，《萨伯里牛熊报告》前任编辑和出版人）创建，由肯尼迪·加马奇（Kennedy Gammage）以 1937 年兴登堡号飞船灾难命名。显然，这个指标提供了多个显示市场急转而下的信号，包括：

▶ 52 周新高点数目和新低点数目都大于总股票数目的 2.2%（或 2.8%）；

▶ 新高点或新低点数目较小者大于 75；

▶ 纽约证券交易所综合指数比之前 50 天高，另一个可替换条件是该综合指数的 10 周（50 日）移动平均值超过了前 10 周；

▶ 麦克莱伦指标是负值；

▶ 新高点数目不能比新低点数目的两倍还多；

▶ 在 30 ~ 36 日周期中发生了两次或多次，则趋势得到确认。

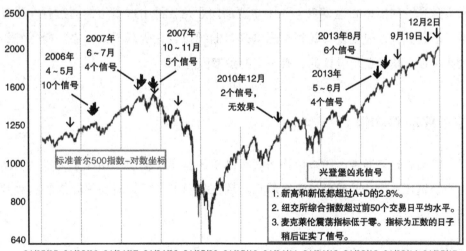

Courtesy of McClellan Financial Publications

图 8-15　兴登堡凶兆和标准普尔 500 指数（2005 年 1 月 5 日 ~ 2015 年 1 月 15 日）

这个信号在30～36天内有效，而且麦克莱伦指标必须为负数。这个指标的效力大小与之前30～36天发生的信号数量成正比。

> "这个指标背后的逻辑是，在正常条件下，要么大量股票创下了年度新高，要么大量股票创下了年度新低——两者不会同时发生。" 当新高或新低数量都很大时，"这表明市场正处于一个极端背离时期——许多股票创下了新高和新低。这种情况通常不会预示着之后会出现价格上涨。健康的市场要求体现出内部一致性，不管这种一致性表现在哪一个方向上。出现不少新高和很少几个新低，这表明市场显然是牛市，反之亦然。这是出现重要市场底部的条件。"（Peter Eliades，2005年9月21日，www.stockmarketcycles.com）

据报道，自1985年以来（包括1987年的股市爆仓），每次发生重大危机之前，就会出现该指标信号，总共有25次兴登堡凶兆在事后被确认了，只有两次没被确认——市场跌幅不超过2%。其他下跌并非都是大爆仓，因为兴登堡凶兆给出的市场爆仓信号不正确。但是如果信号确认后，大于15%的跌幅最终导致大盘暴跌的概率高达24%。一个主要的问题是，得出这个指标的过程非常复杂。前面提到，过度复杂的指标通常来自曲线拟合，所以不太可靠。而兴登堡凶兆是根据技术逻辑设计的，有一定的参考价值。

使用移动平均线

股票的趋势通常由股票价格曲线是高于还是低于移动平均线来判定。移动平均线越长，代表的股市趋势也越长。现在我们来分析如何利用股票的趋势判定市场的力量。

估波曲线

1965年10月，一位名叫艾德文·"苔草"·估波（Edwin "Sedge" Coppock）

的经济学爱好者在《巴伦周刊》上发表了一篇文章，介绍了他发现的一种长线动量震荡指标。这是他的一项研究成果，起因是当地教堂邀请他负责教堂基金的投资。他的理论是移动均值或变化率的周期是和人的心理相关的，在和当地主教讨论后，他想到的最贴切的比喻是一个人从失去朋友或亲人的痛苦中解脱出来所需的时间。那位主教认为需要 11 ~ 14 个月，估波用这个周期作为他的指数或曲线的基础。算法就是计算一个市场指数，比如标准普尔 500 的 11 月变化率和 14 月变化率之和，然后计算这个和数的 10 个月加权移动均值。使用 1963 年 6 月到 2015 年 4 月间的原始数据，我们发现，从这个指标发出买入信号，到市场到达顶部，大约有 64.2% 的时间是在 35.2 个月左右。如果把这个指标穿越零点而发出的卖出信号也统计在内，发现其表现和买入并持有策略不分上下。考虑到市场顶部一般长而平坦，市场底部短而尖，这个卖出标准会导致这个指标过早发出卖出信号，如果投资时间更长，那么会丧失更多已获得的收益。

　　为了优化其参数（见图 8-16），我们决定保留 11 个月和 14 个月变化率，而优化移动均值（一个用于买入，一个用于卖出）和每个移动均值的突破点。对

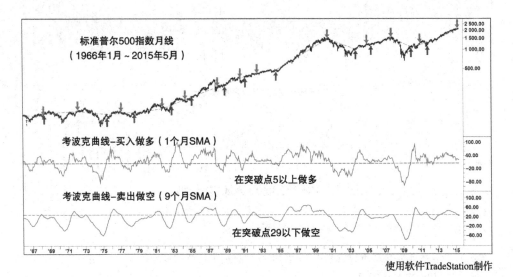

使用软件TradeStation制作

图 8-16　估波曲线优化参数与标准普尔 500 指数（1966 年 1 月 ~ 2015 年 5 月）

于买入和卖出，参数相应变成 1 和 9，突破点分别为 5 和 29，调整后的年化回报率是 7.13%，总回报率是 3707%，而买入并持有的回报率是 2367%。

股价高于 30 周移动平均线的股票数目

图 8-17 是一个市场超买和超卖的指标，即股价高于或低于其 30 周移动平均线的股票数目。这个指标本质上是测量处于上涨和下跌的股票数目，这是一个反向指标。当股价高于 30 周移动平均线的百分比超过了 70% 时，市场明显处于超买区，随时可能发生调整。相反地，股价低于 30 周移动平均线的百分比低

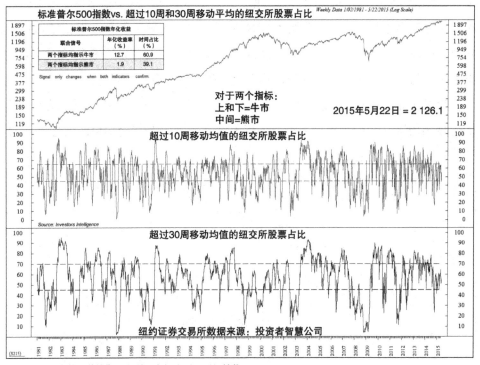

@ 2015 奈德·戴维斯研究所，未经许可，不得转载。

图 8-17　纽约证券交易所股价高于 10 周和 30 周移动平均线的百分比（1981 年 1 月 2 日～2015 年 5 月 22 日）

于 30% 时，市场处于底部或接近底部。投资者智慧公司普及推广了这个指标。他们制定了股价曲线处于移动平均线的 30% 和 70% 之间的判断规则，可以用来确定中期趋势的转变。

80/60 规则

上述指标的一个应用是 80/60 规则。这一规则指出，当股价超过 30 周移动平均线的股票数目百分比大于 80%，然后跌至 60% 以下之时，该比率会继续下跌至 30% 或靠近 30%。换言之，当出现这个信号后，市场就会出现大幅度下跌。图 8-18 是奈德·戴维斯研究所绘制的分析结果，表明自 1968 年以来，这样的情况出现了 20 次，其中 17 次引发了市场大跌。

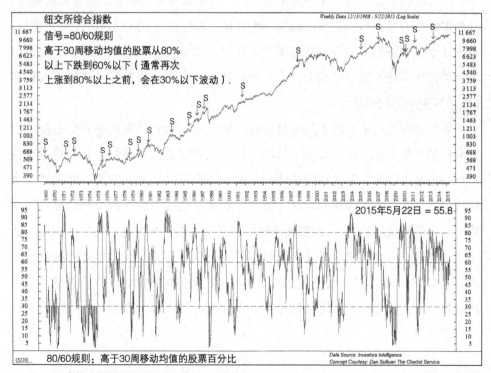

@ 2015 奈德·戴维斯研究所，未经许可，不得转载。

图 8-18　股价高于 30 周移动平均线的 80/60 规则（1968 年 12 月 13 日~2015 年 5 月 22 日）

超短线指标

尽管市场情绪指标一般专注于捕捉市场的长线趋势反转，市场情绪这一概念也可以用于短线反向指标。接下来，我们分析运用这些反向指标预测短线趋势的方法。

宽度指标和新高/新低

虽然市场宽度和新高/新低数据常作为趋势指标使用，并且背离分析在确定一个已知的趋势是否反转这一方面很有用，但是市场宽度的短线数据和新高/新低数据常作为反向指标使用。例如，当每日上涨股票与下跌股票的比率升至2:1或3:1时，市场接下来很有可能下跌。同理，当该指标降至2:1或3:1时，市场上涨的概率比下跌的概率大。这一指标往往可以为短线交易者提供买入机会（在接下来一周内出现）。

新高和新低数据表现了同样的结果。使用长期趋势判定交易策略是使利润最大化的最好方法。在发现某一趋势之后，立即顺着这个趋势进行交易，往往不能获得很大盈利，至少在价格回调之前，情况都是如此。因此，如果整个市场价格高于其200天移动平均线，则可以肯定这是一个长线的上升趋势；而当移动平均线突破新的10日周期低点时，这就是一个做多的绝佳时机。相反，当市场价格低于200天的移动平均线时，则处于长线下跌趋势；每当市场价格反弹，超越10日高点时，就是做空的最好时机。通过这种方法，我们能够有效利用新高点和新低点——市场主要趋势中产生的反向信号，借助价格回归均值的规律而获利。

净跳动点

股价的跳动点代表了实际交易情况。当股价上涨，哪怕幅度很小，也会产生向上跳动点（uptick）或向下跳动点（downtick）。如果价格按照之前的价格交易，则产生了零跳动点交易。通过对特定时刻向上跳动点数和向下跳动点数求和，日内交易者可以利用这个净跳动点（net tick）指标，对市场行为进行预测、跟踪和记录。这与腾落比率或涨跌股数目差值类似，但净跳动点指标是基于敏感的日内交易数据形成的。

一般来讲，跳动点数据是反向指标，衡量人们对于超短线投资的热衷或恐惧。极端数值显示了市场长线趋势的变化，但是每日的变动点比率会在特定的范围内波动。当市场处于超卖区时，交易者会在短期恐慌中买入；而当市场处于超买区，交易者会在暂时的乐观情绪中卖出。与宽度数据一样，这个指标也可以使用移动平均线。跳动点还可以用类似道琼斯工业平均指数（DJIA）的方式计算平均值，对包含在该平均值范围内的股票进行测量。

收盘跳动点与日宽度数据的使用方法类似。收盘跳动点代表了在收市那一刻的交易情况，可以显示出投资者的焦虑或者矛盾心态。如图 8-19 所示，净跳动点的 10 日移动平均线显示了这个震荡指标与移动平均线一致。奈德·戴维斯研究所将净跳动点指标与阿姆斯指标（MKDS）和纽约证券交易所综合指数结合使用，发现在特定的水平上会出现大的市场走势。

总　结

本章我们着重介绍了测量市场内在力量的方法。评估市场内部力量的第一个重要方法，就是计算市场宽度线（腾落线）。市场宽度是测量股票市场中整体走势跨度的指标。换言之，测量市场宽度能够使分析师了解，市场指数的上涨是意味着少数股票价格的大幅增长，抑或是市场中绝大多数股票的小幅增长。少数股票的大幅变动会影响市场指数，那么股价典型的走势和市场指数的走势是否一致？如果两者一致，市场走势方向就可以被内部态势确认。如果两者不一致，股票的内部态势和市场指数就开始背离，显示了市场的内在力量在变化。

还有一种观察市场内部力量的方法是关注涨跌时的成交量。这种方法不关注股票涨跌的支数，而是关注涨跌股票成交量的变化。通过这种方法衡量市场力量，赋予每一只股票的权重有所不同。成交量大的股票的权重较大，在衡量市场内在力量过程中能发挥更大的作用。

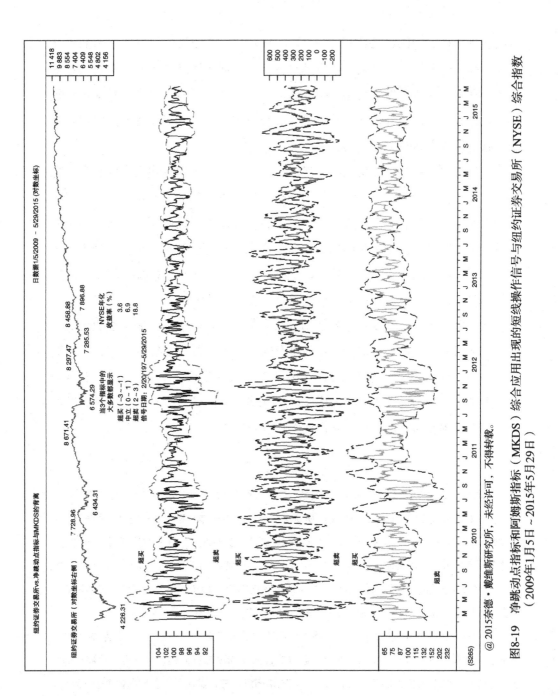

图8-19　净跳动点指标和阿姆斯指标（MKDS）综合应用出现的短线操作信号与纽约证券交易所（NYSE）综合指数
（2009年1月5日~2015年5月29日）

@ 2015宗德·戴维斯研究所，未经许可，不得转载。

第三种衡量市场内部力量的主要方法是将每种股票的当前价格与历史价格进行比较。通过了解以高价或低价成交的股票数量可以看出市场走势的端倪。换种说法，通过简单比较市场当前的价格和历史的平均价，可以看出有多少股票的价格走势与市场指数方向一致。

无论使用什么方法，本章所描述的指标都是用来衡量市场内部的力量，从而确定市场将来的走势是延续当前的趋势还是反转在即。在更广泛的市场走势中理解市场内部力量非常重要。遗憾的是，在过去几年中，一些传统指标已经失去了效力。只有时间可以告诉我们，这些传统的指标和参数能否在未来发挥作用。同时，技术分析师还必须不断开发、测试和改善测量市场内部力量的方法。技术分析师的职责是找出何种指标能在合适的交易或投资时间跨度内发挥最大的效用。

复习题

1. 请解释说明术语市场宽度的含义。

2. 请解释说明术语底背离和顶背离的含义。

3. 一位技术分析师在财经新闻节目中做了如下评论：

"由于近来美国标准普尔 500 指数的内部上涨动力不足，我对于美国标准普尔 500 指数保持持续上涨态势没有太大信心。"

请解释说明这位分析师所说的"内部上涨动力不足"是指什么。这位技术分析师使用了何种统计数据来判断市场内部动力不足？

4. 请解释说明新高点和新低点如何帮助分析师确定市场的内部力量。

5. 假设市场指数都在上升，你将通过哪些市场内部信号来确认这一趋势？

6. 请查看今日交易信息，从当前市场内部力量来看，你能得出什么结论？请解释你根据信息推导出结论的过程。

7. 使用你为第 6 题搜集的信息，来计算阿姆斯指数。这些指标分别能说明什么问题？

第 9 章

时间形态与周期

本章目标

- 了解（50~60 年）康德拉季耶夫长波周期；
- 了解 34 年周期；
- 了解 10 年周期；
- 了解 4 年周期，包括美国总统选举年形态；
- 了解股票的季节性表现；
- 了解股票市场 1 月的业绩与其他月份股票表现的关系；
- 了解突发事件和股票市场表现的关系。

前面两章我们介绍了测量市场参与者情绪以及股票市场内部力量的方法。在这些章节中，我们了解了市场在走强和走弱态势之间交替进行的规律。当市场参与者乐观情绪逐渐高涨的时候，会出现一个重要的市场周期，有时候会先形成非理性亢奋，后面紧跟着一段时间的市场疲软，这与投资者恐惧和恐慌的心态有关。发现了市场如何重复出现某些形态之后，一些技术分析师将注意力转移到试图使用周期理论来预测市场形态上。市场周期理论与自然科学家们信奉的自然界周期理论具有关联性。第19章中我们会介绍非常规周期的市场数据分析方法，本章我们则主要探讨常见的市场周期。

在一年当中是否存在买股票的最佳时段？股票会不会在某个月份或某个季节的表现比其他的时间更加理想？选择在一个月里的哪一天购买股票有没有关系？每周是否有固定的一天最适合买入股票？美国总统大选即将开始，股票是否会有不一样的表现？天气会影响股市吗？这些问题只不过是人们经常提出的一些问题的例子而已，本章将回答这些问题。

虽然说不存在某个周期一定要购买某只股票的规则（例如，这些规则包括一定要在每个月的第一天购买股票，或者不要在12月买入股票等），但是时间因素在价格形态和不同时间段、不同周期的循环中，的确会有很大影响。在多数情况下，人们不知道市场周期的起源或起因。一些技术分析师试图找到各种周期与经济事件或股价之间的联系，但是结果往往是某些联系似乎有些道理，但也有些显得荒诞可笑。人们曾经研究过太阳黑子、纽约市的降雨量、月亮的阴晴圆缺、不同星球的位置、地球的倾角、加拿大的猞猁数量、树的年轮和美国总统大选等现象与股市周期之间的关系。

正如石器时代的人观察太阳和月亮的周期一样，当我们观察市场时，也会发现周期性现象非常明显，但是原因却不得而知。到目前为止，人们只是看到了一些偶然发生的周期现象。爱德华·杜威是周期研究基金会（Foundation for the Study of Cycles）的创立者，曾对 20 世纪 40 年代以来的周期性波峰和谷底做过列表比较。该基金会的文献和过去期刊中记载了多个此类周期循环现象，这些数据现在已被市场注册分析师协会收录。本章我们将讨论与股票市场关联的最主要的时间因素的影响。

4 年以上的周期

我们首先介绍跨度在 4 年以上的周期，包括康德拉季耶夫长波、34 年历史周期和 10 年周期。

康德拉季耶夫长波（康波）

尼古拉斯·康德拉季耶夫（Nicola D. Kondratieff）是苏联经济学家，他对 20 世纪 20 年代的商品历史价格进行了研究。他分析了 18 世纪晚期至 20 世纪初欧洲农产品价格和铜的价格，发现了大宗商品价格呈现 50 年左右循环波动的规律。康德拉季耶夫认为资本主义国家的经济行为存在不断发展和自我修正的长周期，而不赞同资本主义趋于灭亡的观点。可能是由于这番言论，他被流放到了西伯利亚，于 1938 年去世。

康德拉季耶夫有几篇论文在西方国家首先发表。近来，他的论文被翻译、整理收录在一本名为《长波周期》（*The Long Wave Cycle*）的书中。康德拉季耶夫提出的 50～60 年循环周期被称为康德拉季耶夫长波（又称康波（Kondratieff wave，K-wave））。这是一种经济现象，在大宗商品或股价波动中未必可以观察到这个现象。

哈佛大学经济学教授约瑟夫·熊彼特（Joseph A. Schumpeter）于20世纪30年代引述了康德拉季耶夫的观点，首度使用"康德拉季耶夫长波"这一名词来表述康德拉季耶夫发现的周期。康波理论在学术界一直是个备受争议的话题，主要是因为在实际发展中鲜有实例论证。直到20世纪七八十年代，世界经济放缓增长，人们对于康波理论的研究进行了创新，才形成了我们现在所见到的康波理论论述颇丰、具备相当的实例支持的情况。乔治·莫德尔斯基（George Modelski）和威廉·汤普森（William Thompson）对康波理论有很多研究和著述。在他们合著的《主要经济部门与世界强国：全球经济政治的共存和发展》（*Leading Sectors and World Powers：The Coevolution of Global Economics and Politics*）一书中，莫德尔斯基和汤普森把康波理论的重要观点归纳如下：

- ▶ 世界经济由某个大国领导，呈现波浪形循环运动。
- ▶ 波浪循环主要与产量有关，与价格关联不大。经济部门产量的剧增比宏观经济表现更能影响波浪周期。
- ▶ 波浪呈现周期性运动，显示了S形增长曲线，而不是机械的、精确的周期式波动。
- ▶ 波浪产生的主要原因是产品、服务、技术、生产方法的集体创新，以及新市场的出现、原材料的新来源以及新的商业组织形式（熊彼特的观点）。这创新又与先前的经济增长减速度有关。主要的创新特征（见表9-1）对每一个波浪周期具有决定性作用。
- ▶ 每一个康波都有自己典型的地理位置特征。如英国曼彻斯特的棉花，或者美国加利福尼亚州奥兰治县的技术等，波浪周期往往对应特定时段的某个地点。世界体系理论学者现在可以将康波理论追溯到中国1000年前的宋代，期间经历了19个波浪循环。
- ▶ 每个康波都会影响未来的世界经济结构和格局。
- ▶ 需要长时间酝酿的某个康波往往伴随着重大的战争。

▶ 康波周期和世界各大国家政权的崛起和衰落有重大的关系。一个源自于全新地理位置的康波周期预示了新的全球领导国度的兴起。康波是历史的必然和创新的结果。而当各大国家接受新经济体制的时候，康波周期也会影响全球各国的局势和全球的政局。

表 9-1   康波周期和相应的全球领先行业（摘自 Modelski & Thompson，1996）

年份	长周期	康波	世界领先者	全球领先行业
930	LC1	K1	北宋	印刷和造纸
990		K2		全国统一市场
1060	LC2	K3	南宋	财政基础设施
1120		K4		海外贸易
1190	LC3	K5	热那亚	香槟贸易
1250		K6		黑海贸易
1300	LC4	K7	威尼斯	船队
1350		K8		胡椒
1420	LC5	K9	葡萄牙	几内亚黄金
1492		K10		香料
1540	LC6	K11	荷兰共和国	波罗的海贸易
1580		K12		亚洲贸易
1640	LC7	K13	英国第一次周期	美洲种植业
1680		K14		美洲贸易
1740	LC8	K15	英国第二次周期	棉花，钢铁
1792		K16		铁路
1850	LC9	K17	美国	电力，钢铁
1914		K18		电子，摩托车
1973	LC10	K19	美国第二次周期	信息行业
2026		K20		

由此可见，康德拉季耶夫长波是经济学和世界政治中一种有趣的长期现象，但在股票、债券和商品市场中用处不大。20 世纪 70 年代，康波周期理论逐渐得到推广，主要是因为人们开始关注 1929 年股票市场爆仓和大萧条 50 周年之际的世界经济状况。但是，1981～1982 年的股票市场筑底过后市场反弹，道琼

斯工业平均指数（DJIA）迅速突破1000点，这一趋势一直持续到2000年。这也让人们失去了在股票市场种应用康波周期理论的兴趣。

由于两次康波的出现将形成世界经济强国和全球领先国家的更长的市场周期，而美国目前正处于第二个循环，因此美国市场在2026年后接下来的17年里，可能仍会保持较好态势。届时，预计美国将会迎接第三轮周期循环。当然，这一周期很有可能会被战争或至少一次大规模的经济萧条打断。即使世界其他地方出现新的创新和周期，将替代美国在全球经济中的领导地位，但是美国市场仍然很被看好。因为根据康波理论，美国交易市场的周期至少还有50年。

人口波浪

研究者通过研究美国的出生率和股票市场发展的关系，确定了新一轮的康波周期将从2026年开始。46年以后，美国的出生率将与美国的股票市场存在高度相关的联系。在表9-1中，两者自从20世纪50年代中期起就开始高度相关。如果这个相关关系持续有效，则出生率数据指示了2020年左右出现股票市场的大底，然后出现一波上涨并一直持续到2050年左右，但是上涨幅度应该比1980~2000年这段时期股市的上涨幅度低。出生率的预测会随着未来50年的情况变化而变化，而且可能已经从两年前就开始了，但到目前为止，它还可以用来确认康波周期的预测。

除了出生率，人口年龄与更长的市场周期有关联。图9-2展示了中年人可能在未来20年对股市产生的影响，这个比率就是35~49岁与20~34岁人口之比，它衡量了年轻人和中年人与道琼斯工业平均指数经过通胀调整的关系。这个比率确认了出生率统计数据，指出在2020年左右会有一个市场底部，出现一个预期低点。2020年以后，在2045年左右会出现另一个低点（康波周期的一半），人口出生率也显示了这个结论。如果这些假设的关联关系是准确的，则在这次即将到来的大调整—因为是在康波周期结束时发生，因而非常严重，之后会有至少20年的上涨。

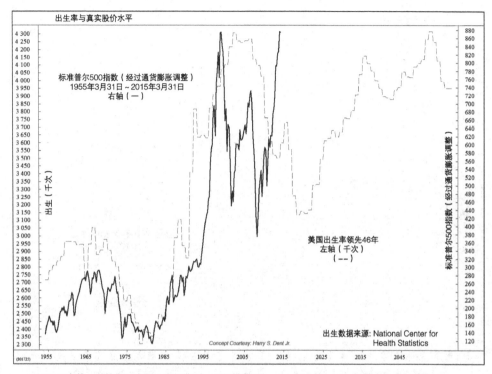

图 9-1　美国出生率与股票价格（1955 年 3 月 31 日～2015 年 3 月 31 日）

17～18 年股市周期更替

过往数据表明存在着 35 年的历史周期，主要由 17.5 年的震荡走势和 17.5 年的上涨走势组成。图 9-3 就是一例。该图显示了 20 世纪 30 年代开始的震荡走势期——从 1929 年高波动开始，到 1947 年结束，然后是 1947～1966 年的上涨期。之后是直到 1982 年，股市一直在盘整，直到 2000 年。之后的上涨波动会在 2018 年左右完成。这个阶段也伴随着康波周期的尾部，这个估计结果与人口统计数据是一致的。

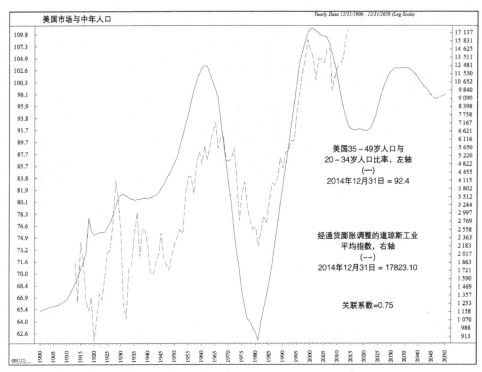

@ 2015 奈德·戴维斯研究所,未经许可,不得转载。

图 9-2 中年人口比率与实际道琼斯工业平均指数(年线:1900~2050年预测)

可以看出在 20 世纪 30 年代中期、40 年代中期、60 年代中期和 80 年代早期,以及自 2000 年以来的市场震荡期内,市场波动率很高。不仅出现了 35% 和50% 的跌幅,而且还出现了飙升的情况,总体而言,长期趋势还算比较平稳。在这些区间中,技术分析师的功力明显比基本面分析师的技能更高一筹,买入持有观念彻底崩溃。自 20 世纪 40 年代中期至 60 年代中期,以及 80 年代初期和 21 世纪早期,当价格普遍上涨时,买入并持有的投资策略观念回归;不论采用什么分析方法,投资者照样都能盈利。但从这个世纪之交开始,又出现了一轮震荡期,只不过这一时期也存在较大波动,买入并持有投资策略不再管用,而技术分析也成了最成功的分析方法。

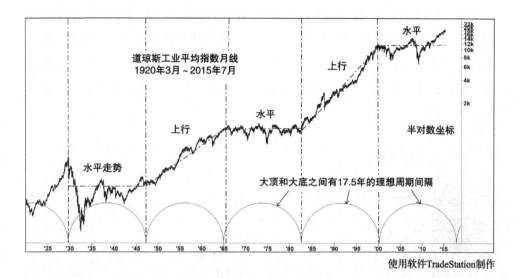

图 9-3　35 年历史周期：为期 17.5 年的道琼斯工业平均指数（DJIA）的趋势更替（1920 ~ 2010 年）

世界首富沃伦·巴菲特并非以技术分析著称，但是他的投资计划也表明他一直在采用 17 年周期，这是一件很有趣的事情。巴菲特并不认为 GNP 的增长是周期的成因。从 20 世纪 60 年代中期开始到 80 年代早期，股市处于蛰伏期，1980 年早期到 21 世纪初，股市处于活跃期，但从美国 GNP 的增长率来看，前一段却是后一段的两倍。在巴菲特看来，不同的周期是根据利率、公司盈利水平、投资者对于经济态势的信心等因素确定的。巴菲特的这些观点得益于埃德加·劳伦斯·史密斯（Edgar Lawrence Smith）1928 年出版的著作《普通股的长线投资》（*Common Stocks as Long-Term Investments*）。他声称这本书极大影响了他的投资理念（Loomis，2001）。

10 年周期形态

埃德加·劳伦斯·史密斯在自己的著作《人生的机运》（*Tides and the Affairs of Men*，1939）一书中提出了 10 年股市周期的概念。史密斯总结了其他两个理论，并提出了自己的观点。他总结出两个理论，一个是韦斯利·米切尔（Wesley Mitchell）的 40 个月周期理论，另一个是季节性理论。这两个理论在本章都有详述。史密斯综合了这两个理论，提出了 10 年周期，即 120 个月周期循环的观点。这可能源自 10 个 12 个月的年周期和 3 个 40 个月的周期，每 10 年会碰巧一起发生。

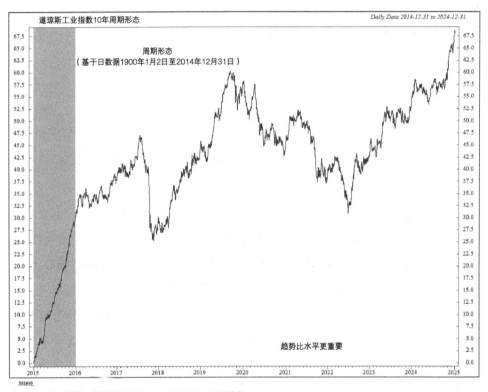

道琼斯工业指数10年周期形态　　　　　　　　　　　　*Daily Data 2014-12-31 to 2024-12-31*

周期形态
（基于日数据1900年1月2日至2014年12月31日）

趋势比水平更重要

图 9-4　基于 1900 年 1 月 ~ 2014 年 12 月的 10 年周期形态预测

通过对价格的仔细观察，史密斯发现股票市场每经历一个 10 年，价格形态就会显示出类似的特点。因此这种形态就叫作 **10 年周期形态**（decennial pattern）。

10 年周期形态理论指出，在一个 10 年周期内，第 3 年、第 7 年和第 10 年

（有时候包括第 6 年）往往是跌势之年；而第 5 年、第 8 年和大多数第 9 年都是上涨之年。史密斯并没有按照日历中的 1 月开始计算一年。他认为从 10 月开始计算更合乎周期的规律。他还认为，偶尔出现 9 年周期或 11 年周期的情况。史密斯试图寻找决定 10 年周期形态的原因，他观察了太阳黑子和太阳辐射、平均降雨量、大气压以及其他天气因素，认定天气是改变人们心理状况最主要的因素。当时，人们已普遍认可天气对于人的健康和疾病有着重要的影响，因此天气对于人们的乐观和悲观情绪也有类似的作用。这一观点首先由希腊名医希波克拉底提出。

10 年周期形态与过去事实的吻合度很高。例如，在过一个多世纪的 12 次观察中，第 5 年上涨的现象都发生了，没有一次出现失误——尽管人们对于 2005 年是否上涨有些疑问。因为那一年有某些市场指标上升，另外一些市场指标却是下滑的，但多数境外股市都上涨。

10 年周期形态理论的一大问题是它不可能拥有足量的样本，因此其结论有可能出于巧合。投资者可以参考这个理论，但绝对不能单独用它规划自己在股市中的投资。

4 年或更短的周期

一天是一个确切的时间段。在限定某些要素后，一年也是明确的时间段。但是，一个月既可以按照阴历也可以按照阳历算。区间还可以按照其他时间段来设置。因此，依据常识，自然现象对周期循环再次发生的形态会产生影响，那么根据当前日历计算的 40 个月周期并不是精确的循环周期，只是个大约数字。（Smith，1939，第 20 页）

4 年周期或美国总统选举周期

如图 9-5 所示，当股市涨跌时，早期的涨跌都很快速陡直，上涨周期平均为 12 个月，但也经常持续更长时间，而下跌一半平均只有 6 个月。这些灾难性的大跌就是研究市场时机的主要原因。市场时机把握得当，可以省掉人们很多烦恼。由于一般很容易定义，所以技术分析师首先观察市场顶部的周期性，他们发现了很多有趣现象，尽管市场顶部的周期性不明显，但是底部的周期却很清晰。市场底部大约每 4 年出现一次，并表现出合理的统计特征。

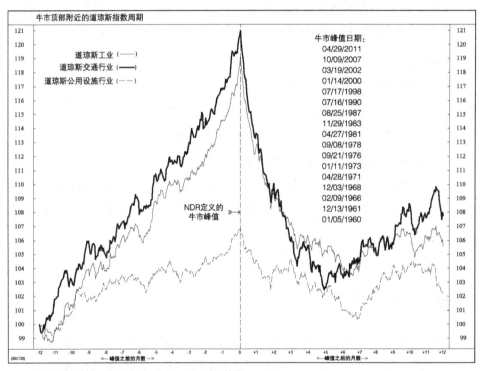

@ 2015 奈德·戴维斯研究所，未经许可，不得转载。

图 9-5　道琼斯工业平均指数（DJIA）的主要周期顶点（月线图：1960 年 1 月 ~ 2012 年 4 月）

韦斯利·米切尔（Wesley C. Mitchell，1874—1948）是一名经济学教授，也是美国国家经济研究局（NBER）的创始人之一。米切尔创立了 40 个月周期理论。他通过实证研究发现，从 1796 年至 1923 年，除去四次战争的影响，平均每 40 个月或者大约每 4 年，美国经济会遭遇一次衰退。

　　今天，从一个价格底部到另一个价格底部需要四年的周期，这已是广为人知的观点，也是股票市场中最早被确认的周期循环。虽然，市场偶尔会出现偏离四年循环周期的情况，但是一般误差不会超过几个月（见图9-6）。这显然是一个比较稳定的周期序列。

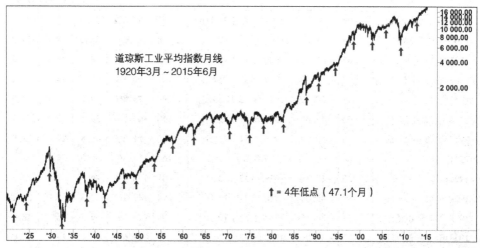

使用软件TradeStation制作

图 9-6　道琼斯工业平均指数（DJIA）的主要周期低点（月线图：1920～2015 年）

　　几乎所有的周期都是按照底部之间的时间间隔测量的。顶部的出现通常无固定规律，但是顶部的平均间隔也是 4 年（见表 9-2）。一些技术分析师认为，由于美国总统大选每 4 年一次，这一周期是由总统选举的周期决定的（见下一节）。因此，4 年周期也常被人称为"总统选举周期"（presidential cycle）。但是，4 年周期也出现在国家领导人选举周期并不是 4 年的国家里，如英国。这有可能是因为美国经济实力过强，美国的政局对全球各国经济存在广泛影响，因此其他国家不得不遵从美国的股市周期。也有可能是因为 80 多年前由韦斯利·米切尔发现的 40 个月周期（几乎是 4 年）至今依然有效。只是受经济情况的限制，外加美联储的政策调节而加长了该周期，从而形成了 4 年周期的循环。不管如何，4 年周期显然是一个非常强大、重要和可靠的时间周期。

表 9-2 4 年道琼斯工业指数 (1896~2015 年, 摘自 Bressert, 1991)

低点日期	收盘价低点	高低点的跌幅 (%)	高收盘价日期	收盘价高点	到高点的涨幅 (%)	低点到低点的月数	低点到高点的月数	高点到低点的月数
1896 年 8 月 8 日	28		1899 年 4 月 25 日	77	175.0%	49.0	32.0	17.0
1900 年 9 月 24 日	53	−31.2%	1901 年 6 月 17 日	78	47.2%	38.0	8.9	29.2
1903 年 11 月 9 日	42	−46.2%	1906 年 1 月 19 日	103	145.2%	48.9	26.7	22.2
1907 年 11 月 5 日	53	−48.5%	1909 年 11 月 19 日	101	90.6%	47.0	24.5	22.5
1911 年 12 月 5 日	73	−27.7%	1912 年 12 月 30 日	94	28.8%	39.5	12.4	27.2
1914 年 12 月 24 日	53	−43.6%	1916 年 11 月 21 日	110	107.5%	36.4	23.3	13.1
1917 年 12 月 19 日	66	−40.0%	1919 年 11 月 3 日	120	81.8%	44.8	22.8	22.0
1921 年 8 月 24 日	64	−46.7%	1926 年 2 月 11 日	162	153.1%	56.0	54.4	1.6
1926 年 3 月 30 日	135	−16.7%	1929 年 12 月 3 日	381	182.2%	44.1	41.8	2.4
1929 年 11 月 13 日	199	−47.8%	1930 年 4 月 17 日	294	47.7%	32.3	5.2	27.1
1932 年 7 月 8 日	41	−86.1%	1937 年 3 月 10 日	194	373.2%	69.7	56.9	12.9
1938 年 3 月 31 日	99	−49.0%	1939 年 12 月 12 日	156	57.6%	49.6	17.7	32.0
1942 年 4 月 28 日	93	−40.4%	1946 年 5 月 26 日	213	129.0%	54.2	49.6	4.5
1946 年 10 月 9 日	163	−23.5%	1948 年 6 月 15 日	193	18.4%	32.6	20.5	12.1
1949 年 6 月 13 日	162	−16.1%	1953 年 1 月 5 日	294	81.5%	51.8	43.4	8.4
1953 年 9 月 14 日	256	−12.9%	1956 年 4 月 6 日	522	103.9%	50.0	31.2	18.8
1957 年 10 月 22 日	420	−19.5%	1961 年 12 月 13 日	735	75.0%	56.9	50.4	6.5
1962 年 6 月 26 日	536	−27.1%	1966 年 2 月 9 日	995	85.6%	52.1	44.1	8.0
1966 年 10 月 7 日	744	−25.2%	1968 年 12 月 3 日	985	32.4%	44.2	26.3	18.0
1970 年 5 月 26 日	631	−35.9%	1973 年 1 月 11 日	1 052	66.7%	55.2	32.0	23.1
1974 年 12 月 6 日	578	−45.1%	1976 年 12 月 12 日	1 015	75.6%	39.3	21.5	17.8
1978 年 2 月 28 日	742	−26.9%	1981 年 4 月 27 日	1 024	38.0%	54.2	38.5	15.7
1982 年 8 月 12 日	777	−24.1%	1987 年 8 月 25 日	2 722	250.3%	63.1	61.3	1.8
1987 年 10 月 19 日	1 739	−36.1%	1990 年 7 月 17 日	3 000	72.5%	36.3	33.4	2.9
1990 年 10 月 11 日	2 365	−21.2%	1994 年 1 月 31 日	3 978	68.2%	42.4	40.3	2.1
1994 年 4 月 4 日	3 593	−9.7%	1998 年 7 月 17 日	9 338	159.9%	54.0	52.2	1.8
1998 年 9 月 10 日	7 615	−18.5%	2000 年 1 月 14 日	11 723	53.9%	61.9	16.4	45.5

（续）

低点日期	收盘价低点	高低点的跌幅（%）	高收盘价日期	收盘价高点	到高点的涨幅（%）	低点到低点的月数	低点到高点的月数	高点到低点的月数
2002 年 10 月 10 日	7 286	-37.8%	2005 年 3 月 4 日	10 941	50.2%	24.5	17.0	7.4
2005 年 10 月 13 日	10 217	-6.6%	2007 年 10 月 9 日	14 165	38.6%	41.3	24.2	17.1
2009 年 3 月 6 日	6 627	-53.8%	2012 年 10 月 5 日	13 610	105.4%	44.6	43.3	1.4
2012 年 11 月 16 日	12 588	-7.5%						
均值		-28.2%			99.9%	47.1	32.4	14.7

总统大选年形态

《股票交易员年鉴》（*Stock Trader's Almanac*）的编辑耶鲁·赫希（Yale Hirsch）收集了 4 年美国总统竞选周期的统计数据，并将各总统任期内的每一年的特征加以分类。从 1832 年开始算起，在每一届政府任期的后两年市场的涨幅为 557%，而在任期头两年，市场的涨幅只有 81%。这组数字代表，在总统任期的后两年，市场的涨幅为平均每年 13.6% 左右，而在头两年仅仅为 2.0%。1965 年之后，有 13 个重要的市场低点均不在总统任期的第 4 年里发生，而且有半数以上的（9 个）重要低点都发生在第 2 年。赫希认为执政党在总统任期的后两年里希望赢得选民支持，尤其在最后一年，总统希望能够连任，为了做到这一点，除了常规做法，他们还会尝试迫使美联储降低利率，以刺激经济增长。至少过往记录证明了，在总统任期的后两年，利率与股票市场的表现是负相关的。而历届政府如何实现降低利率是个见仁见智的问题。

种种示例说明总统竞选周期很有道理，而且比较一致（见图 9-7）。有些人认为竞选周期和市场周期之间到底是因果关系还是关联关系，很难分辨清楚，况且政治和股票市场有可能并不存在直接的因果联系。这样的论点适用于自然界的许多情况，而在人类社会中，似乎是政治活动导致了股票市场做出回应。人们总是试图为股市行为寻求解释，由此可能捏造一些根本不存在的关联关系。

希望技术分析师对这种倾向能够有清醒的认识。也正是因为这个原因，技术分析师的主要职责是专注分析价格行为，而不是臆断其他实际存在或者根本不存在的所谓起因。

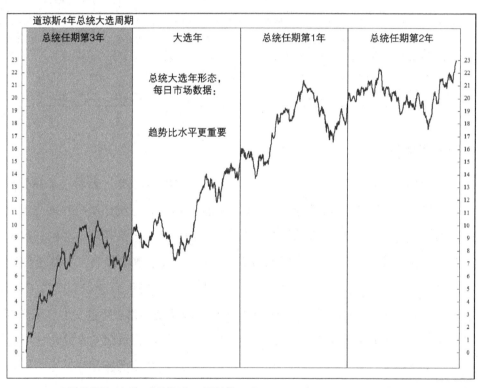

@ 2015 奈德·戴维斯研究所，未经许可，不得转载。

图9-7　总统大选年形态（基于1900年1月2日~2014年12月31日的每日市场数据）

季节形态

人们在几个世纪前就对农产品价格的季节性了如指掌了。近年来，人们借款购买种子，收获后再还款的行为，也催生了利率的季节性波动形态。其实季节性形态存在于所有经济统计数据中，且多数经济统计数据的编撰者，例如美国的财政部、美联储、国家经济研究局（NBER）、世界大企业联合会等，都会将自己的统计数据按照季节性因素进行调整。技术分析师有时候对这一做法不以为然，因为这有可能会让人对原始数据产生曲解。但是，我们要承认，季节在经济统计数据的制作发布中的确是一个重要的因素，而且地球的自转和公转对股票价格、市场和经济活动也会产生重大影响。

美国国债市场经常显示出季节性倾向。如图 9-8 所示，美国国债市场按月计算的平均值显示了每年下半年债券市场走强，而冬春两季债券市场疲软。这意味着长期利率与债券价格走势相反，往往在夏秋两季下降，在冬春两季上升。

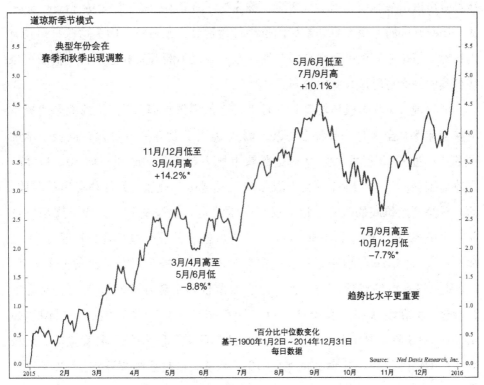

图 9-8　道琼斯工业指数的季节性周期

谷物、猪肉和油品等大宗商品市场受到季节影响最大。但是，农业板块的季节性规律也发生了重大变化，许多食品都在南半球生产，然后再进口到美国，因而具备了"反季节"特征。这里的季节性并不是从交易或投资的角度来定义的，人们持有头寸往往长达几个月。例如，自1983年以来，油品市场的最好表现出现在7月至9月，而最弱的时候往往在10月（来自文章Futures Insight：Crude Oil，发表于《活跃交易者》杂志（Active Trader Magazine），2004年7月，第70页）。就橙汁合约而言，在35年里，季节性表现为每年6月4日起至7月1日，74%的交易都是盈利的（Momsen，2004）。人们认为几乎所有的商品和股票都有可以用来盈利的季节性因素，称为进场日期/离场日期交易（entry date/exit date trading）。每个日期前后的价格行为需要仔细分析，因为这些日期具有随机性。但是一旦意识到存在季节性形态，经过不断观察和验证，我们就可以找到其中的交易规律并从中盈利。

俗语说"5月卖股离场"（10月1日之前不再买股票），指的就是股票市场从当年5月至9月一般都会下跌，而从10月到次年4月这段时间会上涨的现象。在过去10年里，8、9月是股票市场表现最差的时间，而10、11和1月收益率最高，4月还有一次小涨出现。根据这一模型，5月是卖出的时间，而8月是开始筑底的时节。这一模型非常稳定。在表9-2中，四年周期底部共发生了30次筑底，其中有17次（57%的概率）发生在9月、10月、11月和12月。自1896年以来，只有一次是在8月见顶的，只有4次发生在9月。1月从来没有市场峰顶出现。换言之，股票价格走势往往在春夏之交会有下跌趋势，而在晚秋和初春上涨。由《活跃交易者》杂志所做的一项调查显示，自1993年1月至2003年3月，10月1日买入和5月15日卖空的做法获得了很不错的盈利（来自文章《5～10月系统，交易系统实验室》，2003年7月，第42页）。唯一的一个问题是在1997年至1998年出现投机性泡沫时，在市场卖空阶段发生了大幅回撤。市场对于此类回撤的恢复是迅速的，但是近中期再次发生投机泡沫的可能性很小。所以说，这种简单的季节预测方法有其优点，即便是只用于作为何时该激进何时该谨慎的指导，也是不错的。

1 月的信号

有效市场假说的最早漏洞之一是人们发现，在每年 1 月，股市会表现出特有的价格走势形态。如果每年都出现了同样的形态，而且人们可以借此获利，那么就说明市场并不是有效的。这个假说的不一致性在多年来一直备受质疑，但是最近市场的 1 月效应发生了变化，有可能是因为交易者都在借助这个异常现象获利，从而弱化了这个效应。

1 月晴雨表

"美国标准普尔指数 1 月的表现预示了一年的情况"，这是由赫希在《股票交易者年鉴》里提出的一个主要观点。虽然该指标非常流行，但仍然存在统计上的问题。首先，如果 1 月上涨，则当年以上涨开场，且一路上升的态势已经形成。其次，由于人们对于股票市场未来几年总是看好，那么一年中 1 月上涨也不足为奇。而当以上周期和概率被打破时，1 月晴雨表的预测价值也会受正常统计概率的影响，因而失去预测价值。

1 月效应

1 月效应可以持续数年。1 月的小盘股常有不凡表现。虽然一些技术分析师将这个效应归结为投资者在 12 月和 1 月为了税收原因抓紧时间进行交易，但是没有人可以解释一月效应出现的原因及其重要性。结果，这种现象成了反对随机走势理论的人们认定市场可以确立盈利形态的一个有力例证。但是近几年，这一效应有时不很显著，有人认为这是套利的结果。

事件

短线交易者有时候进行事件交易（event trading）。事件交易通常发生在新闻发布、爆炸性消息传播或在节假日即将来临之时。由于节假日具有季节性特征，因此也包含在事件交易高发的时段内。

在一年中主要的节假日，市场会有反复出现的形态。例如，一些技术分析师已经发现了独立日形态。在独立日之前 5 天，股票表现最好。而在独立日之后 5 天，常出现股价平均值慢慢下跌的现象。独立日之后的第 6 天，股票价格常会走强。节假日形态中典型的例证是在感恩节前两周，市场比较活跃，处于看涨状态。当然，当我们分析季节性形态时，11 月通常是一年中价格最高的月份。因此，如果从 11 月的力量惯性来看，感恩节前两周的市场表现不足为奇，对我们的预测价值也不大。但是这类信息对于个人交易者是否有用？这要依个人投资者的情况而定。通常这些偶发现象往往处于预期范围之内，因此这些信息没有多少用处。

还有一条经常听到的黄金法则就是"周一买进，周五卖出"。但是，月线图、周线图和日线图与节假日一样，也存在类似的统计学问题。任何形态，一旦因为主要趋势或随机走势而调整，就失去了用它判断回报率的意义。对在当前市场条件下可以普及的简单交易规则进行反复的测试格外重要。近年来，达尔奎斯特（Dahlquist，2009）通过研究发现，在过去 30 年里，这一交易策略的统计显著性和概率均出现了明显下降。近年来，没有任何证据显示星期一的收益率与一周的其他日期有任何不同。

总 结

虽然一部分用于研究时间形态的统计学方法并不完美，但是有一些方法还是很可取的。我们不能单纯依靠这些周期循环规律进行交易或投资决策．但是在进行长线投资时，可以参考这些周期和形态。康德拉季耶夫长波周期就是一个有用的长线周期。其他的包括 17 年蛰伏和17 年活跃交替出现的周期规律、4 年周期循环以及季节周期，都能提供有用的信息。每一种周期都相对可靠，具有一定的统计学意义，需要根据不同情况进行调整，然后才可以达到较好的效果。还有一些周期和形态偶尔才会有用，技术分析师在应用时应该谨慎对待。

复习题

1. 考虑康波周期理论、34 年周期理论和美国人口出生率与股票市场的关系，分别预测股票市场未来 50 年的情形，并将其标示在时间轴上。不同周期对应的预测结果是彼此呼应，还是彼此冲突？

2. 请用 4 年周期理论预测美国股市未来 10 年内的价格形态。你的预测结果与 10 年周期理论中认定未来股市将出现数年上涨的情况这一观点是否吻合？

3. 罗萨说在过去 3 年里，她将自己所有的钱在 10 月 1 日购买了标准普尔 500 指数，然后在次年 5 月 15 日，即 7 个半月后售出，然后等到下一年的 10 月 1 日再次买进。你认为罗萨为何要采用这个策略？过去 3 年里罗萨利用这个策略的结果如何？

4. 请计算过去两年里美国标准普尔指数的月收益率。本章中介绍了有关季节性的规律，将运用这些信息预测市场的结果与你计算的结果对照，情况如何？为什么计算结果与本章所说的季节性规律有差异，你如何解释？

第 10 章

资 金 流

本章目标

- 理解资金流在股票估值中的重要性；
- 理解流动性在股票估值中的重要性；
- 掌握测量市场流动性的方法；
- 理解美联储政策和资金成本之间的关系。

到现在为止，对于能够对市场未来走势进行合理评估的五大要素，我们已经分析了四个。我们说明了道氏理论中的主要趋势概念；在市场情绪章节中，我们探讨了不同类型投资者的思考和行为模式；在市场指标章节中，介绍了判断趋势确定和背离的方法；在市场周期章节，探讨了季节性及其他时间形态。本章我们将重点介绍第五个因素，即驱动市场走向的因素—资金，传统的说法是"资金流"。

供求关系要想在市场上起作用，少不了货币的参与。货币是产生交易的必要条件，也是促进交易发生的润滑剂。在股票市场中进行换物交易，既不可行，也不可取。如果资金短缺或者成本太高，投资者出售股票以筹措资金，这样就会造成市场中的股票供应增加。当资金很充足，而且资金成本不高时，就可以在市场上进行投资。资金充裕未必说明市场强势，因为资金可以被投资在其他地方，或者被储存起来。话虽如此，人们总是会用富余的资金去寻找更可观的收益，如果市场处于上涨期，随着人们对于市场的信心增加，更多的资金会流入市场。最后一点是，如果投资资金不够，或者资金成本极高，那么股票市场就具备了下跌的条件。

我们在谈到资金流动时会涉及4个主题。首先是金融市场内部的富余资金和可以内部计量的资金，包括货币市场基金和保证金贷款。其次，我们来看金融市场以外的资金情况，包括家庭流动资产、货币供应量、自由储备金、货币供应的流动性、货币流通速度以及银行贷款。再次，我们主要讨论资金的成本，探讨美联储基金利率等短期利率以及债券市场的主要利率和长期利率。最后，我们将阐述美联储政策对上述因素的重大影响。

市场上的资金

我们先看看金融市场内部的资金。我们要考虑的是两类——货币市场基金（money market funds）和保证金，以测量市场内可以用于购买更多股票的流动资金的数额。

货币市场基金

当激进投资者或交易者对股票市场表现出不安时，他们通常会卖出股票，将富余的资金转化成为货币市场基金。货币市场基金资产的规模代表了能够重新投放股票市场的资金。由于交易者和投资者常在市场出现极端情况时犯错误，因此货币市场基金的资产规模可以当作逆向情绪指标使用。

货币市场基金规模和股票市场的关系如图10-1所示，图中展示了货币市场基金的现金流变化率。这个现金流通常来自股市投资者，当他们出售股票时，资金需要暂时"停靠"这些短线货币市场基金。奈德·戴维斯研究所的研究表明，这些基金的现金流高增长率发生在适合投资股市的时期。所以这个指标和资金流指标都是很好的情绪指标。在过去几年里，由于短期利率如此低，资金一般会流出货币市场基金，大部分涌入股市以获取更高的回报。

该指标主要显示的是流动性或股票市场的流动性，并没有给出具体的买卖信号。它表明了有可能影响股票市场的现存的市场条件，但并非是一个机械的信号发生器。正因为货币市场基金的资金并不一定流入股票市场，该指标只能说明这些资金可以投资于其他地方，而投入股市就是其中的一个选项。

保证金贷款

保证金贷款是指在经纪行借给客户的那部分用于股票投资的资金。它过去常作为情绪指标使用。理论上，当市场处于投机阶段，吸引了不够老练、专业不精的投资人和交易者用保证金贷款进行交易之后，市场就即将见顶。虽然这种说法仍有部分成立，但是认为保证金贷款是投资人负债的关键指标的看法已经过时了。如今的投机者除了从自己的经纪行借款外，还可以代之以买入、出售各种高杠杆比率的期权、期货一类衍生工具，这些和保证金贷款不同，都无须向各类交易所申报。因此，市场上负债的数据可能与实际不符，而据此用作判定的指标应该不断调整，才能更准确地反映市场情况。

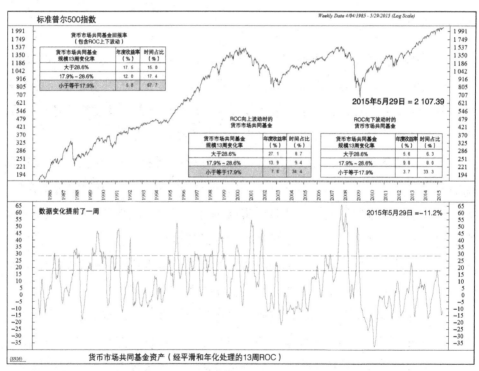

图 10-1　货币市场基金规模和标准普尔 500 指数（周线图：1985 年 4 月 4 日～ 2015 年 5 月 29 日）

图 10-2 显示了查看保证金贷款的一种方法，这里是用 15 个月变化率作为

保证金贷款余额的指标。在这一期间内，如果该指标超过了 –21%，则发出买入信号；如果该指标跌到 48% 以下，则发出卖出信号。在买入信号出现后的 18个月里，股票市场平均涨幅为 45.2%；而在卖出信号出现后 18 个月里，股票市场只上升了 1.7%。1970~2015 年，该指标一直非常可靠，但是我们一定要考虑参数在未来可能发生潜在变化。

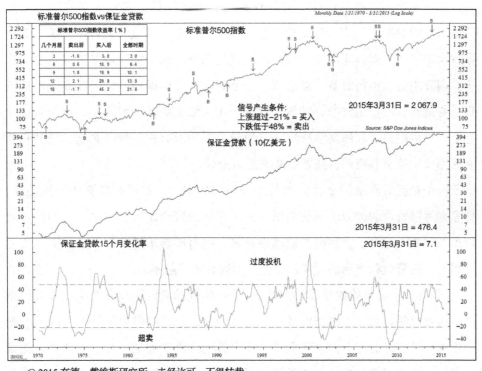

@ 2015 奈德·戴维斯研究所，未经许可，不得转载。

图 10-2　保证金贷款和标准普尔 500 指数（月线图：1970 年 1 月 31 日 ~
　　　　 2015 年 3 月 31 日）

股票市场之外的资金

股票市场内的现有资金无疑是非常重要的。但是，股票市场以外的富余资金，也是决定市场条件的重要因素。家庭金融资产的价值和流动性是考虑有多少民间资金流入股票市场的重要因素。此外，流入股市的资金还与货币供应政策和银行信贷行为有关。

家庭金融资产

家庭和公司、政府一样，有各种类型的资产。每个家庭不仅有实物资产（如汽车和房屋），还有金融资产，包括股票、债券、基金和银行账户等。有些家庭金融资产具有高流动性，有些则缺乏流动性。流动资产可以快速转变为现金。因此现金、银行储蓄、货币市场公募基金、美国国债、票据和商业汇票等都是有流动性的金融资产。其他金融资产无法快速地转变为现金。比起诸如养老金、退休账户、利润共享账户、非股份公司的所有权、信托基金、抵押贷款和人寿保险等金融资产，股票的变现能力最强。

一个家庭的流动性金融资产与总资产的比率，代表了家庭资产的流动性，即家庭筹措资金的能力。一般来讲，一个家庭的资产流动性越强，他们投资股票市场的能力越高。家庭资产流动性很高，则对股票市场有利；家庭资产流动性越低，投资股票市场的可能性越低，对股票市场越不利。

图 10-3 中显示的数据表明，20 世纪 90 年代的美国家庭资产流动性大大降低。这可以解释为什么消费信贷上升态势明显，也可以说明为什么美国人抵御严重的经济衰退的能力大大降低了。在严重的经济紧缩期，对于现金缺乏的家庭来说，股票市场就是资金的重要来源。因此，这个指标虽然不会自动发出信号，但是可以衡量股票市场中潜在的需求或供应。

金融资产比例不需要发生很大变化就能显著影响股票市场的价格。根据奈德·戴维斯研究所的成果，当家庭金融资产比例上升到 29.4% 时，股市的年化收益率达到 16.1%。当这个比例下降到 25.4%，对应股票收益率为 3.2%。

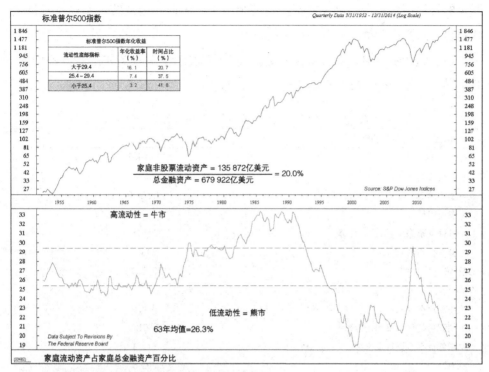

@ 2015 奈德·戴维斯研究所，未经许可，不得转载。

图 10-3　家庭资产流动性和标准普尔 500 指数（季线图：1952 年 3 月 31 日 ~ 2014 年 12 月 31 日）

货币供应量（M1 与 M2）

货币供应增加就会产生对股票和其他资产的潜在需求，因此货币供应量是衡量商业和股票市场扩张潜力的一个粗略指标。过去人们常把货币供应与经济增长和生产力提高联系起来。虽然这一经济学理论非常直白明了，但是要对实际的货币供应增幅进行具体计量就复杂多了。要测量经济领域中货币的数量，首先需要明确货币的概念。如果我问你：你有多少钱？你肯定会拿出钱包，数数里面有多少纸币和硬币。但是，你可能还会想到存在银行支票账户里的钱、购买的货币市场基金，以及储蓄账户的余额等。因此，金钱的定义以及测量金钱时包含的资产种类，并不是那么简单易明。

美联储计量货币数量有多种方法，表 10-1 展示了美联储使用的各种指标，分类是基于流动性，即每种金融资产的变现能力。

表 10-1 货币供应量指标（2015 年 4 月 27 日）

10 亿美元（经季度调整）	
M1 = 流通货币	1 284.8
+ 旅行支票	2.8
+ 活期储蓄	1 179.0
+ 商业银行	
其他支票账户	269.8
储蓄机构余额	233.9
总 M1	2 970.3
M2 = M1	
+ 小额定期存款	478.9
+ 储蓄包括货币市场资金账户	7 801.5
+ 零售货币市场基金份额	612.1
总 M2	8 892.5

资料来源：www.federalreserve.gov/releases/h6/

M1 是最狭义的货币定义，用来衡量金融体系中流动性最高的资产。它包括货币现金、各种活期储蓄账户，凭客户填写的支票可以从这些账户提现。M2 的范围稍广一些，包括不同类型的储蓄账户。M2 比 M1 范围稍微广泛一些，多出的那部分资产的流动性比 M1 的流动性低。其他没有包括在 M1 和 M2 中的资金来源有机构货币基金（1781.6），外国存在美国银行的活期存款（88.9），外国短期存款（206.7），国内税收和 Keogh 账户（656.1），以及截至 2015 年 4 月 27 日的美国政府资金（209.7）。如今，M2 是货币概念中最常被提及的一个，其变化与利率和经济增长率有更紧密的关系。

由于 M1 是 M2 中流动性最好的那部分，这两个值的比率衡量了 M2 的流动性，这部分可以马上用于购买股票或者进行其他投资。奈德·戴维斯研究所用

图 10-4 展示了这个比率每年的变化，范围在 0 到 100 之间。该研究所认为当该比率超过 70 时，标准普尔 500 指数的收益率为每年 17.2%，而该比率下降至 36 或更低时，指数的年跌幅为 4.9%。所以 M2 的流动性是股市方向的一个很有用的指标。

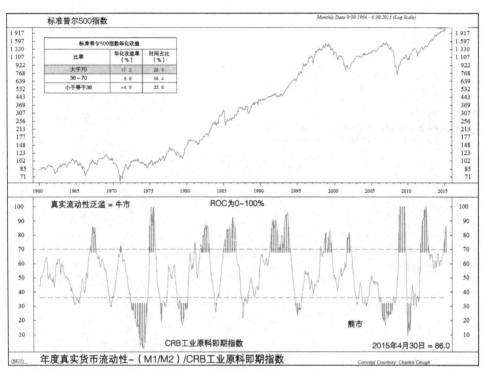

图 10-4　货币供应流动性（M1/M2 经过通胀调整）与标准普尔 500 指数（月线图：1964 年 9 月 31 日~2015 年 4 月 30 日）

货币流通速度

货币流通速度是指货币在经济中流动速度的量度，计算方法是用个人收入除以 M2（有时候是用 GDP 除以 M2）得出的比率。货币流通速度和通货膨胀有关；货币流通越快，价格受到的阻力越大，也就更应该作为长期利率的一个领先指标，因而也反映了通胀阻力。作为股市的一项指标而言，奈德·戴维斯研究所发现，当货币流通速度（月度数据）超过了13个月移动均值时，股市平均每年上涨4.8%。当该指标下降到13个月移动均值之下时，股市每年平均上涨9.1%，关系如图10-5所示。显然，货币流通速度提高而造成的通胀阻力阻碍了股市价格上涨。

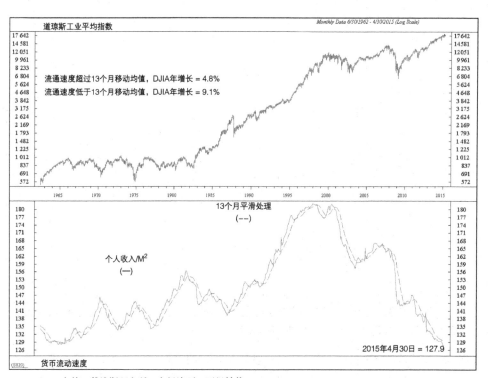

图10-5　货币流通速度（月线图：1962年6月~2015年4月）

收益率曲线

收益率曲线是收益与不同久期的债券之间关系的曲线图。由于美联储政策行为或市场原因，短期和长期利率改变会使收益率曲线发生改变。图 10-6 是三个不同日期（2014 年 5 月 31 日、2014 年 11 月 30 日、2015 年 5 月 31 日）的 3个月到 30 年的收益率曲线，显示了这个曲线在一年时间里发生了怎样的变化。收益率曲线的信息通常被总结为短期和长期利率的差额或比率随时间变化的关系。图 10-7 显示了自 1964 年 9 月至 2015 年 5 月，美国长期国债和 3 个月短期国库券收益率的区别。

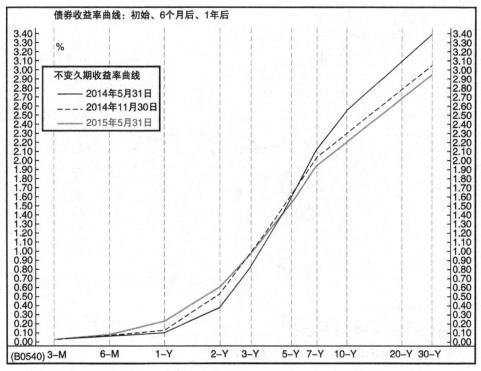

@ 2015 奈德·戴维斯研究所，未经许可，不得转载。

图 10-6　收益率曲线

银行传统的做法是担任久期的调节人，借用短期资金，贷给公司或个人长期使用。所以他们的做法是"借短贷长"。银行的利润依赖于资金的成本、短期利率、贷出资金的利息收益以及长期利率等因素。当短期利润不断提高的时候，并且美联储的政策行动以及长期利率保持不变或下降的情况，收益率曲线会变得更加平坦，银行就无法从价差中获利。因此，收益率曲线是一个测量银行潜在利润率的粗略指标。银行利润率影响了利率，利率会影响股票市场。收益率曲线可以预告股票市场的变化方向。一直以来，用收益率曲线预测股票市场的重要转折点，都取得了不错的效果。

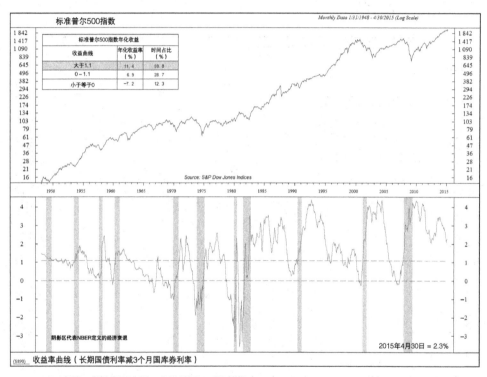

@ 2015 奈德·戴维斯研究所，未经许可，不得转载。

图 10-7 预测股市变化方向的收益率曲线（1948 年 1 月 ~ 2015 年 4 月）

同等质量的付息金融产品，一般是周期越长，利率就越高。由于周期越长，金融产品持有人需要承担的通货膨胀风险、违约风险和其他经济风险越大，因而需要通过高利息获得补偿。这样一来，横轴为到期时间，纵轴为利率的收益率曲线往往呈现出正斜率。

当长期利率远远大于短期利率的时候，即差额大于 200 个基点的历史平均水平时，收益率曲线将变得异常陡峭。虽然理论上讲，这有可能是由于长期利率的上浮或者短期利率的下降，但通常是由美联储降低短期利率从而刺激经济活动的政策造成的。

当然，也有短期利率超过长期利率而使得收益率曲线出现倒挂的情况。这样的收益率曲线往往会给经济造成可怕的影响，因为它扼杀了银行及其他借贷机构吸收短期存款去进行长期贷款的积极性。根据美联储的估计，倒挂的收益率曲线可以提前两到六个季度预测股票市场衰退的到来。图 10-7 显示了收益率曲线的历史情况及其对金融市场的预测。奈德·戴维斯研究所发现当长期利率超过短期利率达到 1.1 个百分点时，股票市场平均每年上涨 11.4%。与此相反，当收益曲线倒挂时，股票市场每年平均下跌 7.2%。

银行流动性

一般来讲，贷款活动增多、新增和现有贷款数量上升，表明商业更加活跃。这也是投机活动增加的标志，表明在特定时期收益率曲线非常有利的情况下，银行贷款不再审慎。当贷款需求增加时，就会对利率造成阻力。相反，当贷款需求降低时，利率阻力也相应减少。测量银行投机程度的一个指标是流动性覆盖比率（LCR）。这个比率是 I 类金融资产，比如现金、金条和美国政府债券总和，除以银行经营 30 天所需的现金量。银行的运营包括工资、一般营业费用、贷款偿付等，这是银行通常情况下产生的费用。当贷款业务红火时，银行会贴近 LCR 的极限发放贷款。所以通过追踪这个银行流动性的估计值，人们可以评估银行体系的风险和利率变化的趋势。如图 10-8 显示，奈德·戴维斯研究所展示了一个基于银行流动性逐年变化的择时系统，这个系统的表现非常不错。当流动性增加 0.1 或更多时，银行流动性变得宽裕，有更多资金可供放贷。这对于经济和股市是有利的，可以获得 10.2% 的年化收益率。当流动性下跌到 −5.4 或更低时，股市每年下跌 4.8% 。因而这是股市的一个很好的预测指标。

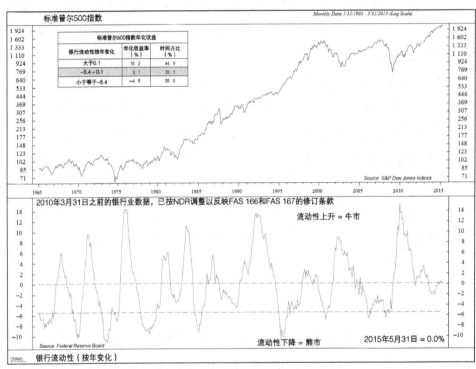

图10-8　银行流动性（3月光滑处理，按年变化）和美国标准普尔500指数（月线图：1965年1月~2015年5月）

资金成本与另类投资

利率代表了资金借入的成本，是借款者使用资金的成本。利率越高，成本越高，借款者借用的可能性就越低。同理，利率是贷者出借资金的报酬。投资者需要将利息与投资产品对应的收益进行比较，例如股票市场的收益，然后决定资金如何调配。

短期利率

使用短期利率作为股票市场的信号基于两个前提。首先，有息投资是股票投资的替补。换言之，有富余资金的投资者可以把资金投放在有息有价证券或者股票市场中。当利率较高时，有息有价证券看起来更吸引人。其次，利率直接影响公司的成本和利润。利率本身的重要性不容忽视，因为人们选择投资股票，其收益应该大于对应数额资金的短期利息。当利率开始上升，而股票市场疲软时，投资的前景就会改变。无论从个人还是公司层面，利率上升都意味着投资成本增加。无论是流动资金借款或是可调整利率的抵押款项，短期利率的上升对于净收入都有负面影响，进而影响投资者的信心。同理，当利率下降时，资金利用成本下降，人们对于投资的信心增强。此外，短期利率与股票市场行为密切负相关。了解短期利率变化方向转折点的知识对于洞悉股票市场的走势至关重要。

美联储政策指标和短期利率一般非常精确，之前一直用作预测股票市场走向。图 10-9 表明了短期利率波动和美国标准普尔 500 指数之间的联系。在 1998 ~ 2000 年股票市场处于投机泡沫期，并一路下跌到 2002 年时，利率对市场的走势影响甚小。出现这种情况主要是因为投资者的情绪已经占了上风，人们太过于贪婪，不再关注短期利率和市场之间的联系。投资者们整日想着如何赚快钱，唯恐错过了下一波上涨的好时机。2007 ~ 2009 年，当股票市场下降到新的十年周期低点时，短期利率更低，对于股票市场没有产生积极的影响。按照金融学的术语来说，这种行为叫作"做无用功"，当短期利率无法激励人们购买股票时，就会发生这种现象。最近一次利率不起作用的情形发生在 20 世纪 20 年代，当时市场也处于泡沫期，而接下来的 20 世纪 30 年代出现了市场一蹶不振的情形。虽然已经过去了几十年，但这一规则至今依然有效。

长期利率（债券市场）

长期利率与短期利率相关，但两者并不相同。美联储可以通过货币政策措施，有效地控制短期利率，但它不可能对长期市场实施很严格的控制。说到长期利率，我们一般指的是债券市场。长期利率与债券市场是负相关的。当长期利率上升时，债券价格下跌；而当长期利率下跌时，债券价格上涨。

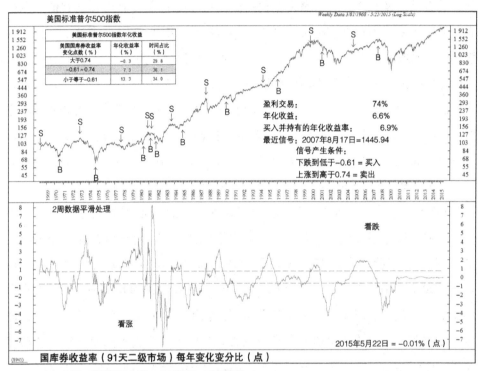

@ 2015 奈德·戴维斯研究所，未经许可，不得转载。

图 10-9　美国国库券收益率（91 日）逐年变化百分比（1968 年 3 月 1 日 ~2015 年 5 月 22 日）

　　债券市场（或长期利率）与股票市场也存在一定关联。两者之间的关系和有价证券持有人的支出、债券持有人的票息支付以及股东的收益有关。通常，投资者认为债券是一种长线投资工具，具有稳定、固定的票息收入，而长线股票投资的收益率则经常变化，也不容易预测。然而，其实股票市场和债券市场两者都是可以大幅波动的。

　　为了对长期前景做出展望，了解这些投资市场之间的关系就显得格外重要，但是长期投资前景和长期利率是不同的概念。一般来讲，债券市场和股票市场的走势常常是一致的。换言之，长期利率的走向和股票市场的走势相反。当债券市场进入重要的筑底阶段时，股票市场也常常会筑底。当债券市场见顶，它常常是在股票市场见顶之前发生，因此这通常是股票市场转弱的先行指标。对于短期利率来讲，在股票市场进入投机泡沫期时，利率与市场走势的关系被打破。我们刚才在阐述 1998～2002 年以及 2007-2009 年的泡沫期就是例证。在此之前，利率与市场走势的关系已经稳定了 50 多年，现在还很有可能再次回归。图 10-10 展示了长期国债收益率与美国标准普尔 500 指数在过去 50 年中的关系。

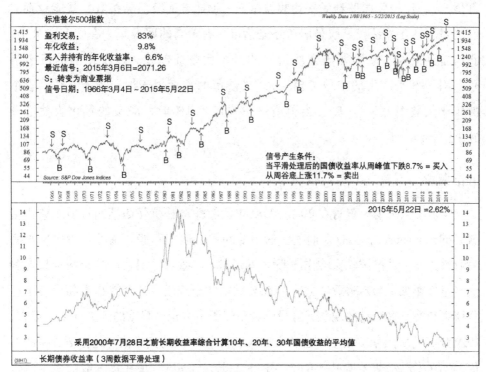

@ 2015 奈德·戴维斯研究所，未经许可，不得转载。

图 10-10　长期债券收益率和标准普尔 500 指数（周线图：1965 年 1 月 8 日～2015 年 5 月 22 日）

奈德·戴维斯研究所发现了一个利用长期利率的简单的交易规则。这就是三周移动平均值变化的点数（上涨或下跌）。如果长期利率三周移动平均值从周峰值下跌了8.7%，就产生了买入信号。而当长期利率三周移动平均值从低点上涨了11.7%时，就产生了卖出信号。按照这种简单方法进行决策，美国标准普尔500指数曾在过去50年里取得了年平均收益率9.8%的好成绩。这与买入并持有策略的6.6%的年收益率相比高多了。

公司债券与股市收益差

如果我们把股票的市盈率掉转过来，作为股票收益率（即收益占股价的百分比），比较公司债券的平均收益率——穆迪Baa级债券指数，就能看到它们之间的相互关系，了解是股市还是债市具有最高的回报率。在图10-11中，我们看到奈德·戴维斯研究所给出的这个比率的曲线，以及产生的股市信号（对于债市产生的信号正相反）。当债市的表现优于股市4.6%时，股市的年化收益率为-4.4%。当债市落后股市3.4%时，股市的年化收益上升到16.7%。

悲惨指数

经济学家阿瑟·奥肯在20世纪60年代约翰逊总统任职期间推出了悲惨指数（misery index），当时人们关注的主要问题是通货膨胀。高通货膨胀率与高失业率并存，被经济学家称作滞胀（stagflation）现象。奥肯的这个指标旨在测量高通货膨胀率和高失业率并存的社会成本和经济成本。悲惨指数高代表了通货膨胀和失业率均高的现象，且投资者正经历一个相当艰难的经济环境。后来，1999年，哈佛大学罗伯特·巴罗又加入了利率和GDP实际值与趋势增长率的差值，创立了巴罗悲惨指数（Barro Misery Index，BMI）。现在更一般的版本包含了利率——最优惠利率或抵押利率，但不包含GDP趋势信息。

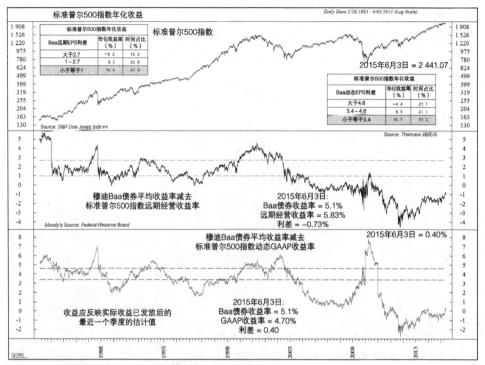

图 10-11　股市收益率和公司债券收益率以及标准普尔 500 指数（日线图：1983 年
2 月 28 日～2015 年 6 月 3 日）

图 10-12 展示了自 1966 年以来悲惨指数和道琼斯工业平均指数（DJIA）之
间的关系。每当悲惨指数下降 0.3 个点的时候，道琼斯工业平均指数就出现买
入信号；而当悲惨指数上升 3.2 个点的时候，道琼斯工业平均指数就会出现卖
出的信号。该指标系统的交易准确率是 75%，对应的年收益率比买入持有收益
率高出 3.7%。由于悲惨指数的计算方法简便，而且计算成本不高，因此该交
易系统的盈利结果很有价值。

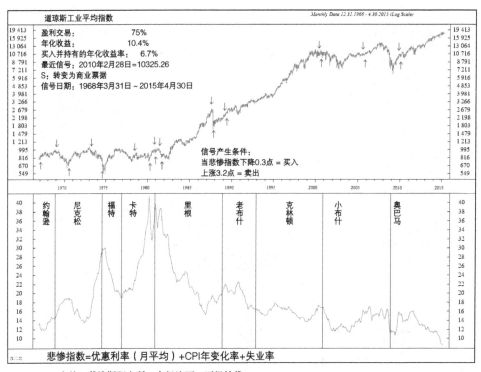

@ 2015 奈德·戴维斯研究所，未经许可，不得转载。

图 10-12　悲惨指数和道琼斯工业平均指数（月线图：1966 年 12 月 31 日~2015 年 4 月 30 日）

美联储货币政策

美国联邦储备系统（简称"美联储"）是美国制定和执行货币政策的独立的联邦机构。美联储有关货币供应的政策是确定短期利率的主要因素。美联储有三个调整货币供应的工具：改变银行法定储备金数量；改变贴现率；通过公开市场操作买入和卖出美国国债与联邦机构有价证券。

美联储买入有价证券时，等于向银行系统输送了资金。由于银行有了更多资金，它们更有可能授予贷款，利率往往也会下降。还有一种观察利率和有价证券的关系的方法是如果美联储买入商业票据，这就意味着市场对商业票据的需求更高，进而票据价格上涨，短期利率下降。

当美联储出售政府有价证券时，产生的影响恰恰相反。人们使用资金购买这些有价证券，银行系统流失了部分资金。当银行系统的资金减少继而银行出借贷款的活动减少时，利率就会上升。美联储出售有价证券，表明市场中有价证券的供应增多，所以这些有价证券的价格降低。当票据价格下降时，利率就会上升。

美联储使用公开市场操作来达到特定的联邦基金利率目标。联邦基金利率目标（federal funds rate target）就是银行互相拆借的利率。虽然联邦基金的目标利率并不是由美联储规定的，但是美联储的行为能在很大程度上影响这一利率水平。如果美联储在公开市场上买入有价证券，银行储备资金增加，银行互相拆借的需求降低，就会有更多的富余储备金变成贷款。这样一来就给目标利率施加了下行的压力。而当美联储在公开市场出售有价证券时，银行储备金下降，更多的银行希望通过拆借行为借入资金，在联邦基金市场上出借资金的银行减少，因此目标利率就会上升。

2007年秋季，美联储通过在金融市场上公开购买有价证券，实施了宽松的货币政策。到2008年秋季，这一举措已经导致联邦基金利率下降至接近0。……2008年末，储备金膨胀至8600亿美元。此后储备金持续增加，截至2015年春季已经达到2.6万亿美元。

联邦公开市场委员会（FOMC）大约每6周召开一次委员会议。在会议上，联邦公开市场委员会将确定目标利率。虽然联邦公开市场委员会会议的备忘录在会议召开3周后才对外公开，联邦公开市场委员会将在会议结束的时候宣布联邦基金利率目标。通过这些消息，公众可以了解美联储到底是在实施一种紧缩的还是宽松的货币政策。由于短期利率对于商业和股票市场非常重要，并且美联储对短期利率又有如此重要的影响力，因此分析师必须随时了解美联储货币政策及其细微变化。

美联储估值模型

虽然美联储掌管货币政策，且与美国宏观经济和金融市场的正常运行息息相关，但是美联储很少直接对股票市场的健康状态进行评价。经济学家埃德·亚德尼（Ed Yardeni）在一份美联储报告的封底发现了格林斯潘模型（Greenspan Model），即美联储股票估值模型，如图10-13所示。该模型给出了美联储认定股票价格定价过高或过低的一般看法。这是一个估值模型，可以确定股票市场的价格是过高还是过低，其主要依据是股票市场收益率与10年期美国债券收

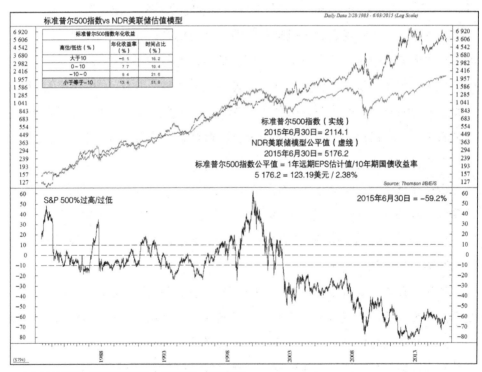

@ 2015 奈德·戴维斯研究所，未经许可，不得转载。

图 10-13　美联储股票市场估值模型与标准普尔 500 指数（日线图：1983 年 2 月 28 日 ~ 2015 年 6 月 3 日）

益率的比率。虽然这个指标很容易计算，但作为衡量一般市场价值的指标，这个模型存在很多异议。最主要的反对意见包括：①过于简单；②实际报告的收益率比估计的收益率与估值的关系更密切；③模型不包括通货膨胀，但通货膨胀在确定长期利率水平方面是一个重要的因素。

美联储基金

美联储基金，又称联邦基金，是短期的通常作为银行间拆借的隔夜贷款。有超额储备金的银行可以把多余资金出借给储备金不足的银行，以满足其储备金要求。这个贷款的利息是银行之间协商确定的。然而，美联储有足够大的影响力，通过公开市场操作来影响这个利率。联邦公开市场委员会为联邦基金设定了一个利率区间。这个利率的改变表明美联储政策有可能发生变化，因而需要留意。

图 10-14 是 14 个月联邦基金利率变化百分比和相应的股市信号。奈德·戴维斯研究所发现动量下跌 18% 足以产生一个股市买入信号，动量上涨 9% 或更高会产生卖出信号。从 1957 年起算，这个信号的准确度达到了 84%。

自由储备金

自由储备金（free reserve）是银行拥有的超过风险管理要求的可用于贷款的资金。这个指标多年来一直用于股市择时。在美联储 2008 年推行量化宽松政策之后，银行系统的超额储备金泛滥成灾，因为长期利率挤压收益率曲线，导致购买债券出现阻力，银行放贷款的收益太低。加之引入了《多德－弗兰克法案》，对银行体系提出了许多限制。这些因素都导致银行不愿意发放贷款，多余的资金堆积在金库中，继而导致储备金增多。由于自由储备金与股市之间存在正相关性，因而股市大幅上涨。图 10-15 是由奈德·戴维斯研究所提供的模型，展示了银行体系不断增加的流动性是如何推动股市强劲上涨的。一旦自由储备金经过 3 个月平滑处理后的均值超过了 0.47，股市将会获得 12.0% 的年化回报，而当自由储备金低于 −0.34 时，股市年化下跌幅度为 8.2%。

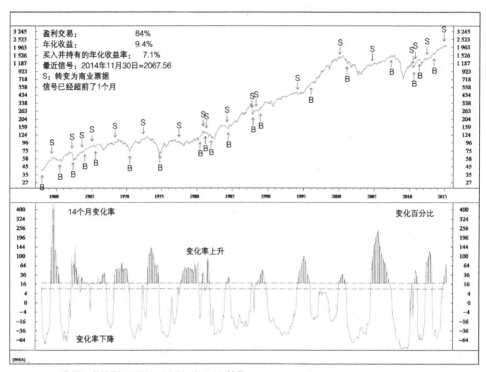

@ 2015 奈德·戴维斯研究所，未经许可，不得转载。

图 10-14　联邦基金利率（14 个月变化率百分比）和标准普尔 500 指数（月线：1957 年 11 月 30 日 ~2015 年 5 月 31 日）

三升一降和两跌一弹

为了满足人们想知道美联储何时会紧缩银根，1930 年到 20 世纪 70 年代叱咤市场的传奇技术分析师埃德森·古尔德（Edson Gould），提出了美联储政策制定过程中一项非常简单的规律，对股票市场下跌的预测非常准确。这个规律是"每当美联储连续三次提高了联邦基金目标利率、保证金要求或者准备金时，股票市场马上就要经历一次大型的、可能非常严重的回撤"（Schade，1991）。

这个简单规律颇有几分道理。虽然这一规律主要是指市场见顶的情况，但是不容忽视。如图 10-16 所示，这个规则导致了一个中等幅度 17% 的回撤。自 1915 年以来，根据该规律进行操作，只产生了两个不正确的信号：1929 年股市大爆仓之前，1928 年发出的信号过早；而 1978 年的信号过晚。这个信号的正确率一般超过 89.0%。

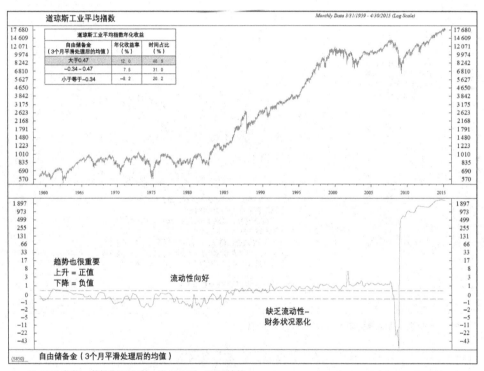

图 10-15　自由储备金和道琼斯工业平均指数（月线图：1959 年 3 月 31 日 ~2015 年 4 月 30 日）

福斯贝克（Fosback）在 1973 年版的《市场逻辑》（*Market Logic*）中首次提到了"两跌一弹"（two tumbles and a jump）规则。这本质上与古尔德的"三升一降"（three steps and a stumble）规则相反。虽然两跌一弹也是基于联邦基金目标利率、保证金要求和储备金要求的变化，但是这个指标主要是在政策因素中寻求两次连续的下跌（暴跌）。这个指标在预测股票市场价格上涨方面效果显著。如图 10-16 所示，自 1915 年以来，该指标的正确率是 89%，并且其中一些误判是有疑问的。

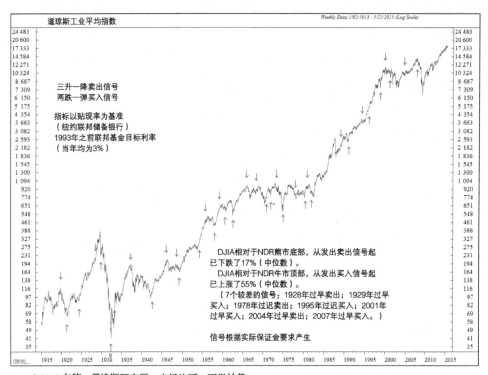

图 10-16　三升一降、两跌一弹以及道琼斯工业平均指数（周线图：1915 年 1 月 2 日 ~ 2015 年 5 月 22 日）

利用上述两个利率指标的一种方法，是将它们当作市场走势将发生重要转变的警告，有证据显示这种做法非常有效。这些指标本身未必就是严格意义上的信号。但是，如果按照信号操作，为了避免错误信号带来巨大损失，只要市场一发生逆转，就应该马上采取相反的操作措施。例如，如果三升一降规则释放卖出信号，并且市场也开始下跌，则当市场跌破之前的高点或者出现两次暴跌和一次向上反弹现象的时候，就会形成买入信号。同理，如果两跌一弹信号给出买入信号，并且市场也开始上涨，当市场突破之前的低点或者当三升一降现象初见端倪的时候，就出现了卖出信号。从本质意义上来讲，这些转折点都是止损操作点，可以帮助投资者防止因某个信号不正确而遭受巨大的损失。

总　结

资金流指标是估计可用于投资资金的良好方法。我们已经阐述了市场内部资金的指标、市场外部资金的指标，以及有关利率的问题。利率能够提供最可靠的信号。一些技术分析师认为资金流动的研究最好由量化分析师来做，因为他们一直都在密切跟踪股票和固定收益证券之间的关系。

复习题

1. 请解释如何使用货币市场基金的规模来预测股票市场的走势。使用最新的统计数据，计算货币市场基金资产与 Wiltshire 5000 指数的比率（货币市场基金资产统计数据包含在《美联储资金流动报表 Z.1》的表 L.122 中，可以通过网站 www.federalreserve. gov/releases/下载）。从这一比率来看，股票市场未来的表现将会如何？

2. 为什么家庭资产流动性与股票市场的表现有关？

3. 在过去一年里，美联储基金目标利率发生了怎样的变化？这些变化对股票市场的表现产生了怎样的影响？

4. 请画出 2006～2007 年收益率曲线的形状。可以通过美联储的官方网站收集相关信息。请观察这一收益率曲线，你认为 2008 年秋季开始的经济下行和市场下滑对于一个警醒的观察者来说是个意外情况吗？

5. 请收集本周的收益率曲线以及一年前同一周的收益率曲线。这两者相比有什么变化？这种变化对股票市场有什么影响？

第三篇

TECHNICAL ANALYSIS

趋 势 分 析

第 11 章

图形分析的历史和演进

本章目标

- 熟悉用图表展示价格信息的优点；
- 熟悉绘制线图的方法；
- 熟悉绘制柱线图的方法；
- 熟悉绘制蜡烛图的方法；
- 熟悉绘制点数图的方法；
- 熟悉算术坐标轴和对数标度轴的区别。

图表就像猫的胡须。猫的胡须可以帮助猫判断老鼠的行踪，告诉猫下一步进攻的方向。老鼠并不会考虑自己要往哪个方向走，但是猫必须提前做出预测。同理，市场不知道自己何去何从，而投机者必须做预测。他们必须把图表当作自己的胡须。（Sieki Shimizu，1986）

图形是技术分析师的传统工具，它是数据的图表显示。经过几个世纪的演变，图表形成了多种样式，而根据价格和其他信息绘制图表的基本原则是技术分析的基石。技术分析师几个世纪以来也被称作图表专家。虽然随着计算机及软件的发展，手工绘图已经过时，利用计算机软件绘制价格数据更加快捷，但是一些专家、场内交易员、做市商、经纪行的技术分析部门和管理公司仍然保留着手工绘图的习惯做法。这些技术分析师认为，通过手工绘图能够更清晰地观察价格的变化、趋势和形态的拐点，这比使用计算机绘制图形和发布信息更有效。通过日常绘制股票价格走势图，技术分析师对价格行为的走向能够有直观的了解，这比单纯利用计算机绘图更能拉近技术分析师和图表的距离。

从这些图表中，技术分析师认识到对交易和投资有用的形态和趋势。当然，绘图方法也备受争议，因为认识形态和趋势是一个主观过程，会受大盘分析师技巧和经验的制约。这些人为的因素很难量化分析，因此也很难测试。

有趣的是，近来，在哈桑霍齐克（Hasanhodzic）、罗闻全和维奥拉（Viola）的一项未发表的研究（2010）表明，当以视频游戏的形式显示图形时，人们可

以轻易辨别"实际的金融收益图形和随机的收益排列图形"。这几位学者发现，
"有显著的统计学证据（p 值不高于 0.5%）表明，试验对象可以轻易地辨别这
两类时间序列，这驳斥了很多人认为'金融市场走势随机'的观点。该试验的
一大特点是在试验过程中，试验对象能立即获得他们所选答案的反馈，让他们
及时学习和做出调整"。

一些技术分析师使用形态辨别系统和其他复杂的计算机辅助方法来绘制图
形。根据先前的分析结果，许多传统的图形形态具有一定的预测价值。但是只
要看一下价格的历史记录，就可以发现图形还有其他的用途。使用图形的优势
已经大大超过了在图形解释方面存在的问题。

技术分析知识 11-1

使用图表的优势

杰克·施瓦格（Jack Schwager）在自己的著作《技术分析》（*Technical Analysis*）中概括了投资者使用图表分析的几大优势，具体如下。

▶ 图形能提供价格的精确的历史记录，这是任何交易者（或投资者）都需
要掌握的关键信息。

▶ 图表能让投资者或交易者了解市场的波动性，这是风险分析中非常重要
的一步。

▶ 图表对于基本面分析师来说非常重要。长期价格曲线能让基本面分析师
快速识别主要价格走势的周期。通过确定这些周期内部基本的条件或独
有的事件，基本面分析师可以判定影响价格的关键因素。这些信息可以
用来构筑价格行为模型。

▶ 图形可以用做时机选择的工具，交易者可以使用这个工具，尽管交易者
考虑的信息要宽泛得多（例如基本面信息）。

▶ 图表可以作为管理工具，帮助确定具有意义并切实有效的止损点。

> ▶ 图表体现了市场的行为受特定的重复形态的制约。一些资深的交易者运用图表，凭直觉就可以成功地预测价格波动。
>
> ▶ 理解图表的概念，是开发有利可图的技术交易系统的必要前提。
>
> ▶ 如果你对图表持批判的态度，请注意：在特定的情况下，如果传统图表信号失灵，可以使用逆向操作来抓住回报丰厚的交易机会。

制作图表的历史

根据罗闻全和哈桑霍齐克（2010）针对技术分析开展的详尽研究，人类社会最早记录商品价格以预测未来价格的行为，出现在公元前1000年。这些记录是交易者和天文学者的日志，他们希望把价格变化与占星术联系起来。到了公元5世纪和6世纪，在中国、欧洲和日本等地，与当今的价格图形相似的绘图方法得到了长足发展。中国人对价格的周期性很有兴趣，欧洲人着重研究占星术，而日本人发明了至今一直沿用的蜡烛图。"西欧商品交易所（1561年）的启用与日本商品交易所的开市（1654年），给绘图技术的发展提供了良好的土壤"（Shimizu，1986）。当时的商品交易所中，自由交易的市场已经发展得相当成熟，足以在一天以内产生多个交易价格，因此需要对每种商品当天的最高价、最低价和收盘价进行记录。把这些价格信息记录在图像中也是顺应历史潮流。截至19世纪30年代，就在老式的股票收报机发明前，纽约已经出现了几家图表服务供应商，专门出售发布股票和商品价格的图表。

图表绘制的内容和方法常受到对应市场操作方式的影响。例如，当前柱线图中广泛使用的高点和低点绘图方法，就不适用于一天只按照一个价格交易的交易市场。

可以想象，世界上首张图表可能只是交易数量、交易价格在纸上对应的一点。例如日本的大米，早期就是按照数量交易的。1750 年代，著名的大米交易商本间宗久没有按照一袋大米多少钱的方式记录价格信息，而是按照特定金额的钱能购买多少袋大米的方式记录价格信息。当市场一天内交易越来越频繁，交易图表也变得日趋复杂了。一开始需要记录最高价和最低价，当交易笔数越来越多时，就需要记录一天的开盘价和收盘价。随着更多复杂和公开信息不断完善，后来出现了成交量的记录。一开始是由交易市场现场的证人记录价格的。后来，市场组织不断完善，交易的价格和数量最终向民众公开公布了。

　　业务的不断扩大给股票交易所带来了巨大的动力。通过场内报价的即时传播，才能让人们对市场保持长久的兴趣。（贺拉斯·L. 霍奇基斯，黄金股和电报公司创始人）

股价接收机（ticker）和用来接收股票交易行情的纸带（ticker tape）的发明，彻底改变了技术分析和绘图的方式。托马斯·爱迪生发明爱迪生电报打印机（将电报信息打印出来的机器）后不久，1867 年，美国电报公司（American Telegraph Company）的职员爱德华·A. 卡拉汉（Edward A. Calahan）发明了股票交易行情纸带。最后，由托马斯·爱迪生将其改进并于 1871 年申请了专利。这一发明不仅让传统的绘图方法变得更加容易，而且还开启了点数图绘制（point and figure charting）的时代。由于这类图形需要每种交易商品当天的每个价格，如果没有交易行情纸带，一天内市场中发生那么多笔交易，要收集这些信息将会异常困难。

技术分析知识 11-2

什么是交易行情纸带

　　股票（及其他交易证券）价格最小波动单位跳动点在英文中叫作 tick。与股票交易有关的信息都记录在交易行情纸带（ticker tape）上。通过观测交易行情纸带上的内容，投资者可以随时跟进股票价格的变化。世界上第一条交易行情纸带是 1867 年发明的，就在电报打印机发明后不久出现。这一技术可以用速记方式将信息打印在一条窄窄的纸带上。信差往返于纽约证券交易所交易大厅和经纪人的办公室之间，传递最新交易的行情纸带。经纪人在纽约证券交易所附近设有办公地点，因为他们离交易所的距离越近，就能越快获悉交易行情纸带上的内容，越能及时地跟进股票交易的信息。随着技术的不断进步，人们对于股票交易数据的获取也越来越方便了。20 世纪 60 年代末期和 70 年代初期，在繁忙的交易日里，交易纸带跟不上股票交易的速度，市场曾经一度每逢周三就收市，以便进行交易清算工作。直到 1996 年，当实时电子行情接收机登上历史舞台，我们才能获得即时的交易信息。今天，你可以在电视屏幕和网站上看到股票市场交易即时数据。虽然这些数据都采用电子发布方式，记录交易信息也不再使用纸带，但股票交易行情纸带（ticker tape）这一术语一直沿用下来，不过如今，交易信息是在显示屏或交易报价器上显示的。

股票交易行情显示器上显示下列信息：

$$HPQ_{2K}@23.16 \blacktriangle 1.09$$

即

股票代码$_{股票成交量}$@ 交易价格、变化方向、变化数量

给出的第一个信息是股票代码（ticker symbol），用来表示某个公司的股票。在上面第一行信息中，HPQ 表示惠普公司的普通股。第二项信息是股票成交量。2K 表示交易了 2000 股。接下来是每股的价格。下面将会显示一个正三角形或者倒三角形，表示股票价格是高于还是低于前一天的收盘价。最后记录的是当前交易价格和前一天收盘价的差额。通读阅读交易行情纸带上的信息，我们可以知道这是 2000 股惠普公司的股票以每股 23.16 美元的价格成交，比前一天的收盘价 22.07 美元高出了 1.09 美元。

现代高科技使绘图过程大大简化。计算机技术的发展在很大程度上替代了烦琐的手工劳动。现在，即使最普通的家用电脑也有制作电子表单功能，如微软的Excel，可以帮助技术分析师存储每日股票价格数据，绘制成各类图形。此外，其他

特意为技术分析设计的计算机软件也是异常复杂，五花八门。这些软件不仅可以绘制价格数据图像、指标或者震荡指标图像，还可以帮助测试交易规则。例如 AIQ、Amiborker. com、eSignal. com、hgsi. com、equis. com、neuroshell. com、ninjatrader. com、thinkorswim. com、tradersstudio. com、tradestation. com、updata. com. uk、wealth-lab. com，等等。除了绘图软件外，还有许多绘图网站，包括 stockcharts. com、www. bigcharts. com、finance. yahoo. com 和 freestockcharts. com，等等。今天，技术分析师可以腾出更多的时间和精力进行分析，而不必花大力气绘图。

数年来，技术分析师推出了多种绘图方法。本章我们主要讨论四类图像：线图（line chart）、柱线图（bar chart）、蜡烛图（candlestick chart）和点数图（point and figure chart）。每种方法都有自己的特点和利弊。无论技术分析师选择用哪一种方法，图表都是技术分析师的路线导航图，可以更直观、更快捷地了解过去的价格行为。

如表 11-1 所示，该表包含了苹果公司股票（AAPL）2015 年 5 月的收盘价格。

表 11-1　苹果公司每日股价列表　　　（价格单位：美元）

日期	开盘价	最高价	最低价	收盘价	成交量
2015 年 5 月 1 日	126. 10	130. 13	125. 30	128. 95	58 512 600
2015 年 5 月 4 日	129. 50	130. 57	128. 26	128. 70	50 988 300
2015 年 5 月 5 日	128. 15	128. 45	125. 78	125. 80	49 271 400
2015 年 5 月 6 日	126. 56	126. 75	123. 36	125. 01	72 141 000
2015 年 5 月 7 日	124. 77	126. 08	124. 02	125. 26	43 940 900
2015 年 5 月 8 日	126. 68	127. 62	126. 11	127. 62	55 550 400
2015 年 5 月 11 日	127. 39	127. 56	125. 63	126. 32	42 035 800
2015 年 5 月 12 日	125. 60	126. 88	124. 82	125. 87	47 109 200
2015 年 5 月 13 日	126. 15	127. 19	125. 87	126. 01	34 322 000
2015 年 5 月 14 日	127. 41	128. 95	127. 16	128. 95	44 487 500
2015 年 5 月 15 日	129. 07	129. 49	128. 21	128. 77	37 921 200
2015 年 5 月 18 日	128. 38	130. 72	128. 36	130. 19	50 176 600
2015 年 5 月 19 日	130. 69	130. 88	129. 64	130. 07	44 351 200
2015 年 5 月 20 日	130. 00	130. 98	129. 34	130. 06	35 965 000
2015 年 5 月 21 日	130. 07	131. 63	129. 83	131. 39	39 307 500

| | | | | | (续) |
日期	开盘价	最高价	最低价	收盘价	成交量
2015 年 5 月 22 日	131. 60	132. 97	131. 40	132. 54	45 123 800
2015 年 5 月 26 日	132. 60	132. 91	129. 12	129. 62	70 193 700
2015 年 5 月 27 日	130. 34	132. 26	130. 05	132. 04	45 662 800
2015 年 5 月 28 日	131. 86	131. 95	131. 10	131. 78	30 647 300
2015 年 5 月 29 日	131. 23	131. 45	129. 90	130. 28	50 338 200

资料来源：www. finance. yahoo. com。

在表 11-1 中观察 20 个收盘价，很难一下子看清楚股票价格是涨、是跌，还是处于盘整状态。现在请看图 11-1，这张图包含的信息和表 11-1 是一样的，只不过是使用了图形而不是列表的方式。可以看到，从图 11-1 中提取信息比从

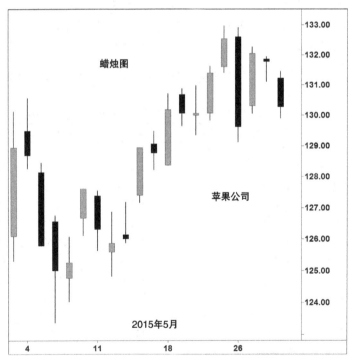

图 11-1 苹果公司股价蜡烛图（日线图：2015 年 5 月 1 ～ 29 日）

表 11-1 中容易得多。正如俗语所言："一张图胜过千言万语。"只要看一眼这张图，就可以看清价格变化的路径。不出一秒钟，也可以轻易地找出这段时期股票的最高价和最低价。一张图表可以将一张表格里纷繁复杂的数字变成直观的图像信息。

绘图所需的数据

为了创建真实可靠的图表，技术分析师必须确保数据真实可靠。在一个普通交易日里，交易行情纸带上有可能出现很多错误数据，必须有专人负责筛选和调整。有些交易报告显示的价格或成交量信息是错误的，必须更正。有些交易发生的顺序不对，也需要纠正。当交易日的最高价和最低价发生错误时，就会有大麻烦，因为这些错误数据影响了平均值和震荡指标的计算，因此绘图所用的所有信息必须"干净"准确和可靠。

除了交易错误外，还会发生其他的数据错误，如股票分拆、分红、再融资等。在商品交易市场，由于合约都有交割日期，交易在交割日会暂停，因此时间与合约之间的价格联系计算出错，会影响长期技术形态和趋势的分析。结合时间序列数据计算合约之间的价格关系，从而获得长线观点常常并不精确。因此其结果常分为"最近的将来""永恒时间序列"或"连续序列"，通常由数据服务商和交易所提供这些数据。将多个合约合并成一个序列的方法有很多种，但是所有的合并方法都会在技术分析师测试长期数据时碰到各种问题。施瓦格（1996）建议使用连续合约作为此类测试的最佳途径。

技术分析知识 11-3

联结合约

对于期货合约的短期测试和分析，你可以使用实际的合约数据。由于合约具有流动性，即交易活跃的时段只是合约期限的一部分，所以测试期不能太长。

能用于实际研究的数据的时间跨度很短，为了测试不同的信号，必须将数据划分到更短的期间。

一旦交易信号跨度超过一个小时，我们必须计算一个联结合约，为测试提供足够的数据。联结合约有三种类型：最近的将来型、永久型和连续型。每一种合约都有利弊。

最近的将来型合约是把每个期货合约在到期的时候用新的合约替代进行图像绘制。但是，在新旧合约交替的时期，会存在合同转期（rollover）的缺口。因此，即使所有绘制的合约记录完全正确，这种方法对于测试交易系统来说利用价值也不高，这是分析长期期货价格变化最不可取的方法。

永久型合约（也称为"永久远期型"），为了避免合同转期问题，使用了永久远期型价格，即提前预测的某个特定阶段的价格。这种远期合约主要取决于永久远期型合约交易的利率或外汇市场。期货市场所进行的调整基于这样一个前提：期货合约的价格将会根据当前合约的时间和远期合约按照假设的远期期限的剩余时间加权算出。因而，永久价格通过对当前合约和远期合约之间价格的平滑处理，避免了合同转期的问题，实现了价格随着时间逐渐过渡。但是这种方法的缺陷是合约的价格并不是真实的，在永久型合约中记录的价格永远不会实现。因此，这也不是测试交易系统是否有效的理想方法。

第三种方法称为连续合约（continuous contract），比较符合实际情况，但对于计算时间变化的百分比毫无用处。根据当前合约价格的溢价差别进行调整，这样可以避免合约即将结束时发生交易偏差。具体的做法是按照即将到期合约的现在价格和合约转期特定日期（如到期前15日）交易者的头寸价格，对这两者的溢价差异进行调整。这种连续性合约的方式是对当期价格进行调整，反映了投资组合中第一个合约及特定日期转期合约的情况。这明确表明了期货合约的过往记录，可以用来测试过去的数据。但是这种方法有两个问题。首先，由于调整是可加的，因此不能用于收益百分比的计算；其次，连续性合约的最终价格未必等于当期合约的当前价格。连续性合约是用来测试交易系统的主要合约类型。

分析师使用的图表类型

早期市场的情况是，有价证券或商品的价格每天只有一个或者两个，价格图形非常简单，只要把收盘价的对应点用曲线相连即可。有时候可以用曲线相连，有时候可以用竖直的线段标记。在日本，这种图被称为"tome"图（tome 一词源自 tomene，意思是收盘）。在西方，这种图就叫作线图（line chart）。

当交易越来越频繁，出现了两类风格的图表。第一种最普遍，就是从柱线图（bar chart）或跳点图（stick chart）借用过来，用一条悬垂线表示最高价和最低价，这条垂线不会与基准线相连。我们称这种图形为柱线图或垂线图。有趣的是，在日本这个开发了多种图表的国家，原始的图表是从右到左排列的，而不像现在通用从左到右的排列形式。这种柱线图后来发展成了蜡烛图。蜡烛图和柱线图使用的数据信息一样，只不过蜡烛图更加醒目。另一类叫作价格运动曲线，记录发生的价格。只有与先前价格偏离程度达到一定数量的价格才会在曲线上标记出来。这种价格图绘制方法是现代点数图的前身。

现在，最常见的用来记录特定时段（如小时、一日、一周、一月等）价格的图表有三种：线图、柱线图和蜡烛图。我们来看看它们的不同点。

线图

图 11-2 就是一幅线图。线图提供两个变量的信息—价格和时间。图 11-2 中，价格变量是苹果公司的每日收盘价。纵坐标表示价格数据。横坐标表示时间（小时、日期、星期等）。

简单的线图在研究长期趋势的时候格外有用。由于线图显示了汇总的统计数据，一幅图中可以表示多个不同的变量。例如，在图 11-3 中有三个线图，分别表示道琼斯工业平均指数、美国标准普尔 500 指数和纳斯达克综合指数在过去两年中的每周收盘价。新闻记者经常使用线图向读者和观众展示所讨论的变量，就是因为其既快捷，又精确。

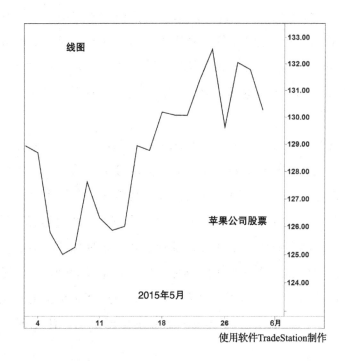

使用软件TradeStation制作

图 11-2　苹果公司股票收盘价格线图（2015 年 5 月）

图 11-3 采用的是周数据。线图可以表示任何时段的数据。价格收集越频繁、间隔时间越短，就会绘出越详细、越凌乱的图线。尤其在研究长期趋势的时候，这些额外的细节会让整体走势显得模糊不清，难以辨认基本走势。图 11-4、图 11-5 和图 11-6 都表示苹果公司从 2013 年 7 月至 2015 年 5 月（22 个月）的交易数据。图 11-4 是日线图，图 11-5 是周线图，图 11-6 是月线图。股价的长期趋势在图 11-6 中更容易辨别，这幅图的数据收集频率较低。

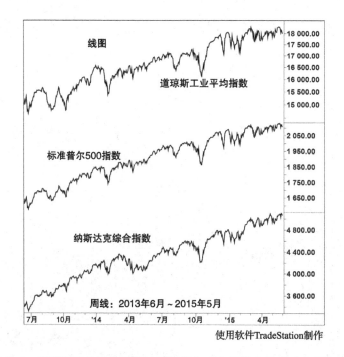

图 11-3　道琼斯工业平均指数、标准普尔 500 指数和纳斯达克综合指数的
　　　　　周收盘价线图（2013 年 6 月 ~ 2015 年 5 月）

柱线图

　　虽然线图清晰地显示了每个时间段的某种价格信息，但柱线图可以显示至
少三种信息：特定时段的最高价、最低价和收盘价。有些柱线图还包含第四种
价格信息：开盘价。每个时间段（日、周或 5 分钟等）都能用一根柱线（bar）
表示。

　　图 11-7 是日柱线图的例子。每一条柱线代表了一天的价格活动。与线图一
样，柱线图中纵坐标代表价格信息，横坐标代表时间。垂直的柱线代表当日的
交易价格区间。柱线的最高点代表当日有价证券交易的最高价，柱线的底部代
表当日证券交易的最低价。柱线越长，代表当日的交易价格差距越大。同理，
柱线越短代表了当日最高价和最低价之间的差价越小。每根柱线右边都有一个

刻度标记，代表了当日的收盘价。如果要在柱线图中添加开盘价，则应放在柱线的左侧。

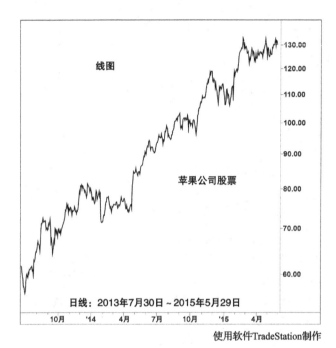

图 11-4　苹果公司收盘价格日线图（2013 年 7 月 30 日～2015 年 5 月 29 日）

从图 11-7 中我们可以看出，第一根柱线代表苹果公司 2015 年 1 月 2 日的交易信息。该柱线最低点是 107.35 美元，代表了当日交易的最低价。最高价是 111.44 美元，即该柱线的最高点。柱线标记的最高价和最低价之间的差额称为价格波动区间（range）。当天苹果公司股票的开盘价是 111.39 美元，用柱线左侧的短横线表示。该柱线右侧的短横线对应 109.33 美元，代表了当日的收盘价。

快速浏览这张柱线图，我们很快就能收集到许多交易信息。例如，图 11-7 中第 2 天的收盘价要低于当天的开盘价，而且开盘价也低于前一天的收盘价，显示价格走势向下。另外还可以马上发现，第 5 天柱线图的价格高点低于第 6

天的价格低点，这个空隙称为缺口。所以，通过柱线图我们能够清楚地看到趋
势和价格变化，这个效果要比表 11-1 好得多。

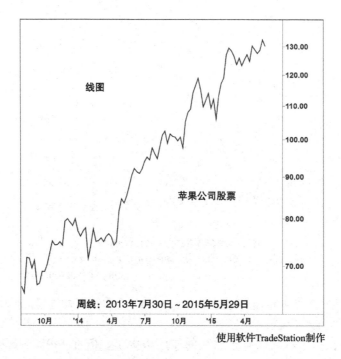

线图

苹果公司股票

周线：2013年7月30日～2015年5月29日

使用软件TradeStation制作

图 11-5　苹果公司收盘价格周线图（2013 年 7 月 30 日～2015 年 5 月 29 日）

　　柱线图和线图一样，也可以选择不同的时间间隔。例如图 11-8 是苹果公司
股票的周线图，该图绘制的时间段与图 11-7 一样。随着我们加长选取的时间间
隔，会逐渐遗漏一些细节，但是整体图像不会显得拥挤不堪，这可以让我们对
过去价格运动有更清楚的了解。

蜡烛图

　　在第 3 章，我们已经提到蜡烛图起源于日本。这种绘图方法早在 17 世纪中
期日本市场交易大米的时候就开始使用，至今依然是应用最广泛的技术分析
方法。

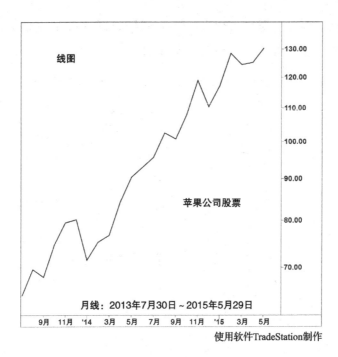

图 11-6　苹果公司收盘价格月线图（2013 年 7 月 30 日～2015 年 5 月 29 日）

　　蜡烛图在远东地区已有很悠久的使用历史了。但在 1991 年史蒂夫·尼森（Steve Nison）的著作《日本蜡烛图技术》（*Japanese Candlestick Charting Techniques*）问世之前，很少有美国或欧洲的股票服务机构向客户提供蜡烛图。今天，几乎每种技术分析软件包都可以绘制蜡烛图，足见其重要性。我们通过微软 Excel 软件的绘图选项就能自动绘制一幅蜡烛图。

　　蜡烛图的结构和柱线图相似。两种图像都记录了交易股票某个时段内的最高价、最低价和收盘价。但是蜡烛图一般都包含开盘价。在蜡烛图中，用一根细线表示交易的最高价和最低价，然后用一根柱体表示开盘价和收盘价。该柱体就称为蜡烛线的实体（real body），柱体的上下两条水平边代表开盘价和收盘价。如果有价证券的收盘价高于开盘价，实体就是白色的（本书中用灰色表示）或者叫阳线，代表价格开盘后开始上涨。如果股票的收盘价低于开盘价，那么蜡烛实体就涂上黑色，或者叫阴线，这说明股票开盘后下跌了。

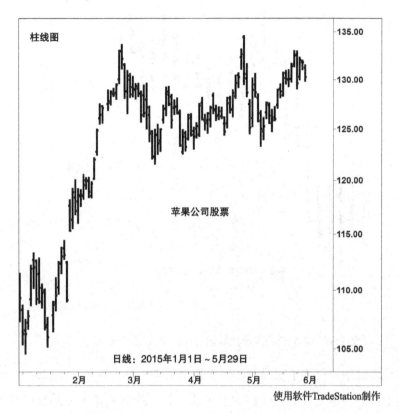

图 11-7　苹果公司股价日柱线图（2015 年 1 月 1 日 ~ 5 月 29 日）

　　图 11-9 是 2015 年 1 月 1 日 ~ 5 月 29 日苹果公司的每日价格，区间设置与图 11-7 和图 11-8 一样。蜡烛图比柱线图内容更丰富，也更直观，让人们能够很快了解收盘价与开盘价之间的关系。例如，图 11-9 中第 1 天 1 月 2 日是阴线，表明当天收盘价比开盘价要低。第 2 天我们又看到一根阴线，表明当天收盘价还是比开盘价低。直到第 4 天出现灰色柱体，显示收盘价比当日开盘价高。

　　从图 11-9 中可以看出，蜡烛图中各柱体的长短和形状各有不同。如果蜡烛实体比较长，代表收盘价与开盘价之间的差价较大。实体越短，代表收盘价与开盘价相差越小。如果蜡烛实体短到只剩下一条线，则证明收盘价和开盘价一样。

图 11-8　苹果公司股价周线图（2015 年 1 月 1 日~5 月 29 日）

蜡烛线的细线代表了交易时段的价格极值点，称为影线（shadow）。顾名思义，处于蜡烛实体上方的影线称为上影线，处于蜡烛实体下方的影线称为下影线。图中可以看出蜡烛实体就像蜡烛，而上影线就像灯芯。

每个蜡烛体的形状都很有趣。有些有很长的影线，有些影线较短。有些蜡烛体较长，有些则较短。蜡烛体的颜色，蜡烛体和影线的长度，以及蜡烛体相对影线的位置，都透露了那个交易时段发生的事情。请看图 11-9 中的第 1 根蜡烛，可以看到几乎没有上影线，加上黑色蜡烛体，表明苹果公司股票开盘价就差不多是当天的最高价。如果开盘价是这个柱体的最高价，那么不会有上影线。图 11-9 的第 3 个蜡烛体有相对较小的黑色柱体，表明收盘价在靠近开盘价的下方；上下影线的长度表明当天价格区间要远比开盘价和收盘价之间的差距大。有些蜡烛体没有影线，开盘价和收盘价就代表了整天的交易情况，比如第 10 天的那个蜡烛体。

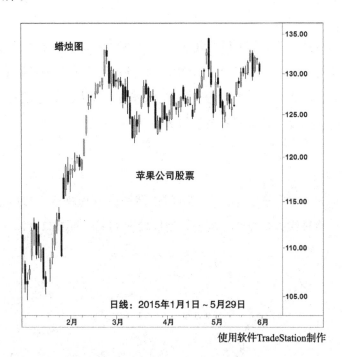

图 11-9　苹果公司股价日蜡烛图（2015 年 1 月 1 日 ~ 5 月 29 日）

　　由于蜡烛图包含了柱线图的所有信息，因此柱线图可用的技术分析工具也都适用于蜡烛图。此外，蜡烛图还依赖一些个别蜡烛线的大小和颜色来判定交易信号。我们将在第 17 章详细介绍。

应该使用哪种标度

　　股票价格图表的纵坐标常常表示价格单位。技术分析师必须确定坐标的比例，即价格单位的长短。一般来讲，可以使用两种坐标比例：算术标度和半对数标度。

算术标度

目前我们所谈到的大部分图都使用算术（线性）标度。算术标度是指纵坐标用相等间隔表示同一个价格单位。例如，1 美元到 2 美元之间的距离与 10 美元和 11 美元或者 100 美元和 101 美元的距离都是一样大的。也就是说，我们用平均分配的坐标刻度来表示同等数量的价格。

半对数标度

虽然算术标度使用最普遍，但是有时候需要做一些调整，尤其是观测长期价格趋势变动的时候更是如此。例如，请比较图 11-10 和图 11-11。

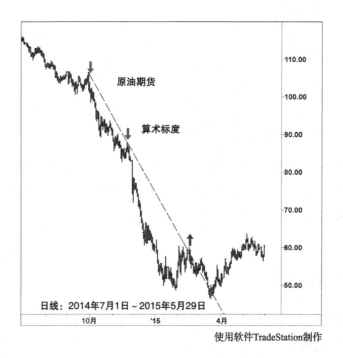

图 11-10　使用算术标度的原油期货日柱线图（2014 年 7 月 1 日～2015 年 5 月 29 日）

这两幅图描绘的都是 2014 年 7 月 1 日到 2015 年 5 月 29 日的原油期货每日

价格。2014 年 7 月，原油以每桶约 100 美元价格交易，当时价格上涨 10%，意味着投资者可以获得 10% 的收益率。到了 2015 年 1 月，原油价格跌到了每桶 50 美元左右。那个时候价格上涨 10 美元，投资者会有 20% 的收益率。在算术标度的图 11-10 上，无论是从 50 美元到 60 美元的 10 美元的价格波动，还是从 100 美元到 110 美元的波动，看起来是完全一样的。这类标度有时候很有欺骗性。50 美元的基准股票价格有 10 美元的波动，肯定要比以 100 美元有 10 美元波动，对投资者产生的影响更大。对数标度就可以解决这个问题。

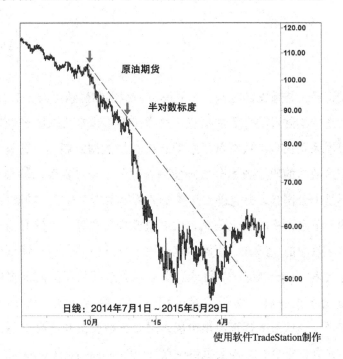

图 11-11　使用半对数标度的原油期货日柱线图（2014 年 7 月 1 日 ~ 2015 年 5 月 29 日）

在对数坐标轴上，纵坐标的刻度单位代表了相同的变化幅度百分比，如图 11-11 所示。在这幅对数标度图像上，50 美元到 60 美元的刻度距离要比 100 美元到 110 美元的刻度距离更大。这个垂直刻度代表了价格 10% 的变化幅度，而不是价格金额的变化。算术标度和对数标度究竟应在哪些情况下使用？当特定时间段的股票价格变化幅度超过 20% 的时候，对数标度比算术标度更精确。因此长期价格图表（通常大于 1 年）应该以对数标度显示。

两种标度的另一个重要差别表现在趋势线上。在算术标度图上，向下趋势线连接两个向下箭头，在 2 月到达底部区域，如果在第一次反弹处买入，则是一个错误的买入信号。而在半对数标度图上，趋势则是在 4 月触底，发出了一个真实的买入信号。不考虑信号的差异，这两条趋势线的位置也是不同的，这会影响对原油价格的分析预测结果。

点数图

点数图记录价格数据的方法，与线图、柱线图和蜡烛图的方法有很大不同。首先，点数图的绘制看起来更加枯燥。这类图像很少在大众财经新闻中披露或讨论，主要原因是很多点数图都是按照日内交易数据绘制的。这类图像仅供能查阅日内交易数据的职业技术分析师使用。但是，经过实践你就会发现，绘制点数图并不是十分困难，并且能够给价格分析提供非常有趣、精确的方法。

点数图只记录价格的变化信息，成交量被排除在外。虽然时间在图中有说明，但是并不是图的一部分。原始的点数图直接从股票交易行情纸带上摘录数据点，与惠誉表（Fitch Sheet）和诸如摩根、罗杰斯和罗伯茨等提供专门的图表服务报告的情况一样。由于电脑的引入和三格转向图（three-box reversal chart）的普及，这些服务逐渐退出市场，阅读每种股票和商品交易的点数图很耗费精力。如今，很少有机构会提供一点转向图（one-point reversal chart）。

点数图的起源无人知晓。我们现在只知道在查尔斯·道的时代（19 世纪晚期）使用过。有些人认为点数图中的点（point）是指绘图时的方向，有可能指向上涨，也有可能表示下跌，但是点也很有可能是指价格绘制的位置，一开始只是一个铅笔点。而数（figure）来自于当前价格位置和目标价格位置的数目。

由于只记录价格信息，因此点数图绘制起来比较简单，只将符合"格子"

和"转向"大小的价格标记出来即可。该图可以反映特定时期的价格高点和低点，无论这些价格极值点是否重要。很多技术分析师认为价格高点和低点是由供求关系决定的关键数据，而开盘价和收盘价只是任意时刻的价格，价格高点和低点要比开盘价和收盘价更重要。

针对不同的绘图方法，技术分析师往往使用点数图的变种来满足自己的需要。我们先来看绘制点数图最古老的方法：一点转向点数图。有关一点转向图的详细信息，请参阅亚历山大·惠兰（Alexander Whelan）的《点数图方法学习指南》（*Study Helps in Point and Figure Technique*）的重印本。

1 格（点）转向

所有的点数图都是在带有方格的绘图纸上绘制的。图中应该有足够多的方格来绘制某个重要阶段的交易行为。早期的图为了标记清晰，在每 5 格上有特殊标记。和其他类型的图一样，我们在纵坐标上标记价格，但是在横坐标上并不标记时间。

当市场价格发生逆转或继续保持和前一格相同的方向时，就在图上做一个标记。图 11-12 是苹果公司 2015 年 4 月 28 日~5 月 29 日的 1 格转向点数图。在这个例子里，1 格等于 1/2 点或 0.5 美元，转向要求价格方向逆转要超过 1 格大小（1/2 点或 0.5 美元）。如果 1 格按 3 点计算，则价格方向逆转也要超过 3 点。转向点画在操作栏的右边一栏，例如，对苹果公司股票，如果最后一个画在上升栏的价格（X）是 125 美元，那么当价格下跌到 124.5 美元时，要在右边一栏 124.5 美元的格子中画一个 O。要记录一个新价格，这个价格就需要跨过那条想象的直线，无论是在格子的上方还是下方，这样就可以得到一系列可用于分析的数据。如果上例不是下跌到 124.5 美元，而是上涨到 125.5 美元，则要在上个格子的上面一格画上 X，因为价格还在上涨。可以一直这样画，直到出现了超过 0.5 点的下跌。如果价格是上涨到 125.45 美元，那么这个价格就不需要做标记，因为这个涨幅没有超过一个格子。类似地，如果这个价格从 125.45 美元下跌到 124.95 美元，这是要标记的，应为它已经跌破了 124.5 的边沿。

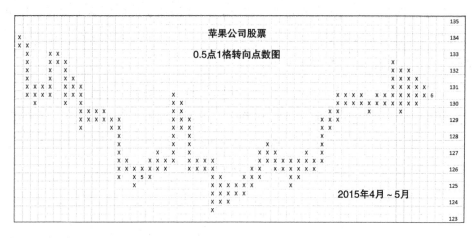

图 11-12　苹果公司股价 0.5 点 1 格转向点数图（2015 年 4 月 28 日 ~ 5 月 29 日）

投资知识 11-4

如何绘制点数图

学会阅读点线图的最佳方法是先了解其绘图原理。举例说明，假设股票价格的变化数字分别如下：43.95、44.10、44.3、44.15、44.5、44.7、44.9、44.85、44.95、45.00、44.4 和 43.9。绘图纸上的每个方块（方格）都代表价格的一点。在点数图中，仅当股票实际价格和特定价格相同或突破方格代表的价格时才会在图上绘制出来。本例中，没有画出点 43，因为股票价格没有按照 43 或 43 以下的价格交易。在 44 上有标记，因为股票价格从 43.95 变成了 44.10，突破了 44.0。因此，当我们看到价格达到 44.10 时，将第一个 X 标记放在点数图上的 44 方格上，图 11-13 中就是图像区域 1 中的情况。在接下来报告的 7 个价格中，在点数图中没有留下任何痕迹，因为这几个价格都处于 44 和 45 之间。当第 10 个价格达到 45 时，我们可以在 45 水平的方格上标记第二个 X，表现股票价格达到了 45。这一个 X 放在了图像区域 2 第 1 栏 45 格位置，说明股票价格上升。

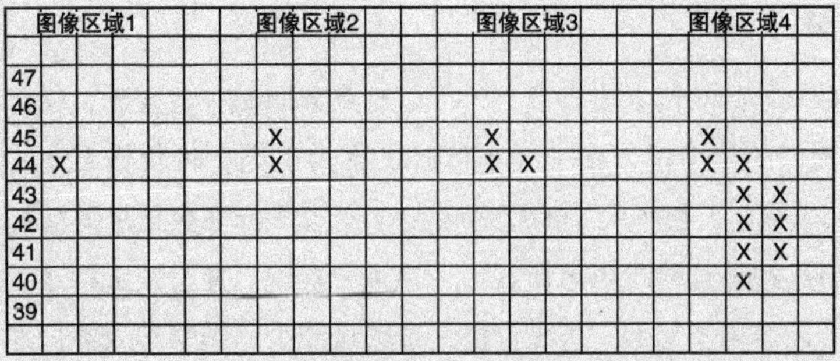

	图像区域1			图像区域2			图像区域3			图像区域4	
47											
46											
45				X			X			X	
44	X			X			X	X		X	X
43										X	X
42										X	X
41										X	X
40										X	
39											

图 11-13　1 格转向点数图

只要之后的股票价格处于 44 和 46 之间，就没有必要在点数图中再添加其他标记。例如，本例中接下来的价格是 45.05 和 44.4，因为都没有到达最靠近 45 的高点 46，附近的低点 44 价格也没有达到，因此，无须任何标记。45.05 和 44.4 可以视为"噪声数据"，而点数图就可以排除这种噪声。

当股票价格出现 43.9 的时候，我们需要再进行标记。这个价格代表了 44 下跌的趋势，因此我们可以看到在第 1 栏里，已经有个 X 标记。而第 1 栏表示的是上涨趋势，因此我们必须转到第 2 栏，将一个 X 标记放在图像区域 3 第 2 栏的 44 格上。到现在为止，我们还不知道第 2 栏的价格是涨还是跌。下一个标记会告诉我们价格具体的走向是什么。如果价格再次上升到 45，我们会在图像区域 3 第 2 栏的 45 位置画一个 X，则第 2 栏就代表了价格的上升。如果价格下降到 43，我们会在图像区域 3 第 2 栏的 43 格位置画一个 X，则第 2 栏就代表了价格的下跌。

价格一路下跌到 39.65，其中没有发生一格转向，然后反弹一直到 43.15，如图像区域 4 所示。绘制图像的时候，如果价格在一个方向运动，则就在一栏内绘制；之后价格趋势发生变化，会在相邻的一栏进行标记。请记住，特定的一栏只能标记价格的上升或者价格的下跌。在本例中，第 1 栏和第 3 栏代表价格上涨，而第 2 栏代表价格下跌。

格子的大小

在这种基本的绘制方法基础上，可以对点数图做一些变动，格子大小可以改变。在我们的例子里，格子大小可以扩展为 2 点，将价格 120、122、124、126 等在其中标记。格子大小的这种改变，意味着价格变化量需达到 2 点才会做标记，价格趋势反转时仍需换到另一栏进行标记。通过放大格子，进一步减少了噪声。随着格子变大，历史价格记录数量减少，图像记录靠向左侧，所记录的栏数减少，减少了噪声信息，对长线交易感兴趣的投资者或交易者会觉得点数图更有用。另外，如果在长线交易图上正在形成某个形态，则可以把点数图的方格变小，更清楚地观测趋势长期变化的可能性；方格变小，价格信息更详细，可以更好地判断长期形态形成时的早期信号。

多格转向

点数图的另一种变化是改动转变趋势的数量。我们之前的例子是用 1 格作为图像标记和转向的单位。我们可以将转向点数增加为 3 点（格）或者 5 点（格）。换言之，我们的标记仍然采用 1 点作为格子大小，但是仅在价格反转达到 3 格的时候才会在另一栏标记。这样操作也可以减少价格的噪声信息，拉长了对价格行为的记录间隔。图 11-14 显示了一个假设格子数增加而导致的转向。同样，这样做也减少了噪声和图像的密集度。另一个特点是，与 1 格转向不同的是，不需要完整的价格数据流，上午的价格数据就可以完成这个图表。由于这个原因，3 格转向变得很常见，它省却了紧盯每个价格的繁复动作。

图 11-15 是一个示例，这是苹果公司从 2014 年 1 月 1 日到 2015 年 5 月 29日的 1 点 3 格转向图。它本身和 1 点 3 格转向图略有差别。价格上升一栏用 X标记，价格下降一栏用 O 表示。这种标记方法使得历史价格比较容易辨认。

20 世纪 50 年代 Chartcraft 公司的阿贝·科恩（Abe Cohen）和厄尔·布鲁门萨尔（Earl Blumenthal）将 3 格转向图的画法公开之后，该方法得到了广泛的关注。近来，汤姆·多尔西（Tom Dorsey）在其著作《点数图画法》（*Point and Figure Charting*）中，推广了 3 格转向法，现在很多点数图分析师都在使用 3 格转向法。由于 3 格转向法不太关注价格中小的日内交易行情变化，因此在做每日价格数据总结（高价、低价和收盘价）的时候非常有用。

图 11-14　1 格转向点数图与 3 格转向点数图对比

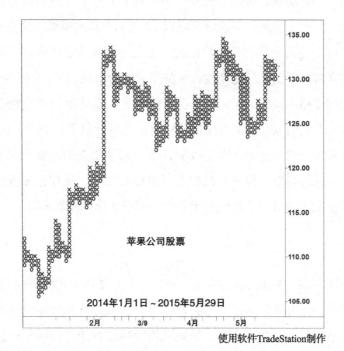

图 11-15　苹果公司股价 1 点 3 格转向点数图（2014 年 1 月 1 日 ~2015 年 5 月 29 日）

时间

在某些点数图中，要记录某个月份的首个价格，该月的第 1 个字母或数字标记在 X 或者 O 旁边。其他情况下，月份标记在该月首个价格记录位置一栏的底部。按照相同的模式，我们也可以用点数图记录周期为年、周和日的价格图像，主要依据观测价格变化的灵敏度而定。这些方法可以同步使用。如果同时选定年和月为周期，年份通常标记在各栏的下面，而月份则用阿拉伯数字（1 代表 1 月，2 代表 2 月，等等）标记在 X 或者 O 的位置上。对于点数图来说，时间并不重要。很多情况下，标明时间主要是为了观察形成某个形态所需要的时间。

算术标度

点数图绘制的时候，坐标刻度就是一个大的问题，尤其当价格上涨或下跌的幅度较大的时候。显然，当股票价格以 70 美元交易的时候，价格一点的变化幅度要比对应 7 美元交易的股票价格的一点变动幅度大。布鲁门萨尔在 3 格转向图法中首次解决了这个问题。他建议如果股票价格在 20 美元和 100 美元之间波动，就使用每格 1 点的刻度；如果股票价格在 5 美元和 19.50 美元之间波动，就使用每格 1.5 点的刻度；如果股票价格处于 5 美元以下，使用每格 1.25 点的刻度；如果股票价格超过 100 美元以上，使用每格 2 点的刻度。在 3 格反转图中，这已经是标准刻度。但是，根据股票价格的行为，标度也要进行调整。当然，这种标度在期货市场上是没有用处的，那里的价格相当不同。

对数标度

在绘制长周期的图像且使用算术标度时，柱线图中会出现图像扭曲的现象。低价格区间波动没有高价格区间的波动明显。对数标度纵坐标使用价格变动百分比，而不是价格的绝对变化量。因此从图中可以看出，以百分比标记的低价格区间的波动看起来比高价格区间的波动更明显，这恰好反映了实际情况。为

了在点数图中表现出价格百分比的变化，使用对数标度来标记价格。但是多数
分析师看到对数标度的图像时，不能马上在大脑中将它还原成实际价格。因此，
如果不能将对数标度的图像转换成为算术标度图像，这种图像也很难解读。

对长期的价格数据而言，对数标度的图像更有意义，因为此时的算术标度
图无法提供有意义的信息。对于多数投资和交易行为来说，算术标度足够用了，
而且也比较容易解读，方便读者了解更多有关实际价格的信息。

云图（一目均衡表）

日本的云图是比较新的价格绘制方法。它使用了与西方图表（比如移动均
值）类似的算法，同时也用到了诸如区间和线与线之间面积的计算。虽然这些
图表很容易被西方人理解，但是解读图表时，要采用完全不同的规则，因而云
图成为一种不同的图表。

我们认为日本人的作图法由来已久，只是最近才被西方世界发现。而云图
确实是比较新的方法，由一个 7 人团队在 20 世纪 30 年代开发出来，直到 1968
年才完全公开。当时的团队负责人细田悟一（1898—1982）出版了一套 7 本书，
称其为"一目均衡表"（Ichimoku Kinko Hyo），从字面理解就是"一目了然可
以看出均衡的柱线图"（Linton，2010）。后来，佐藤信弘在 1996 年用日文出版
了另一本更易读的书《一目了然均衡表》。本书最后采用的是戴维·林顿（Up-
data 高级合伙人，www. updata. co. uk）所写的英文版介绍一目均衡表的最佳图
书《云图：一目均衡表成功交易法》（*Cloud Charts：Trading Success with the Ichi-
moku Techniques*，2010）。

云图包括了 5 条线，它们有不同的参数（见图 11-16）。这些线的时段是基
于 9，26 和 52 个柱线。该图原来是日线图，反映的是日本一周的 6 个交易日，
9 代表 1. 5 个交易周，26 是一个月的交易日数，52 是 2 个月。由此产生了一个
问题，即是否应该按照美国每周交易 5 天进行调整。也存在其他时间间隔的设

置，但是大部分软件采用的仍是日本的时间间隔方法。

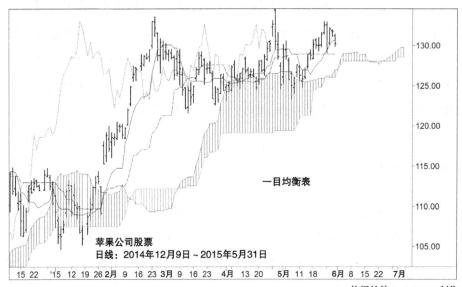

一目均衡表

苹果公司股票
日线：2014年12月9日～2015年5月31日

使用软件TradeStation制作

图 11-16　苹果公司股价一目均衡表（日线图：2014 年 12 月 9 日～2015 年 5 月 31 日）

最短的时间间隔线（转折线）是过去 9 个柱线中最高的高点和最低的低点的平均值，这条线不需要进行时间调整。次短时间间隔线（基准线）是过去 26 个柱线中最高的高点和最低的低点的平均值，也不需要进行时间调整。这条线通常被用作阻力线、支撑线和止损价格。时间间隔第三长的线（延迟线）是当前收盘价向后延迟 26 个柱线。最后 2 条线是云的包络线，分别是先行上线 A 和先行下线 B。线 A 是用转折线和基准线向前 26 个柱线的均值算出，线 B 是过去 52 个柱线向后画 26 个柱线中的最高点和最低点的均值算出。这两条线构成了一个云，在这个范围内不应该进行交易，因为它代表均衡而不是趋势。

这些线之间的交叉可以产生交易信号。这些信号要根据对整个云图的评估进行判断，而不能独立使用。为了熟悉不同交叉的意义和重要性，进行深入研究是有必要的。这种技术类似于一个带有限制条件的移动均值交叉系统。

其他与时间无关的作图法

除了点数图与时间无关之外，其他一些作图方法—大多数来自日本，也都忽略了时间。由于它们主要适用于短线交易，所以很少用于投资技术分析，其中包括以下几种图表。

卡吉图

卡吉图（kaigi chart）从理念上类似于点数图，这种古老的日本图表与时间无关，只有当一定数量的方向变化发生时，才画在图上。图 11-17 展示了苹果

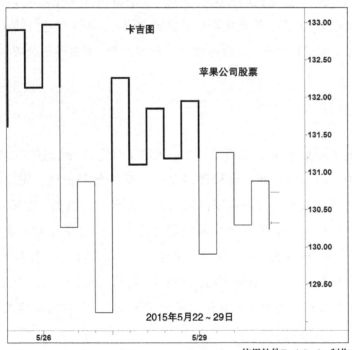

使用软件TradeStation制作

图 11-17　苹果公司股价卡吉图（2015 年 5 月 22 ~ 29 日）

公司一周转向 0.5 点的数量。这幅图只用到了高价和低价，但是可以包括长期图表中有的收盘价。转向数量一般是百分比，仍然可以用，但是现在点和平均真实波动区间（ATR）用得更普遍（见第 13 章）。

当从高点或低点发生了特定数量的转向时，才需要在图上画出来。这个趋势方向用粗阳线和细阴线画出，类似点数图里的 X 和 O。例如，在图 11-17 中，第一个收盘价是 5 月 22 日的 131.60 美元，然后上冲到 132.92 美元，所以我们从前一天收盘价开始画一条垂直的阳线，因为这是一个上涨走势，因此用粗线。然后发生了一个超过 0.5 点的转向，到达 132.14 美元，如果没有发生向上转向，就不做标记。当发生向上转向时，从低点画一条水平线到旁边一栏，再从这点向上画一条阳线，这个过程如此进行下去。当转向打破了前高（称为肩）或前低（称为腰），这条线的宽度会改变，让眼睛能更容易看到方向变化。随着价格向上或向下击穿，线的粗细会发出更多信号。画出的趋势线会在肩和腰形成阻力和支撑。头肩形态（也称作"三佛形态"）出现得比较频繁，而且很容易识别。

砖形图

砖形图（renko chart）也源于日本，不涉及时间和一定量的方向变化。与点数图和卡吉图不同的是，这种图表是由"砖"堆积成的，每一栏有一块砖。砖具有标准宽度，而高度则由转向的数量确定。例如，在图 11-18 中，苹果公司股价图也用 0.5 作为转向数量。第 1 个标记是在前一天的收盘价129.20 美元，后续每块砖都是从这里开始，每个间隔 0.5。第 2 天的第 1 个动向是向下 0.5 点，这块砖向下触及 128.70 美元。在这一点，价格可以继续下行，也可以上行。如果上行 0.5 点超过了 129.2，在右边一栏就画上另一块砖。

趋势线也可以像移动均线那样画出来。一些交易者忽略了 1 砖的转向，把任何大的转向看作可能的趋势变化。小转向是支持或阻力位，转向间隔既可以是百分比也可以是平均真实区间。

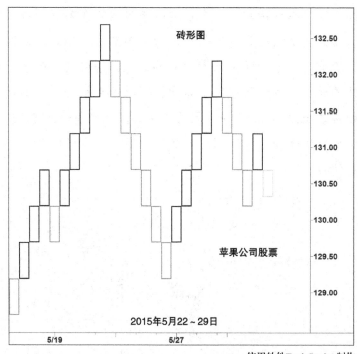

图 11-18　苹果公司股价砖形图（2015 年 5 月 22 ~ 29 日）

线断图（2 或 3 线）

线断图（line-break chart）是另一种不包括价格活动的时间间隔，而重点关注价格活动的日本图表。和这类其他图表一样，这种图表取决于价格转向。不同的是，不用价格变化量识别转向，2 线图和线断图是用前面两条线作为参照物。一条线是类似蜡烛图里使用的柱体，线的宽度是不变的，柱体的高度是基于价格相对于前面线的变化。只有收盘价会用到。所以，在图 11-19 中，第一个柱体是第 1 天相对于前一天收盘价的变化。这是从前一天收盘价向下的柱体，因此涂成黑色。第 2 天市场反弹，画出一条向上的白线。从这一点开始，只有收盘价超过了两个柱体的低点才会被标记为一个转向。如果不是转向，那么它就应该要么是在前面两条线之间因而不被标记，要么就是从最后一个收盘价向上画成一条白线。第四条线是黑线，因为收盘价低于全面两个向上白线的低位，趋势变为向下，只有超过最近两条线的高点，才能形成向上转向。所以每天是否需要标记，取决于收盘价与前两条线的比较。3 线断图的做法类似，但是只有突破前面 3 条线才能被标记为趋势转向。经典形态、支撑和阻力位突破以及方向逆转都可以发出交易信号。

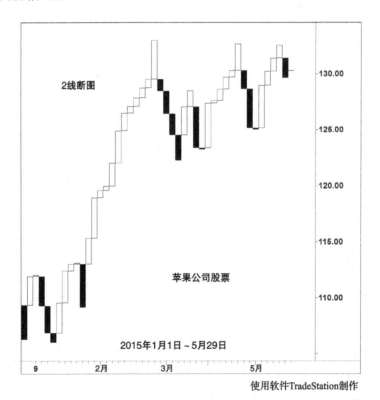

图 11-19　苹果公司股价 2 线断图（日线图：2015 年 1 月 1 日 ~ 5 月 29 日）

总 结

在本章中，我们已经研究了技术分析师绘图的几种方法。线图表示了单个价格的信息，它是最简单的方法。柱线图和日本蜡烛图提供了更多的汇总信息，例如特定交易时期的开盘价、收盘价和价格波动区间。用点数图绘制价格数据，与其他图像绘制方法完全不同。这种方法可以提供交易数据序列，能凸显价格的趋势和反转。

所有的图表都包含了各种价格数据，这些价格收集频率不同，包括：月、周、日交易数据，甚至还包括日内交易。技术分析师选择的数据收集频率要根据分析类型和周期而定。技术分析师可以使用算术标度，图像的纵坐标刻度代表同样的金额数；技术分析师也可能更喜欢使用对数标度，纵坐标表示价格变动的百分比。在阐述不同的技术分析方法时，我们会继续对标度问题进行探讨。切记图表是技术分析师的工具，但本身并不是终极的目标。因此不能说某一种绘图方法就是正确的，不同的绘图方法能分别满足技术分析师的不同需要。

复习题

1. 梅琳达正在分析沃尔玛公司的股票最近 3 个月的表现，发现每股价格在 51 ~ 53 这一区间美元波动。乔书亚正在分析过去 5 年默克公司的股票，发现价格变动区间是 20 ~ 65 美元。请问他们两人中谁更有可能使用算术标度，谁更有可能使用对数标度？请说明理由。

2. 请收集 2014 年 9 月至 2015 年 9 月间瓦莱罗能源公司（Valero Energy Corp）的开盘价、最高价、最低价和收盘价信息。时间周期选择为日线数据、周线数据和月线数据。请注意在指定的期间内以最新的数据开始绘制。如果你想要按照时间序列分析数据，请务必按照日期对数据进行排列。

   (1) 使用日收盘价和算术标度画出 VLO 股价的线图。

   (2) 使用周收盘价和算术标度画出 VLO 股价的线图。

   (3) 比较这两幅图，你能得出 VLO 股价的什么结论？

   (4) 请比较你所绘制的这些图有什么区别？

3. 请使用对数标度重复第 2 题的步骤（1）（2），本题中所绘制的图与对应的第 2

题中绘制的图有什么区别？

4. 按照第 2 题中收集的价格数据，绘制 VLO 的周线蜡烛图。通过这幅图，你能得出什么结论？

5. 请不要使用日内、时间序列的交易数据，而是使用第 2 题中收集的日收盘价绘制一幅 2014 年 9 月～2015 年 9 月的 VLO 股票的一点一格转向点数图。

6. 与第 5 题一样，请使用第 2 题中收集的日收盘价绘制一幅 2014 年 9 月～2015 年 9 月的 VLO 股票的两点一格转向点数图。

7. 与第 5 题一样，请使用第 2 题中收集的日收盘价绘制一幅 2014 年 9 月～2015 年 9 月的 VLO 股票的 1 点 3 格转向点数图。

| 第 12 章 |

趋势的基础知识

本章目标

- 理解为何趋势判断对于股票投资盈利至关重要；

- 学会判定上涨走势、下跌走势和交易区间；

- 理解支撑位和阻力位的概念；

- 熟悉确定趋势的主要方法；

- 熟悉趋势反转的主要信号。

我们现在已经进入了技术分析中备受争议的领域——趋势分析。技术分析中的趋势判定错综复杂，又没有非常具体的规则，因此常让很多初学者摸不着头脑。技术分析的规则是由无数交易者和投资者的观察经验得出来的。一般来讲，从查尔斯·道的时代至今，绝大多数规则没有太大的改变。阅读20世纪30年代各位大师撰写的经典著作，依然可以看到至今仍在使用的技术分析规则。计算机的出现加快了技术分析过程，并且逐渐取消了一些不能盈利的定量分析规则。尽管时过境迁，但是技术分析的基本规则仍未曾改变。市场中有短期、中期和长期趋势之分。当今市场形态的形成原理与50年甚至100年前的情形差不多，因此，虽然有些细节会不同，但总体上看，技术分析师的分析思路是一样的。股票投资和交易能否有利可图，主要取决于风险和收益之间的权衡，而技术分析师的主要任务是利用这些规则，来判定恰当的进场和离场的时机。依靠技术分析盈利，难点不在于这些规则本身，而在于如何运用这些规则。

本书后面章节中提到的观点，以及其他技术分析实践者的理论，读者应当牢记。多数趋势和形态并非机械模式，不能简单地采用计算机编程或测试来处理。需要很长时间的不断实践，才能得到充分利用。技术分析受到的一个主要诟病就是必须经过彻底的计算机程序化和测试才能使用。本书第二篇"市场与市场指标"提到过，很多过去已经被验证的关系，随着时间的推移也会土崩瓦解。似乎唯一可以肯定的就是：价格运动形成走势，认清运动趋势并加以合理利用，是股票盈利的源泉。

所有的技术分析师偶尔都可以说一通似是而非的话，但那些都是基于观察和推断的，在没有充分调查的前提下，人们不应盲从。我们讨论的趋势、支撑位和阻力位、形态细节，将有助于我们了解在什么情况下可能发生自身判断出错，知道在什么情况下很难进行分析。市场经过多年的演变和探索，形成了有助人们解读图表的各种判定规则。因此，学习者可以自行对模型进行试验和验证。在技术分析中，没有哪种方法是万无一失的，其他投资分析方法也是一样。只可惜很多人遵循未经验证的结论，或者盲从事实上不能盈利的基本面分析和技术分析，结果证明无法盈利。很多终生从事研究和实践技术分析的专家指出："发财从来没有捷径，也不会有什么灵丹妙药！"因此，请不要将下面介绍的现象和规则当作发财的捷径。要不断研究，要有耐心，多学一点！我们建议学习者先做模拟交易，最后再拿出一小部分钱做投资。不要操之过急，市场总是在那里等着你。

趋势：利润的关键

请记住：在证券市场中以最小的风险获取利润，就是我们投资的唯一目标；技术分析是盈利和控制风险的有效方法。在本书前面各章中，我们已经强调了确定股票市场趋势和方向的重要性。股票市场中盈利的关键就是要遵从以下三个步骤。

（1）在犯错风险最小的前提下，每当趋势开始的时候，在价格刚开始变化时，尽可能早地做出判断。

（2）无论趋势方向如何（上涨时做多，下跌时做空），选择和持有适合现有走势的合理头寸。

（3）趋势结束的时候请平掉头寸。

确定趋势是一个简单概念，但实践中却很难做到。几乎所有为投资者赚到大笔财富的成功的自动交易系统，都建立在这样一个前提之上：顺势而为，直至走势圆满结束。我们会在本章及后面章节中具体讨论这些方法背后的原理。

在技术分析过程中，须警惕的一点是，虽然趋势概念很容易理解，但是其应用却非常困难，多半是因为确定趋势和趋势反转往往是一种主观的判断，取决于人们在股票市场的分析技术和经验，以及控制个人情绪的能力。成功的分析师都经历过心理痛苦和不断实践。这个世界上最昂贵的教训就是在股市中因为马虎犯错、不能自制、鲁莽决策而导致亏损的时候。所有市场的参与者都会犯错，但是训练有素和自控力强的职业人会快速改正。

在本书第 15 章分析各种价格态势时，我们就会发现，都只不过是各种趋势线（上涨、下跌或盘整）的组合而已。因此，首先必须了解趋势和趋势线。此外，所有的形态都是用来确定一个更长周期的趋势，或提前觉察趋势反转即将发生。形态本身并非明显的交易信号，而是从潜在的和正在变化的趋势中获利的工具。

趋势术语

趋势确定了价格运动的方向。当我们谈到趋势时，我们说的是一个有方向性的趋势，通过对趋势的把握，在价格的涨跌过程中盈利。我们将盘整称作交易区间（trading range）或者中性（neutral）范围。这些是现有的描述不同趋势的术语。顺势而为的技术在没有趋势的市场中作用甚微。在这种情况下，多数技术分析师喜欢使用价格震荡指标，从交易区间的外部一直交易到另一个区间的另一条边界。

在接下来的几章中，我们会从正面、上涨的角度来探讨价格，也就是当我们谈到趋势时，往往会假定说的是一个上涨趋势。多数情况下，下跌的情况和规律与上涨趋势正好相反。因此，针对每一条规律，没有必要赘述两个方向的情况。同样，在讨论支撑位和阻力位的时候，我们一般都讨论支撑位并且提出假设，除非另有说明，否则阻力位只不过是反过来就行。我们这样安排主要是为了方便阅读，而且多数投资者也更喜欢讨论上涨的情况，这本来也无须做过多解释。

趋势分析的基础：道氏理论

第 6 章介绍过，查尔斯·道是世界上最早针对股票市场中价格呈现趋势波动这一现象进行论述的现代技术分析师。事实上，所有在自由流动市场上交易的物品，价格都呈现出有规律的波动。道氏也指出了投资者或交易者必须关注对自己最有利的交易时段。

趋势呈现分形特征（fractal），即无论区间周期如何，它们的行为总是一样的。以分钟衡量的趋势与以日期衡量的趋势大体一致，除了更短周期流动性变化引起的原因之外。道氏强调了三种主要的时间区间：主要、中等和次要。他喜欢将其比为浪潮、波浪和波纹。事实上，周期的分类远不止这些。道氏之所以更关注前两个趋势，是因为他认为对于波纹，没有多少人能够把握。一些技术分析师现今提出了比道氏分类更加详细的趋势判定方法，但是道氏理论是在没有计算机工具支持的情况下提出的，当时也不可能做到实时价格追踪。

道氏还有一个观点，可能也是最为重要的观点，即**趋势本身更加倾向于延续下去，而不是反转。**如果实际情况并非如此，要么是并不存在所谓的趋势，要么是这个趋势不能用来盈利。这种说法看上去有点傻，是大家都明白的一句正确的废话，但却是技术分析师在分析趋势起点时，需要遵循的最基本规则。这个观点再一次驳斥了认为价格随机变化的理论。

所有走势都会受其下一个更长和更短周期的影响。例如，在图 12-1 中，我们可以看到苹果公司股票有明显的上涨趋势。但是这种上涨并不呈现直线性上涨的态势。在上涨的趋势内部，有很多更小的趋势，有上涨也有下跌。通过进一步的观察，我们会发现这些上涨或下跌的走势内部，还有上下起伏波动。这就是趋势的分形性质。从图中还可以看出，长期上涨趋势之中，有另一组较大幅度上升和较小幅度回撤走势。这就是大趋势对于小趋势的影响。因此，在研究特定区间的趋势时，技术分析师必须了解下一个更长周期和更短周期的趋势方向。长期趋势会影响当前走势的力度，而短期走势常能给出长期趋势反转的信号。根据定义，短期趋势的反转通常比中期趋势的反转要早，而且中期趋势的反转比长期趋势反转更早出现。

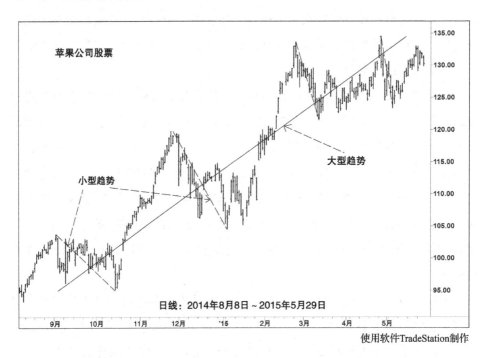

图 12-1　大型趋势和小型趋势（苹果公司股票日线图：2014 年 8 月 8 日~2015 年 5 月 29 日）

投资者心理如何影响趋势

根据经济学的基本原理，市场的供求关系确定商品的价格。证券市场上也是如此。当买卖双方同意进行一项交易时，也就确定了价格。从价格信息，尤其是价格的变化中，我们能获悉什么？一般来讲，当在某个价位上发生大量交易时，该价格告诉我们此刻供求达到了暂时的平衡，并且买卖双方比较满意。

不过在金融市场中，很少会出现达到长期均衡的情况。价格不断地变化，但如果价格只是在小区间里波动，这表明价格正在朝着理论均衡价位运动。价格可以呈现小幅或大幅上涨，也可以上下波动，还可以在总体上升过程中涨涨跌跌。无论价格最终的走势如何，归根结底取决于买卖双方的心理期望和资金力量。如果人们对于价格普遍看涨，但是却没有多少资金可供投入，价格就会保持不变甚至下跌。当然，对市场的期望发生变化，也会引发相应的投入资金量的消长。市场中没有什么是完全稳定或一成不变的。

价格在趋势中运动时，称作顺势运动。价格朝着某个方向运动，说明市场上的供求不平衡。有些人可能会错误地说成市场上的卖家多于买家，或者买家多于卖家，其实在每笔交易中，都有相等数量的买卖双方，因此在某个时刻买卖双方的数量总是会达到一个短暂的平衡。而造成价格趋势运动的根源是买方或卖方的实力，即他们手上是否有足够多的股票或资金？买卖双方交易的热切程度如何？不管是否合理。他们是否有足够的信息、理由进行交易？促成各自交易行为的情绪是恐惧还是贪婪？

根据行为科学研究的成果，从心理角度来看，投资者或交易者群体的正向反馈机制可以延续某个趋势。例如，在上涨趋势中，盈利的买方希望自己保持买家身份，而新进场的买家，由于后悔没有把握住之前的盈利机会，也会纷纷买入，推动价格继续上涨。但是，从长期来看，价格最终会回到均值，但在这个过程中，价格也在上涨、下跌或者盘整。例如，当价格逐渐上涨，买家往往会有更好的市场预期，他们愿意、也有实力把更多资金投入到股票中。相反，如果价格下跌，卖家对于市场的前景不看好，手头也有大量的头寸可出让。因此，价格趋势可以告诉我们市场中买方和卖方这两个群体拥有的实力、对买卖交易的热切和焦虑程度。对于技术分析师来说，市场的预期如何形成、买卖双方手头实力的构成、资金或股票的来源如何，和他们的关系并不大。趋势将会延续，顺势而为，这就是技术分析师盈利的一个奥秘。

确定趋势的方法

趋势从来就不是一条直线，但是我们也不能轻易就说趋势反转了。相反，**趋势是一个方向，而不是一根线**。许多心存疑虑的市场参与者往往跟随着这个方向不断经历起伏波动。有时候套利者会逆着趋势或基于差价进行操作。更有可能的是，手头已无资金或股票的投资者，或者想将手中的股票或资金再保留一段时间，以期价格能够回撤到原先买卖时的价位。这就导致了股价在大趋势的方向上做小范围的震荡，使得判定大趋势反转发生时间变得很难，因为任何反转信号有可能只是针对大趋势内部的短期走势的信号。此外，当市场参与者在"消化"股票之前的涨势或跌势，证券会偶尔停滞不前或者进入盘整状态。引起股票价格井喷、停滞和回撤的投资者心理，本身就是一门有趣的学问，但是这与我们当前的讨论不相关。我们只想知道我们感兴趣的趋势是什么，趋势结束或改变的信号是什么。

波峰和谷底

观察价格和确定趋势的最简单方法是什么？最简单的方法就是在一系列的价格震荡过程中寻找波峰和谷底。如果当前峰值比先前峰值更高，并且谷底也比之前的谷底更高，那么趋势肯定是上升的。如图 12-2 所示，就是这么简单、一目了然。如果当前峰顶和谷底都比先前的峰谷低，则价格处于跌势。如果峰顶和谷底处于散乱分布状态，则趋势难以确定；如果峰值和谷底处于相对一致的水平，则价格态势自然处于盘整状态。

在图中观察价格趋势更容易。本书前面各章已经提过，用数据列表判断价格趋势非常困难。很多技术分析师使用柱线图或者蜡烛图画出趋势线。绘制趋势线有多种方法，下文将详细说明。现在我们先来讨论盘整走势，因为该走势容易解释两个非常重要的技术概念：支撑位和阻力位。

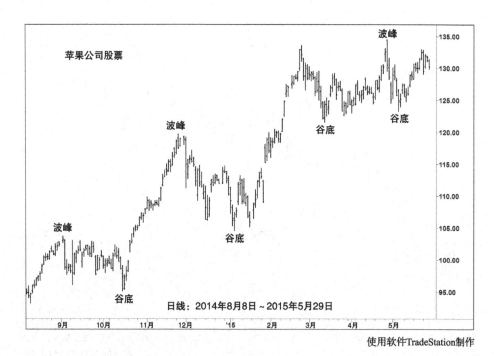

图 12-2　用来确定趋势的波峰和谷底（苹果公司股票日线图：2014 年 8 月 8 日 ~ 2015 年 5 月 29 日）

确定交易区间

当各个波峰和各个谷底各自处于比较接近的价格水平上时，就会出现一个交易区间（又称盘整走势），如图 12-3 所示。此时，在特定价位上出现多个峰值，而谷底都聚集在波峰下方一定距离的位置上。当一个大趋势处于暂时停滞状态时，会出现此类形态。交易区间又称盘整（consolidation）或者密集区（congestion area）或者矩形带（rectangle formation）。查尔斯·道将后一种小型的矩形带称为线形形态（line formation），并在道琼斯工业平均指数中详细说明了此种形态下平均指数必须遵循的具体规则。后来《华尔街日报》的编辑汉密尔顿认为线形形态是唯一具有预测能力的价格形态。

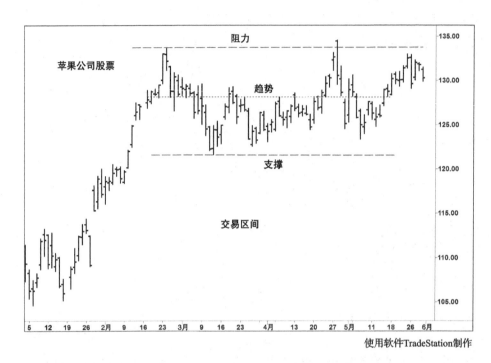

使用软件TradeStation制作

图 12-3　苹果公司股票的交易区间（日线图：2015 年 1～5 月）

支撑位和阻力位的概念

当价格持续上升然后反转下跌时，在上升时期达到的最高点，即峰值，就称为阻力位（resistance point），是股票上涨态势遭遇卖出"阻力"的水平。在这一水平上，卖方和买方的实力以及交易的愿望和热切程度都不相上下，涨势因而停止。当卖方（供方）实力继续增强，交易愿望超过买方（需方）时，股价就会从峰值开始下跌。当多个价格阻力水平基本上处在同一个价格区域时，阻力水平就会变成阻力区（resistance zone）。股票价格很少上涨并停止在同一个价位上。高成交量的价格单峰常常用来确定阻力位。成交量较高是投机和市场情绪的标志，特别是如果在该价位上出现大成交量交易之前，曾出现过大幅上涨的情况，那么这个信号就越发明显，此时大卖家进场的价位尚不清楚。

　　支撑位（support point）与阻力位相反，是一个单独出现的谷底。在支撑位上，买家的实力和交易迫切程度与卖方相当，且价格的跌势已经受阻停止（见图 12-4）。

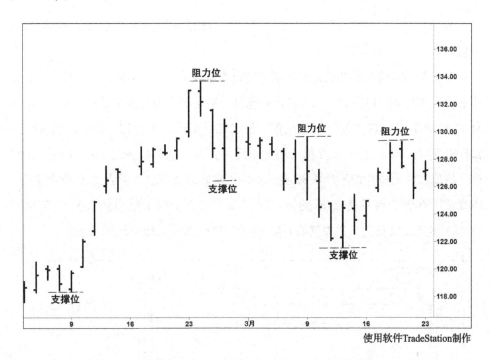

图 12-4　苹果公司股票的支撑位和阻力位（日线图：2015 年 2 月 3 日~3 月 23 日）

　　支撑位和阻力位的概念是，假定未来的价格会在这些既定水平上或者区域内停止，且这些价位代表了人们可以记住的价格的心理障碍或者心理分界线。在不同的时间，支撑位和阻力位可能各不相同，会成为未来价格运动的障碍。不仅支撑位和阻力位会随着时间的变化而变化，而且一旦支撑位和阻力位跌破或突破，这些水平的指示功能也会转变。之前的支撑位会成为阻力位，之前的阻力位会成为支撑位。

出现支撑位和阻力位的原因

　　你是否曾有过买入股票后，看到股票下跌，就迫不及待将它卖出的经历？你是否曾有过卖出股票后，看到股票上涨，希望有机会再次买入的想法？你并不是唯一经历这些情况的人。这些都是人类本能的反应，而这些反应在股票走势图中通过支撑位和阻力位来体现。(Jiler, 1962)

我们先来看一下支撑位背后的心理学，然后看看这种机制如何在未来中体现。

毫无疑问，价格谷底就是买家实力超过卖家实力的点。在图12-5中，苹果公司股票在2月24日达到133.60美元的峰值，这是一个潜在阻力位；然后下跌，3月12日触及121.63美元；接着反弹，但没能返回前一个价位。后来，股价跌到122.60美元，与3月26日支撑位相差不足1美元；然后反弹到134.54美元，与前一峰值和阻力位相差不足0.86美元；并再次跌回支撑位，停在123.36美元上，距离前一谷底价格只有0.76美元。我们现在就有了两个阻力位133.60美元和135.54美元，以及三个支撑位121.63美元、122.60美元和123.36美元。

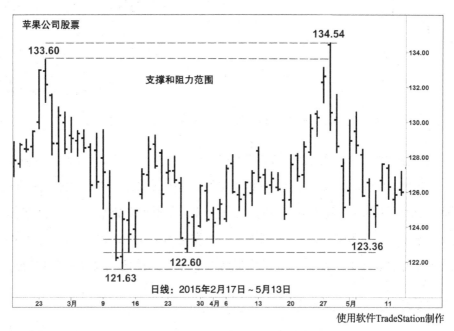

使用软件TradeStation制作

图12-5　支撑和阻力范围（苹果公司股票日线图：2015年2月17日~5月13日）

我们可以假定在 121.63 美元和 123.36 美元之间存在潜在的买家，理由如下。

（1）在下一轮抛售中，那些在 134 美元水平上的卖空的人将会回补，因为他们看到股价在之前下跌到 122 美元附近时停下了，股价很有可能会反弹到 134 美元，届时已经到手的利润就会被抹平，他们不想冒这一风险。

（2）那些一直观望却没能在 122 美元买进的买家现在比较满意，因为价格又跌回到他们错过买入的价格水平。

（3）那些将股票在 122 美元的低点上出售的人，在看到价格从 122 美元往下跌后马上反弹，会希望自己在之前卖出的价位上能够再次进场。

请注意，没有哪一个市场参与者是使用基本面分析或者按照其他信息在 122 美元这一价位购买股票的。购买的理由完全是心理因素，但是这些理由本身却非常有效。技术分析师认为 122 美元已经成了一个支撑区域，未来价格会在这一价位停止继续下跌。这一观点意味着价格在这一区域逗留的频率越高，该区域在未来趋势判定上就越显著、越重要。

同理，134 美元很有可能是阻力位。很多人在这一价格希望卖出，包括之前没能在这一点上卖出的人和在 134 美元买入而现在希望把手上股票变现的人，以及那些看到股票原来曾在 134 美元涨停，现在希望减少手中头寸的人。因此，支撑区域和阻力区域是在各不相同却都很顽固的心理因素驱动下，达到供求平衡的价格水平。

整数价位的意义

具有讽刺意义的是，当价格达到整数位附近的时候，人们买卖的意图会更明显。要不然，何以沃尔玛的 T 恤价格总会定为 29.95 美元，而不是 30 美元？他们知道人们在潜意识中会把 29.95 与 29 联系，也就是说，29.95 美元的 T 恤在消费者心目中价格是 29 美元，而不是 30 美元。同样，在股票市场中，这种情况也会起作用。但是目前出现的一个问题是：人们对这种倾向非常了解。从进场指令这一点来看，我们最好根据实际的技术分析形式来确定进场和离场的位置，而不必受到这种现象的局限。

确定重要反转点的方法

趋势反转点越重要，支撑位或阻力位也越重要。确定反转点有多种方法，我们先来看看下面几种方法。

德马克－威廉斯方法

汤姆·德马克（Tom DeMark）和拉里·威廉斯（Larry Williams）都有一套用柱线数量（柱线图上）在疑似反转点的一个点两端确定反转点的方法。例如，在一个低点柱线上，技术分析师要在一个疑似谷底的柱线两边直接寻找两根低点更高的柱线。可以通过确定谷底两边更多的低点柱线数目，来说明该谷底的重要性。确定一个谷底所需的两端的低点数目越多，该谷底就越重要。

例如，图12-6中两个柱线之间的每个低点和高点都用箭头标识出来。点 a 不是一个谷底，因为它的任意一边都没有两个以上的有较高低点的柱线。同理，点 b 也不是峰顶，因为它的两边也没有两个以上的有较低高点的柱线。点 c 是一个谷底吗？不知道，因为我们看不到点 c 的右侧是否有两个较低高点，所以无法判定点 c 是不是谷底。

百分比方法

还有一种确定重要谷底的方法是提前确定价格下跌然后反弹进入谷底的程度，这一方法通常要用到百分比。以 1% 为例，如果特定时间内价格形成低点需要下跌的幅度超过 1%，然后反弹的幅度超过 1%，这样就定义了一个 1% 的谷底。当然，使用的百分比越大，这个反转点（谷底）出现的概率越小，但也越重要。

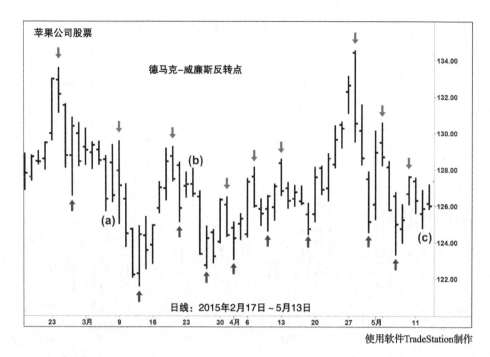

图 12-6　德马克 – 威廉斯反转点（苹果公司股票日线图：2015 年 2 月 17 日 ~ 5 月 13 日）

江恩两日摆动法

W. D. 江恩（W. D. Gann）的价格摆动法与德马克或威廉斯的方法非常接近。为了找到支撑位（谷底），先确定一个低点柱线。一旦确立了低点柱线，就观察接下来两天的交易情况。如果这两天股票价格的高点比低点柱线更高，那么低点柱线就是支撑位。起初，江恩使用的是接下来的三个交易日来确定一个支撑位，但是近年已经变成用之后两个交易日（Krausz, 1998）。同理，在上涨趋势中，如果某个高点柱线后面跟着两个连续的低点更低的柱线，则可以确定阻力位。图 12-7 与图 12-6 一样，只是用江恩规则来确定价格反转点。两幅图的差别在于由江恩规则确定的反转点 a、b、c 和 d，并不是德马克 – 威廉斯方法确定的反转点。理由是在实际反转点发生的日期后面没有出现所要求的连续两

天的高低点情况。因此，按照江恩的规则，图 12-7 的（a）和（e）在现实中并
不一定会发生。

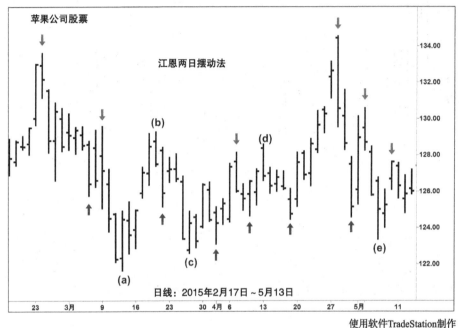

图 12-7　江恩两日摆动法（苹果公司股票日线图：2015 年 2 月 17 日~5 月 13 日）

高成交量方法

　　高成交量也可以用来确定主要的趋势反转点。成交量高意味着某个交易日
的交易数量比平常多。图 12-8 显示了价格高点的高成交量一日反转现象，这一
变化创造了重要的趋势反转点和阻力位，阻止了接下来的反弹。

　　图 12-8 显示了一日和两日高成交量反转的现象。两日高成交量反转与一日
高成交量反转看起来一样，只是前者发生的时间要超过两日。一日高成交量反
转或两日高成交量反转形态，常常发生在波峰或谷底。高成交量交易往往形成
重要的反转点。由于这些形态通常发生在人们投资情绪高涨的时候，所以它们
显示了市场参与者的恐慌或者投机泡沫。因此，反转发生时股票的实际价格在

一张大型的柱线图上并非完全一致。要查看高成交量买卖行为发生时的股票实际价格，可能需要仔细查对日内交易行为，从而判定多数买卖行为发生的价位。

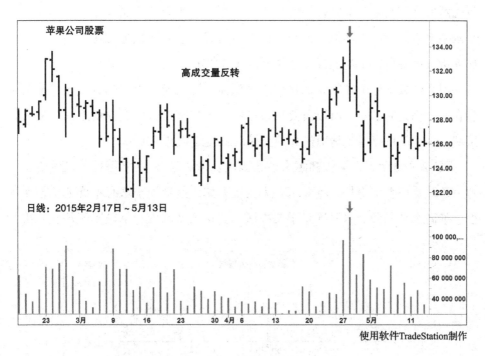

图 12-8　一根和两根柱线反转（苹果公司股票日线图：2015 年 2 月 17 日～5 月 13 日）

在图 12-8 中，2015 年 4 月 28 日成交量突然增加，这个形态称为向外逆转日（outside reversal day），价格波动区间大而且突破了前高，低点也比前低还低，收盘价接近低点。这些形态发生时不一定要有很高的成交量，但是如果出现了高成交量，这会是一个很好的信号，表明价格已经达到了投机的顶点，未来会出现强劲的阻力。

如何绘制支撑区和阻力区

为了绘制出支撑（或者阻力）区，只要在每个重要的谷底（波峰）位置分别画一条水平的直线即可。这些直线可以穿过各自的低点柱线，或者也可以按照吉勒（Jiler，1962）建议的方法，使用柱线图的收盘价来绘制。因为收盘价是大多数投资者在图中习惯解读的数据。这些直线还可以延长到过去，来查看过去的价格下跌是否会在这一水平停止。当这些水平线聚集在一起，甚至在一个水平上重合时，就形成了一个支撑或阻力区。这一区域通常比普通的阻力位或支撑位更明显。也就是说，之前价格在这些水平上涨停或者跌停的次数越多，这一阻力位或支撑位在未来的作用就越明显。因为所有重要的谷底不可能都发生在完全相同的水平，所以需要在最高的支撑位和最低的支撑位之间构建支撑区域。这样就可以清楚地对实际的支撑或阻力区域进行定义。

图 12-9 显示了支撑位和阻力位的画法。请注意在 4547 下面，经过点 1 的这一条线是一个支撑位，点 2、3、4 也是支撑，但是处于略有不同的价格水平上。最高水平和最低水平确定了支撑区，在这个区间内，下跌趋于停止，因为

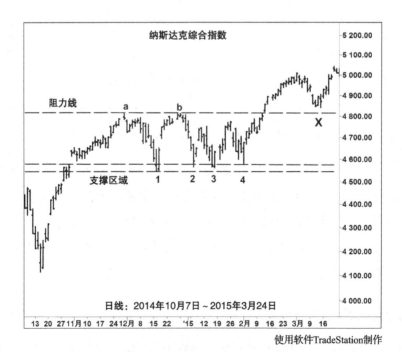

使用软件TradeStation制作

图 12-9　支撑和阻力区域（纳斯达克综合指数日线图：2014 年 10 月 7 日 ~ 2015 年 3 月 24 日）

买家进场导致了价格方向逆转。点 a 和 b 也是转向点，确定了之前的阻力水平，因而这是一个阻力区，价格反弹可能终止于此。

如果支撑位或阻力位水平线附近没有其他的水平线，这就是一个独立的支撑位或阻力位。除非伴随着高成交量的特征，否则这些水平线在未来时段一般不可能与支撑区或阻力区具有同样明显的支撑或阻力作用。

将来，股价会在这些区域内停住，偶尔也会在某个单独的支撑位或阻力位停住。股票价格可以进入支撑区或阻力区，但是一般不会突破该区域的外限。如果股价的确突破了这个外限，则出现了我们称为"突破"的情况，这一现象的结果至关重要。股价向上突破阻力区意味着卖方对该水平已经厌烦，请看图 12-9 中 2 月突破阻力区的情况。这次突破给卖家留下了一个真空，而买家至少在那一个价格水平上控制了股票。如果在这个被突破的阻力区上方附近有另一个阻力位，则价格通常会继续上涨，到达更高的阻力区。因此，在上涨的市场中，一旦某个高一点的阻力区被突破了，更高一点的阻力区就可以成为下一个价格目标。所有的时间跨度上都存在支撑区，包括日线、周线和分钟交易等。一些交易者只在非常短暂的支撑区和阻力区之间交易股票或期货，尤其是电子迷你型期货的交易，这通常是日内交易。

我们对于阻力区的论述同样适用于支撑区。在重要谷底上出现的水平线揭示了支撑区的存在，延伸到将来，会成为股票价格下降的支撑区域。比如在图 12-9 中，前一个阻力区在 X 点变成一个支撑区，此时上涨突破停止并发生了回调。此外，随着时间的流逝，过去水平线的重要性逐渐降低，支撑区和阻力区皆是如此。最近的价格反转最重要，因为人们的记忆很容易消失。

技术分析师如何使用交易区间

再来看看之前提过的横向盘整走势，又称交易区间，如图 12-9 所示。交易区间是指支撑位和阻力位的价格水平相对靠近的情况，而价格在这两个水平之间的反弹会最终在某个方向突破。一些交易者会针对支撑位和阻力位之间的反弹进行交易，但这样操作风险较高，而且要求操作成本低，并且需要时刻紧盯价格走势（Schwager，1996）。利用交易区间最盈利和可靠的方式是进行"突破"交易。我们接下来详细阐述一下这些策略。

区间交易

在某个交易区间内操作是比较困难的。虽然很多书都建议使用这一策略，但对于非专业人员来说，用区间交易策略盈利几乎不可能。首先，在大量交易发生和一定时间之前，很难断定价格是在某个区间进行交易的，我们通过事后分析才能发现之前的很多交易机会。其次，诸如佣金和滑点等操作成本必须要小，而且操作起来要高效，否则任何利润都有可能被高昂的交易成本抵消。由于交易区间的反弹通常是在区域内进行的，而不是某个具体的价位，因此不管是买入还是卖出，执行的价格点都有无数的可能性。最后，用来防止出现损失过大而采用的潜在保护性止损指令很难确定。当所有的成本和执行订单位置确定时，盈利的潜力也流失了很多，在盈利和风险之间很难权衡。因此，在交易区间内，大部分交易者不做交易，而是等待最终不可避免的突破和新的趋势开始。

区间交易的一大例外情况是通道交易。通道（channel）是指带有倾角的交易区间，包括上涨通道和下跌通道。正如支撑位和阻力位确定了交易区间，趋势线确定了通道的边界。我们可以在通道内进行交易，但是一定要沿着通道的趋势进行。也就是说，如果通道呈上涨趋势，那么只能在低位边界买入做多头寸，在高位边界卖出，不能逆着通道趋势做空。上行通道的内部上涨趋势比内部下降趋势时间要长，在某种程度上，根据通道趋势的斜率，按照与主要趋势一致的内部小趋势进行交易，将会减少区间交易中的一些困难。

突破交易

突破交易与技术分析的历史同样悠久。它也是目前来说最成功的一种投资策略之一。交易区间就像一个战场，而买卖双方都在为掌握市场控制权而战。

多数形态是各种趋势线的组合，像战场一样，在战斗结束前，几乎不可能确定谁是赢家。在这种情况下，等待观望比主观臆断更加明智，也更有利可图。一旦价格突破了交易区间，投资者就知道是谁打了胜仗。如果在上涨方向发生了突破，那么是买家在驱使价格抬升；如果在下跌方向发生了突破，则是卖家实力超过了买家。投资者在面对交易区间或形态的时候，突破交易应该是最能盈利、最可靠的策略。

突破交易除了在交易区间内使用外，还有其他多种场合可以应用。最著名的是唐奇安（Donchian）突破方法，也称为"四周突破系统"，由理查德·唐奇安（Richard Donchian）提出，后来由理查德·丹尼斯（Richard Dennis）做了改进，至今有效。由《活跃交易者》杂志开展的研究表明，这个方法普及广泛（Kurczek & Knapp，2003），流传了许多年，至今仍能够盈利，尤其是在大宗商品期货市场上。在过去的四个星期里最高的高点被突破时须买入，而最低的低点跌破时须卖出。"止损和反转订单"策略实施的前提是持有头寸，无论是做多还是做空。

突破是一种强有力的信号，说明了供求关系的平衡已经通过强硬的方式形成。因此，这常常代表了一个动向趋势的开始或持续。有关评估突破和止损的详细内容我们将在下一章介绍。

方向性走势（上涨和下跌）

我们刚才讨论了交易区间的情况，多个连续的峰值和谷底几乎在同样的价格水平上发生，这导致了价格的横向盘整走势。每当价格出现比之前水平更高（或者更低）新的反转点时，价格就处于上涨（下跌）的走势。

方向性走势的概念

当一个波峰或谷底比之前邻近的峰值或谷底更高时，上涨趋势就出现了。

相反，当波峰与谷底比之前的波峰与谷底更低的时候，这自然是一个下跌趋势。因此，趋势的角度是由当前峰值和谷底与过去的峰值和谷底的差异程度决定的。为了更清楚地说明这一问题，图像必不可少。在图12-2中，苹果公司股票在2014年8月～2015年5月表现出了上涨的趋势。需要说明的是，无论趋势的方向如何，趋势的规则都适用。

很明显，趋势的角度越陡峭，就表明买方或者卖方的群体力量越强大。这意味着，一个群体的力量超越另一个群体力量的进度更快。在下跌中，卖家愿意接受越来越低的价格，价格一路跌到谷底；在上升态势中，买家越来越焦急，愿意付出更高的价格买入；此时做多的投资者最高兴，这样就形成趋势。技术分析师一直在观察价格图表，在指标中寻找信号。必然的结果就是趋势上升或下降斜率越陡峭，延续的时间就越短。

因此，上涨趋势代表了买方与卖方相比，对交易的热切程度更高。这与支撑位和阻力位的概念是一样的，只不过阻力位和支撑位是在特定的方向上发生改变。买家想要买入的股票与卖家卖出的股票并不是一次性、在一个价位上交易的。相反，在某段时间内，当新闻和正面消息影响到其他参与者时，股票价格将一直延续现有趋势，直到达到一个极限值。在这一价格水平上，价格趋势会在密集区或盘整区域变得平缓，或者反转进入下跌态势。有些技术分析师认为真正的趋势只能延续很短暂的时间，大约是整体交易时间的20%，而在剩余的时间里，价格趋势保持盘整或者在不确定的条件下形成趋势。对于这一比例是否有效，没有人做过相关论证。但是，根据时间的估算和平均动向指数指标（average directional indicator，ADX）的显示（这是衡量趋势的一种方法，参阅第14章），在不同的市场、周期内和各种情况下都存在趋势。

然而无可置疑的是，大部分盈利来源于正确地预测趋势和顺着趋势进行交易。基于这个原因，几乎所有技术分析的重点都放在如何做好早期趋势预测上。

如何确定上涨趋势

从事后来看，很容易发现趋势，尤其是在价格图像上。不必做具体分析，就能从价格图中很容易地看出反转点以及历史价格的一般趋势。从技术分析师的角度来看，难度在于要确定趋势发生变化时的具体信号。要做到这一点，技术分析师可使用不同的工具：①回归线，②趋势线，③移动平均线。本章我们将讨论回归线，但重点是介绍趋势线。第 14 章将介绍移动平均线。

使用回归线

通过数学函数可以将两组数据（例如价格和时间）的关系以一条直线的形式表达出来。这种方法称为线性回归法（linear regression），根据这种方法画出的线称为回归线（regression line）。这一直线有两个变量：起点和斜率。起点数据和终点数据共同确定了这两个变量。技术分析师对于图中回归线的位置和斜率很感兴趣。例如，在图 12-10 中，从底部价格开始到顶部价格的回归线包括了价格走势的大多数数据。从数学公式来看，这条回归线的等式使实际数据和这条直线之间的偏差最小。这样一来，就可以说这条直线是这些数据的最佳拟合。

我们也可以计算这条最佳拟合直线的标准差，标准差之内应包含绝大部分数据。处于标准差线以外的值（outliers）被视为异常值，或者对于技术分析师来说，如果这些异常价格是最近才出现的，就说明趋势即将改变。在图 12-10 中，右侧的最新价格信息处于该条曲线的标准差线之内，这些最近的数据提示我们，未来趋势将继续上行。

使用趋势线

确定价格趋势最古老、最传统的方法是使用趋势线。可以用尺子画出趋势线，或者通过目视确定，无须复杂的数学公式。我们需要的是两个支撑位反转点或两个阻力位反转点，然后在这些反转点之间画出趋势线，如图 12-11 所示。

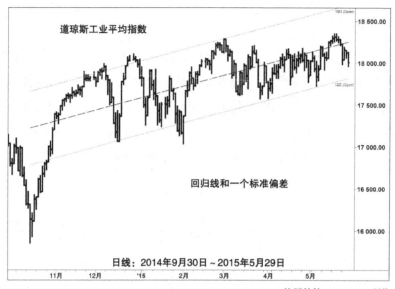

图 12-10　回归线和一个标准偏差（2014 年 9 月 30 日～2015 年 5 月 29 日）

　　请注意，当价格上涨时，一般的做法是连接低点（支撑位）形成趋势线；当价格下跌时，连接高点（阻力位）形成趋势线。连接低点或高点的趋势线一直延伸至未来，技术分析师可以据此判定何时趋势线会被突破。请记住，趋势线的目的是为了找出趋势变化的信号。例如，在图 12-11 中，价格呈现上升走势。因此，可以把 9 月、10 月、11 月的谷底连起来，再把 12 月和 1 月的峰顶连起来。在 12 月初的时候，价格跌破趋势线，技术分析师就知道趋势正在改变方向。但是直到价格跌破第二条趋势线（未画出），跌穿了 12 月谷底，才表明价格已经彻底向下反转了。

标度和趋势线

　　趋势线的绘制也存在标度问题，这和价格曲线图的绘制一样。大多数情况下，用算术标度绘制价格，当价格位于交易区间 20%～40% 时，趋势线比较精确。当价格变化幅度较大时，就需要使用对数标度。在这种情况下，趋势线代表了价格的百分比变化，而不是点数的变化。在长线交易中优先使用对数周期，因为它能够让投资者更好地观察股票价格的变化。通常来说，在长线交易中，投资者按照价格变化百分比来观测图像，而在短线交易中，投资者按照价格变化数量来观测图像。

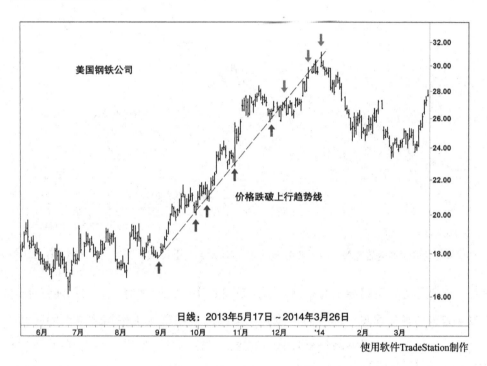

图 12-11　趋势线（2013 年 5 月 17 日 ~ 2014 年 3 月 26 日）

加速趋势线

趋势线还要说明的一个问题是趋势线未必就是直线。尤其在市场出现投机泡沫，或者恐慌的时候，趋势线经常呈现加速度上升或者加速度下降并偏离标准直线的情况。为此，趋势线必须持续不断地进行调整，以更好地反映价格的加速度运动。图 12-12 显示了这一现象。

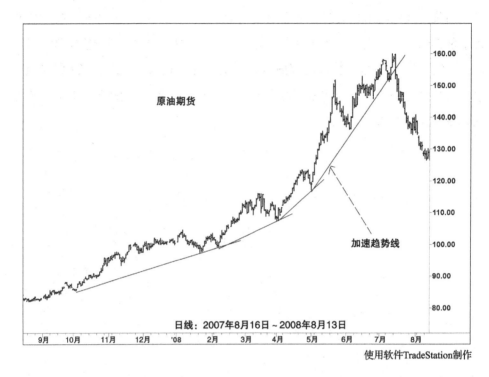

图 12-12　加速趋势线（原油期货日线图：2007 年 8 月 16 日~2008 年 8 月 13 日）

　　加速趋势线不可能永远持续，因为最终斜率会达到无穷大。如果能够通过数学方法计算加速度，那么斜率达到无穷大的时间就是价格到达顶点的时间。这是一种确定发生最终趋势反转时间的方法。在本书讨论形态的章节中，我们将了解到，加速的价格走势是有利可图的，但是风险也比较大，这两方面相互关联。

减速趋势线

　　加速趋势线的反义词就是减速趋势线。减速趋势线又称为扇形线（fan line）。在图 12-13 中，趋势线被突破后，并没有明显的趋势反转，之后画出新的趋势线来反映新的支撑位。该图就是减速趋势线导致的扇形效应。

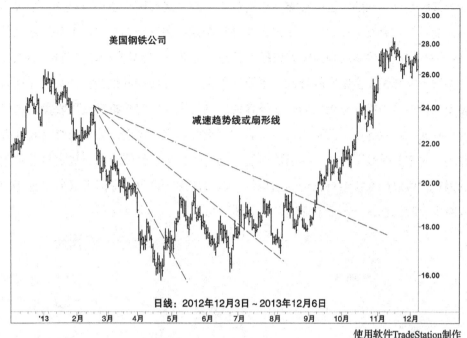

图 12-13　减速趋势线或扇形线（日线图：2012 年 12 月 3 日~2013 年 12 月 6 日）

理论上来讲，会有无数条扇形线延伸开来。但是根据实践者的经验，在趋势反转发生前，最多会出现 3 条扇形线，都有标准形态。当然，如果先前的支撑区间和趋势线都被突破了，就证明趋势已经发生了反转。

趋势线的一般规则

趋势线的应用有几条规律。其一是时间越长，价格试探趋势线的概率越大，而当趋势线最终被突破时，突破点就越加重要。其二是趋势线越陡峭，突破趋势线就会越快发生。这一规律不仅存在于加速趋势线的情况，对于陡峭的直线趋势线也同样适用。

有时候，日内价格数据会突破趋势线，但突破趋势线的程度不大，如图 12-14 所示。这一行为给技术分析师提出了一个难题，因为技术分析师必须要判定：哪一个突破是永久性的？这些突破能指明价格趋势已经反转，还是这只是一个关系不大的异常现象而可以忽略不计？或者必须据此稍稍调整趋势线，来满足新的价格水平？这里的根本问题是突破该趋势线这一现象，是否具有统计显著性和意义。趋势线不能视做完全精准的标准，主要原因是一根柱线中的价格行为，在短期内会受到许多与趋势完全无关的外在因素的影响。比如一些分析师使用收盘价的峰值和谷底确定趋势线，而不用日内交易的高点和低点。他们认为日内交易者常会在每日收市的时候平掉头寸，退出市场，因此收盘价是长线交易者确定供求关系的因素，可以用来描绘更长期的趋势线。通过使用收盘价，虚假突破的数量将大大减少。我们会在下一章节详细探讨突破的规律。

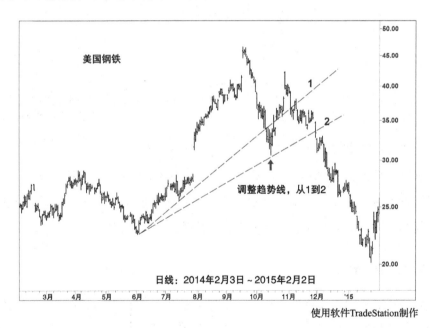

使用软件TradeStation制作

图 12-14　调整趋势线（日线图：2014 年 2 月 3 日 ~2015 年 2 月 2 日）

通道

记住，上升趋势线可以通过支撑谷底的连线绘制，而下降趋势线可以通过连接构成阻力的峰顶绘制。也就是说，当价格上涨时，趋势线位于价格波动曲线下方；而当价格下跌时，趋势线位于价格波动曲线上方。

　　有时候价格似乎在"通道"（channel）内波动，如图 12-15 所示。连接阻力反转点画一条线，与潜在的上升趋势线平行，就形成了通道。这些通道通常包含价格的变动信息，就像密集区域或者矩形形态中常包含市场处于盘整的价格信息。趋势代表供求关系的方向。在上涨走势中，趋势线低于价格线，代表市场对于股票的需求在上升，并且股票的供给曲线常与需求曲线平行，但位于需求线的上方。价格倾向于刺破上升的上通道，就像是供给在这些移动的价格区间按照与需求上升相同的速度在上升。当然，如果我们看到阻力反转点已经不再与通道线平行，并且开始靠近下面的趋势线，就可知卖家的愿望更加迫切，价格可能已经接近反转点。价格突破了趋势线就是通道结束的最终证明。该通道规律同样适用于下降趋势。

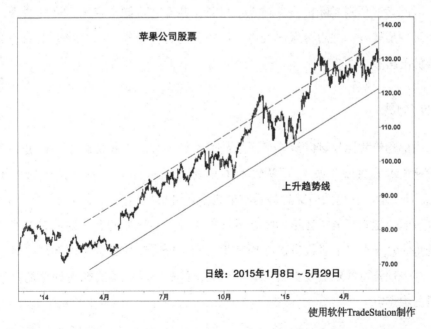

图 12-15　趋势线和通道线（苹果公司股票，日线图：2015 年 1 月 8 日~5 月 29 日）

一旦确定了两个谷底和一个波峰，就可以画出通道。将相邻的峰值相连画出一条与趋势线平行的线，可以一直延伸。这条线成了通道内下一步反弹的目标线。在图 12-15 中，一旦 10 月的第二个谷底确认，就可以画出通道线（虚线），方法就是通过 6 月的峰值画出一条与连接谷底线平行的线。一直延伸到将来，通道线就是后续反弹即将到达的目标，和 7 月的峰值一样。

通道线还有一个潜在的信号，在上涨趋势中价格突破通道线的时候出现。例如，在图 12-15 中，价格在 11 月突破了通道上边沿而不是仍被限制在这个通道内，这个信号表明趋势在加速，正在接近其终点。之后开始下跌调整，快速向趋势线靠近。这种现象同样发生在下降趋势中，当价格向下跌破通道线的时候，就代表了重要的价格底部即将出现。任何趋势加速迹象都代表了纯粹的投资情绪，因此潜在的反转点即将到来。从实际操作角度来讲，不主张投资者或交易者预期反转点的精确位置。虽然趋势方向即将改变，但是价格变化过于迅速，因此尝试预测实际价格反转点不可靠，甚至有可能会带来致命的错误。观望实际的反转点，之后再做出反应，按照新的趋势操作，比逆着原来的趋势操作要保险得多。

内部趋势线

内部趋势线比较难以辨认，而且利用价值不大。一般情况下，这是一条穿过价格曲线的直线，集中了多数不太重要的反转点。内部趋势线的例子如图 12-16所示。这里的内部趋势线与聚集重要价格反转点的回归线有几分类似。有人可能会把它当成是通道两条边界线的中线。不管如何看待内部趋势线，内部趋势线对于交易或者投资的作用都很有限。价格线往往会在内部趋势线上反弹，这一现象可能对短线交易者有些用处，但是移动平均线能更好地衡量不同时段的中点。

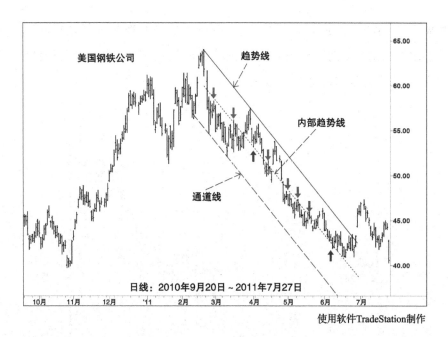

图 12-16　内部趋势线（日线图：2010 年 9 月 20 日 ~2011 年 7 月 27 日）

其他类型的趋势线

趋势是技术分析领域的核心概念。因此，技术分析师必须学会分析和应用趋势线。趋势线不仅在柱线图中很有用，在点数图中的用途也很广泛。速度线（speed lines）、安德鲁斯干草叉指标（Andrews pitchfork）以及江恩扇形线（Gann fan lines），就是技术分析师使用趋势线的方法。

点数图上的趋势线

在标准、老式的点数图上连接两个连续的低点和高点形成趋势线，这与柱线图和蜡烛图中的情况类似。但是三格转向法描绘的点数图中有一个变化：在这种图像中，趋势线是按照 45 度角方向画的（见图 12-17）。在上涨态势中，从最低点开始向上 45 度角画出看涨支撑线；在下跌态势中，从最高点向下 45

度角画出趋势线，称为看跌阻力线。这些趋势线并不是真正意义上的趋势线，和我们之前讨论的概念有些不同，但是其与价格曲线相交的点却意义非凡。我们将在第 16 章详细讨论这一问题。

www.investorsintelligence.com © Stockcube Research Ltd

图 12-17　点数图上的看涨支撑线和看跌阻力线（LLY：截至 2015 年 6 月）

速度线

埃德森·古尔德（Edson Gould）是最早的技术分析提倡者，他做了大量市场调查，提出了用速度线来估计未来支撑位和阻力位的方法。速度线的画法如下：选取某段上涨股价的最低点和最高点，将高点和低点之间的垂线三等分，然后分别连接最低点和这两个等分点，就构成了速度线（见图 12-18）。同理，可以选取某段下降股价的最高点和最低点，将高点和低点之间的垂线三等分，连接最高点和这两个等分点构成速度线。古尔德认为这些速度线是自然的支撑位，股价最终会回撤到这些水平。按照现代的分析方法，采用斐波纳契比率 38.2% 和 61.8% 进行垂线划分，然后画出相应的速度线。由于回撤水平并不遵循一个恒定的比例，因此速度线的应用价值到底有多大，人们对此还是有很多疑虑，但是速度线在各种技术分析的文献中都很常见。

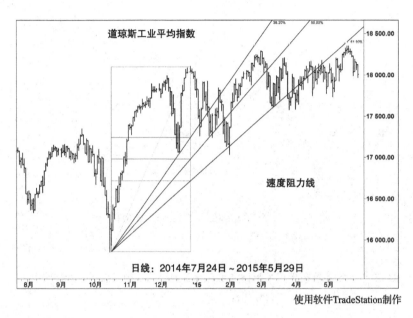

图 12-18　速度阻力线（道琼斯工业平均指数日线图：2014 年 7 月 24 日 ~2015 年 5 月 29 日）

安德鲁斯干草叉指标

艾伦·安德鲁斯（Alan Andrews）博士提出了干草叉指标。

在下降趋势中（见图 12-19），首先选取最早出现的高点 1、接下来的次级低点 2 和第一个主要的回撤高点 3；然后将点 2 和点 3 相连，找到线段的中点，连接点 1 和此中点做趋势线并继续延长；最后分别以点 2 点和点 3 为端点画出与上述趋势线平行的射线。这样的画法听起来十分复杂，而且显然在预测未来阻力位和支撑位方面应用价值有限。根据实践和一些使用者的说法，在"干草叉"形成后，有 80% 的概率价格会返回到中线。这一观点并未得到验证。这一方法常常在媒体上出现，很有可能是因为其名称比较响亮。不得不承认干草叉指标和蜡烛图一样，有很吸引人的名字，但是前者的有效性却令人怀疑。

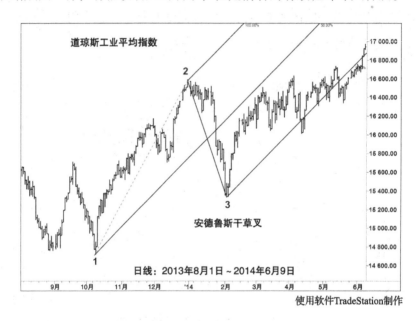

图12-19　安德鲁斯干草叉指标（道琼斯工业平均指数日线图：2013年8月1日~2014年6月9日）

江恩扇形线

　　威廉·德尔伯特·江恩（William Delbert Gann）是著名的大宗商品交易员和交易策略类书籍作者。他提出了很多技术分析方法（参阅第20章），至今受到很多实践者推崇。江恩发明了扇形线，主要灵感来自于价格和时间在几何图案上的关系。为了构筑这些扇形线，江恩按照1、2、3、4和8这组数字的数学关系，提出了9个基本的趋势线角度。将这些数字与一个以重要的价格转折点为顶点的理论三角形相关联，江恩画出了一系列他认为有意义的趋势线。趋势线的角度就是由这些数字转化而来的角度。例如，他认为1:1是最基本的比率，可以转化为45度。1比2对应63.75度，1比3对应71.25度，等等。图12-20

显示了前面在安德鲁斯干草叉指标上使用的同一价格走势图上的江恩扇形线。这些方法的统计学证据不多。不管使用什么方法，这些线都很相似。预测趋势线看来没有什么万无一失的方法，最好的办法依然是在实际的价格走势图上画出趋势线。

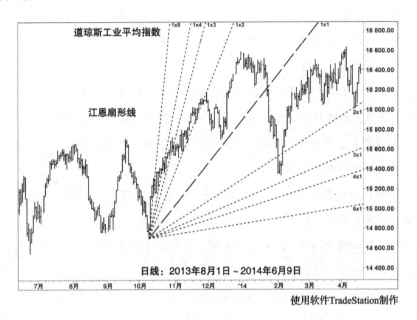

图 12-20　江恩扇形线（道琼斯工业平均指数日线图：2013 年 8 月 1 日～2014 年 6 月 9 日）

总　结

价格趋势是在交易和投资中利用技术分析盈利的最重要的变量。趋势有时明显，有时难以捉摸。最有用的趋势莫过于那些能够让人尽早识别、顺势而为，而且终点也可以明显辨识的趋势。判定趋势的第一步是观察目前存在什么样的趋势。支撑区和阻力区决定了趋势过去反转的时点，由此我们可以判断将来可能出现反转的时间。支撑位和阻力位促成了谷底和峰值的形成。连接各个谷底和各个波峰可以构成趋势线，借此我们可以一览过去的走势，也可以将趋势线延伸，判定未来的走势。根据回撤点和突破趋势线的位置，我们还可以确定趋势可能转向的时机。在接下来的两章里，我们将继续探讨趋势，介绍评估趋势和其他信号的方法，帮助投资者提前预知将来的走势。

···

复习题

1. 请解释术语交易区间（trading range）的含义。为什么当市场处于交易区间的时候，交易者很难从中盈利？

2. 请解释术语支撑位的概念。支撑位的一般画法是怎样的？

3. 请解释术语阻力位的概念。阻力位的一般画法是怎样的？

4. 请解释支撑位和阻力位的心理意义。

5. 乔纳森正在观察处于密集区域的股票价格，密切关注着可以入市的突破点。他不想错过突破发生的时机，但是他又很谨慎，不想提前预设一个突破点。

 （1）当股票在密集区域的时候，乔纳森为何要坐在一旁观望？

 （2）乔纳森如何确认突破点？

 （3）请说明乔纳森面临的进退两难局面。一方面他不想错过突破的发生，另一方面又不愿意过早入市。

6. 图 12-21 是 2006 年 5 月 16 日~2008 年 4 月 4 日微软公司股票的周柱线图，表现出该股票主要在一个交易区间内波动。

 （1）请将该图中股票价格的波峰和谷底标记出来。

 （2）标记的波峰和谷底中，有哪些符合两根柱线反转点的标准？

 （3）标记的波峰和谷底中，有哪些符合江恩扇形线两日摆动标准？

 （4）请在图像中画出支撑线和阻力线（或者支撑区和阻力区）。

 （5）何时发生交易区间突破？

7. 请用你收集的数据以及第 11 章复习题中绘制的图（瓦莱罗能源公司股票价格走势），并找出下列各项：

 （1）请在图像中找出密集区域。在这个交易区间中，支撑位和阻力位分别是多少？突破发生在哪一个方向？从突破的情形来看，买家和卖家之间进行着怎样的竞争？

 （2）请在图中标记发生加速上涨的区间。反转发生在什么时候？

（3）请在图中标记发生减速上涨的区间。反转发生在什么时候？

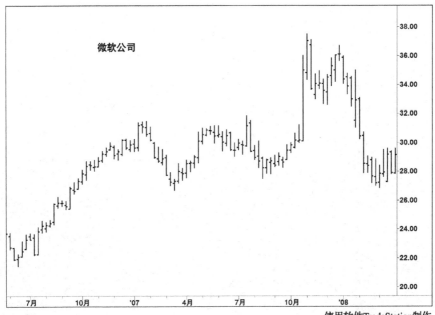

使用软件TradeStation制作

图 12-21 微软公司股票

第 13 章

突破点、止损点与回撤

本章目标

- 理解突破点的概念；
- 掌握确定突破点的主要方法；
- 掌握进场指令和止损离场指令的目的；
- 熟悉确定进场指令和离场止损指令的主要方法。

在第 12 章中，我们讨论了交易者和投资者利用趋势从价格波动中盈利的重要性，说明了多种判断趋势的方法。我们还知道，要达到利润最大化的目的，必须在趋势一开始的时候，在出现趋势反转的迹象前，尽早进行顺势操作。趋势往往起始于支撑位或阻力位的突破点，有时候甚至是从某个已有的趋势线上起步的。本章我们将讨论突破和止损。突破点和止损点从来都不是固定不变的，因此需要我们掌握一些规则，加强对运用这两个概念的信心。一旦我们进行趋势投资，很难确定趋势何时结束，主要退出方式就是止损。在选择进场和离场策略时，止损这一概念至关重要。突破和止损有类似之处，只是止损没有突破那么严格。回撤是一种价格运动，可能跟在突破后面，但有其自身的特点。

突破

当价格"突破"之前的某个支撑位或阻力位（或者支撑区域或阻力区域）时，就发生了突破（breakout）。突破常常标志着供求关系的重大变化，同时新的价格趋势即将出现。就凭这一点，对交易者或投资者来说，突破就是一个至关重要的信号。突破也可以发生在趋势线上，表明支撑位或阻力位并非固定在某一水平上，而是可以移动的。这在前面的章节中也提到过。顺着之前趋势方向的突破表明该趋势还将继续，而与之前趋势方向相反的突破表明了该趋势的反转，这说明投资者需要平掉当前的头寸或者进行反向操作。所谓突破就是价格穿越了特定的价位。这些特定的价格水平常常位于不确定的区域内，加之错误的突破信息很常见，因此确定突破发生的具体位置具有重大意义。要综合看待价格运动的速度，同时确定发生了突破，在这两者之间常要做出权衡。价格突破某个水平需要有一定的速度，而确定存在突破也是进一步分析的前提。两者缺一不可。同时满足这两个要件的路径很多，但都难免需要投资者权衡风险和收益。耐心等待最终确定突破有可能会减少你的潜在收益；但是若不能确定突破就采取行动，虽也有可能获利，但是假突破带来的风险也是需要考虑的。

确认突破的方法

突破的首要条件是击穿之前的趋势线，无论是支撑位还是阻力位。其次是要确认这种价格击穿是真正意义的"突破"，而不是假的"突破"。

如果精确的突破水平不明朗，在支撑区内，该区域的极值水平就被视为**突破水平**（breakout level）。例如，在交易区间内，之前各个支撑位形成了一个范围较大的支撑区域，则将位置最低的支撑线作为突破水平。其他的水平线也是支撑区的一部分，只是价格在穿透这些线后，还会再次回撤到支撑区。因此，突破了最低的支撑位才算是完全突破了这个支撑区。趋势线是更加明确的突破线，它本身是一条直线。然而在趋势线上往往会出现假突破，由此导致需要重新划定趋势线。无论是假突破，还是趋势线的重新划定，都需要最终确认。在日内交易时段常常会发生价格穿透情形，且收盘价常是在突破点或趋势线范围内的某个价位。例如，图 13-1 显示了交易区间的两个假突破，其中一个向上，一个向下。诸如此类的突破往往是假性的。

收盘价过滤器

从技术分析师的角度来看，最大的问题是发生了价格穿越某水平线，但是直到收市前，一般都没有找出其他确认证据。一旦发生价格穿越某个价格水平，有些技术分析师就会迫不及待地做出反应，而把确认工作留待日后去做。这种做法很危险，因为日内发生的价格穿透，其中有很大一部分是假突破。当然，投资者进场时，常会在那个价格附近设置保护性止损指令作为保险措施。风险较低的突破确认方式是在收盘之后再来判定。因为价格穿透也可能是因为一个暂时的外部因素造成的，这往往与长期趋势没有太大关系。如果收盘价是在突破水平以内，很明显，当天发生的价格穿透就属于假突破。另一方面，如果收盘价超过了突破水平，则很有可能这次突破是真实的。图 13-2 与图 13-1 展示了同样的价格曲线，但是图 13-2 延长了几周时间，我们可以看到何时发生了收盘价低于支撑位的真实向下突破。

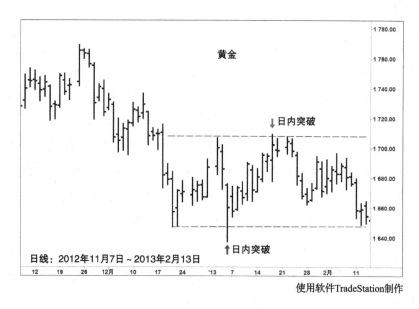

图 13-1　日内突破（黄金日线图：2012 年 11 月 7 日 ~ 2013 年 2 月 13 日）

一些交易者在确定突破之前，甚至会等待两次收盘价的确定，这增加了错过价格突破后的一波价格走势的风险，但是换个角度来讲，这样做可以进一步确定突破的真实性。

通过点数或百分比确认突破

还有一种确认方法是按照超越突破水平的点数或百分比确定一个突破区域

（breakout zone），如图 13-3 所示。这种确认方法的原理是如果价格击穿了突破水平及规定的突破区域，这种穿透肯定就是突破。在价格穿透之前，预先计算突破区的点数或者百分比，这样就可以构建计算模型，从而确定精确的突破价格目标。在日内交易突破发生之后，再等待收盘价进行确认，很难操作。而超过突破水平的点数或者百分比，也是随意或者通过实证研究推导出来的。虽然理论上信号判定可以使用任何点数或百分比，但最常用的还是 3%，即从理想的突破点开始计算 3% 得出的范围。

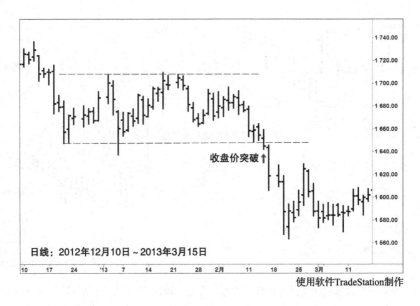

图 13-2　收盘价突破（黄金日线图：2012 年 12 月 10 日~2013 年 3 月 15 日）

时间

不是只简单地观察价格，这种方法是指仔细观察突破发生后的某一时段的价格状态。这一方法的基础是如果价格穿透发生在突破区域以外，且在突破后的价格方向上延续了一定时间，那么这种突破肯定是真的。一般确认的时间周期是两根柱线，但是也可以选择观察更多的柱线。要确定价格突破，在价格穿透发生后，需要多个价格水平超越某一柱线水平。可以将收盘价突破规则和时间规则放在一起使用。这一方法要求价格穿透点和收盘价均在突破水平以外，且价格穿越第二根柱线要比突破水平更远。例如，在价格发生下跌突破时，收盘价必须低于突破水平，并且第二根柱线要比之前确认突破发生的价格水平更低。图 13-3 就显示了这种突破类型，与上涨趋势中的突破刚好相反。

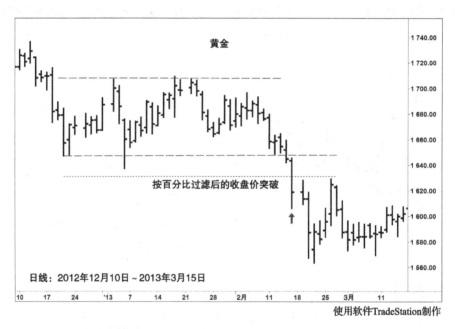

图 13-3　按百分比过滤后的收盘价突破（黄金日线图：2012 年 12 月 10 日~2013 年 3 月 15 日）

成交量

突破往往伴随着成交量的增加。成交量增加意味着其他市场参与者也在按照新的市场趋势操作，且在价格突破背后隐藏着巨大的力量。吉勒（Jiler，1962）发现，突破也可能会伴随着成交量大幅减少的情况，但他无法解释这一现象。通常情况下，当新趋势发生的时候，成交量往往也上升。第 15 章中会根据不同的图表上的突破现象，来解释成交量变化的现象。

波动性

之前与突破现象有关的价格规律都有其缺陷，最主要的不足在于这些方法多数说明不了股票价格的波动性。本质上，某些股票的波动性更大；对于这些股票来说，股票交易的价格波动性也比较大，但不一定能说明出现了突破的信号。请记住，使用收盘价对突破信号进行筛选，对收盘价和突破水平之间究竟是一致还是相差很大，没有任何硬性规定。对于波动幅度大的股票，收盘价与趋势线或突破水平之间的距离可能会很大，但仍然不能证明突破是有效的。

使用某些特定的点数或百分比过滤确定突破的方法，对于波动性很高的股票有可能不成立。所以，技术分析师在使用过滤标准对突破的有效性进行确认的时候，必须考虑价格的波动性。这时候通常使用三种方法来计算股票波动性：贝塔系数 β、标准差（standard deviation）和平均真实波动区间（average true range，ATR）。

贝塔系数是计算价格标准差与市场代理（market proxy）比率，一般选用美国标准普尔 500 指数的结果。在大宗商品市场中，贝塔系数并不常用，因为大宗商品市场与股票市场或商品平均指数之间没有多少有用的关联关系。其实，在过去几年里，由于贝塔系数作为衡量风险的基本方法的有效性遭到了质疑，因此其使用场合在逐渐减少。但是通过波动性的计算，贝塔系数过滤了干扰市场趋势的因素，这是该系数不可多得的优势。

收益率的标准差是多数期权模型和其他衍生品模型的基础，涉及过去某个时段的所有价格数据的计算。这种方法作为突破确认筛选标准的用处在减少，因为其计算结果会受到证券本身波动走势的影响。突破确认的筛选标准应当考虑到走势的波动性，并且将走势本身排除在外。否则具备强劲走势而其趋势波动性很小的股票，会比起趋势不强、股价常在其均值附近大幅波动的股票有过高的筛选标准。

平均真实波动区间是平均区间（average range）的一个变种，是指过去某一区间中的每根柱线高价和低价之间差值的平均值。通过使用怀尔德设计的公式计算平均真实波动区间，可以减少过往数据的影响（具体请参阅第14章）。平均真实波动区间是交易区间里的柱线真实波动区间的平均值（Wilder, 1978）。通过这个指标的计算，柱线之间差价对股票波动性的所有可能影响因素都会包含在内。真实波动区间（true range）是指下列各项中值最大的一项指标：

▶ 当前柱线高点和低点之间的距离；
▶ 之前柱线收盘价和当前柱线高点差的绝对值；
▶ 之前柱线收盘价和当前柱线低点差的绝对值。

平均真实波动区间是某一时段的真实波动区间的平均值。该指标主要取决于股价，而不受其他均值或股票的影响，因此能够最好地体现该股票的行为。它只囊括了那些对价格波动区间有影响的趋势。平均真实波动区间指标是衡量波动性的理想方法，在多种指标和突破与止损公式中有广泛的应用。

作为确认突破的筛选标准，使用多个平均真实波动区间指标可以针对股票的波动性对突破水平进行调整。如图13-4所示，价格波动性发生改变，进而平均真实波动区间的筛选标准也随着时间扩大或缩小。例如当价格波动性增强时，每日平均真实波动区间扩大，且平均真实波动区间越大，就越不可能出现虚假的突破信息。这意味着股价波动性越大，评判假突破可能性所用的筛选标准就越大；相反，波动范围不算太大的股票，对应的突破确认筛选标准会小一点，在股票与平常的交易区间产生最小偏差时，就会触发突破。

轴心点技术

轴心点（pivot point）技术是确定可能出现的支撑位和阻力位的方法。日内交易者在确立当日价格波动区间的时候，常用到轴心点技术，它还可以用来确定突破点（见图13-5）。

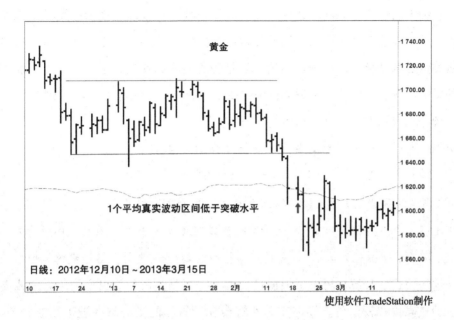

图 13-4　平均真实波动区间突破确认筛选标准（黄金，2012 年 12 月 10 日 ~ 2013 年 3 月 15 日）

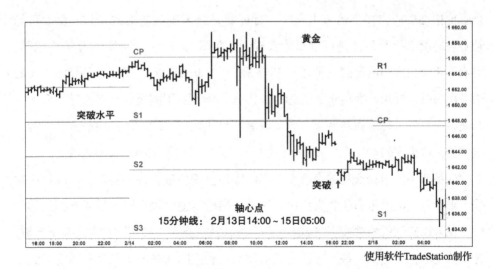

图 13-5　轴心点技术筛选标准（黄金，日期：2013 年 2 月 13 日 ~ 15 日）

这种方法使用了先前柱线的高点、低点和收盘价来确立当前柱线的支撑位和阻力位。有些公式也可以使用开盘价。当前的一系列轴心点是用过去的价格柱线的数据来计算的。这种技巧的原理是随着时间的流逝，过去价格对当前价格的影响会减少。因此，最近的价格柱线是当前价格柱线行为的最佳预报。

轴心点技巧的公式（Kaufman，1998）为

P（轴心点）＝（先前价格柱线的高价 ＋ 低价 ＋ 收盘价）÷ 3

R_1（第一个阻力位）＝（2 × P）－ 先前价格柱线的低价

S_1（第一个支撑位）＝（2 × P）－ 先前价格柱线的高价

R_2（第二个阻力位）＝（P ＋ 先前价格柱线的高价 － 先前价格柱线的低价）

S_2（第二个支撑位）＝（P － 先前价格柱线的高价 ＋ 先前价格柱线的低价）

这组公式的计算，得出了根据过去价格行为预测可能会出现的阻力位或支撑位的较高价和较低价。场内交易者将会在计算出的轴心点附近进场或离场。当然，这一公式在应用中也有一些问题，这个公式背后的逻辑存在漏洞。因为众多价格在轴心点发生的日内反转，有可能是起因于交易者的操作，由此可见轴心点的价格行为往往是可以自我实现的。在图 13-5 中，使用 15 分钟柱线图，显示了黄金在日内的突破（使用图 13-3 和图 13-4 的柱线）。你可以看到，3 天的轴心点都已经标出。突破水平是和之前指标一样，并不能提供更多指导。作为一个波动交易者，你应该转变成日内交易者，寻找低于 S2 和 S3 的突破点，进行短线交易。这个突破确实在 2 月 14 日发生了，就在股市于 16∶00 收市之后。

交易者关注日内交易的突破点，有时候还会使用过去一周甚至一月的价格数据，来确定当前的阻力位和支撑位，当价格突破当前的轴心阻力位或支撑位的时候，就可以确认价格突破了当前实际的阻力位或支撑位。使用这种方法确定突破，背后的逻辑性会更强一些。这组公式本质上是利用昨天的波动性来预测明天的波动性。之前我们也已经讨论过，波动性是确认突破点有效而又精确的方法。

除了标准的轴心点计算方法外，还有其他方法。汤姆·德马克（Tom

DeMark）根据开盘价和收盘价的关系，提出了预测支撑位和阻力位的方法。此外，还有伍迪（Woodie）和卡玛里拉（Camarilla）提出的价格轴心点公式。比较所有这些方法和公式，我们发现没有哪一个公式可以一直稳定、精确地估算未来的支撑位或阻力位。

突破能否被预测

　　我们之前介绍了多种事后确认突破的方法。有没有可能提前预测突破呢？有时候是可以提前预测突破的到来。成交量通常是一个预测可能发生突破的线索。本书后面会提到，成交量往往能够证实运动趋势。也就是说，在某个趋势中，成交量递增代表了趋势的走强，因此当价格在阻力位下方震荡，且价格上升时成交量上升，而价格下降时成交量下降时，很有可能价格会最终突破阻力位。

　　价格还可以提示下一步运动的方向。例如，当股票处于盘整区间时，价格如果在交易区间低位的上方略高处开始反弹上涨，然后在阻力位下跌，就说明买家在市场经过一次小幅调整后对交易的信心增强，愿意多投入一些资金购买股票。如果这种购买的倾向伴随着低点的逐渐上升和反弹时成交量的增加，则出现向上突破的概率增加。

　　图 13-6 给出了一个说明突破即将发生的模拟的股票价格行为。过去存在阻力位，并且阻止了价格的进一步反弹。点 C 发生了反转。如果价格已开始向阻力位逼近，并伴随着成交量的上升，但在市场调整至 C 点的时候成交量下降，则可以预期突破点将出现在紧靠阻力位的上方，而且点 C 就是一个可以进场的价格水平。但是选择这一点进场的胜算不高，风险大，因为最终没能发生突破的概率要高于突破发生的概率。但是由于设定的进场价格点更低，因此如果交易可行，就意味着可以获得更多利润。要做出权衡的是，在确定突破发生之前进场的风险高，和较低进场价格带来的更高利润。在点 B 上小型反弹的成交量上升，则在这里发生突破点的概率大于 C 点，但是盈利却大大减少。点 A 已经

发生了突破，我们交易失败的风险大大降低（但是由于仍有可能出现假突破，因而风险并未消失），但这里的进场价格要远远高于其他的进场点。技术分析师要时刻关注风险和收益问题，但他们要选择何种确认突破的方法，主要取决于他们个人对回报和风险的权衡。确认风险和收益的最佳比例几乎是所有技术分析中普遍存在的问题，从突破到资金管理，无所不在。这也就是我们为什么认为技术方法评估非常困难的原因。

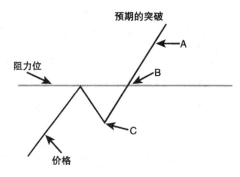

图 13-6　预期的突破

止损

止损指令是指在特定价格水平出现的时候就执行买入或卖出的指令。例如，买入止损指令是指在高于当前价格的特定价位上买入股票的指令。如果价格上涨到特定的买入止损指令价位，就会自动在市场中买入。相反，卖出止损指令是指在低于当前价格的特定价位上卖出股票的指令。这些指令都进一步细化，加上一个限制条件，使得条件触发时，这个指令变成限制性指令。

进场和离场止损点

止损指令，又称为止损操作，可以用于进场或离场。例如，如果价格逼近阻力位,在这个阻力位上方新的趋势正在形成,则应该下达买入止损指令,保证当价格突破了阻力位的时候免于受损。相反,在支撑位上,一旦特定的价格水平突破,就应该输入卖空**进场止损**指令。这些例子都是进场止损的事例。**离场止损**一般用于保护资本免受进一步损失,或者为了进行**保护性止损**(protective stop)。除了避免资本的损失外,止损还可保护利润免遭损失,这种止损称为**跟踪止损**(trailing stop)。这些止损从本质上来讲属于防护性,在进场交易发生的时候是完全有必要的。

突破和止损的水平或区域非常类似。离场止损显示了人们在分析有可能出错的情况下应该采取的措施。当技术分析师对交易和投资不确定的时候,需要离场的指令来保护资本,而不是采取反向操作。之前介绍了使用阻力位或支撑位来确定突破区域,与确定相应的离场止损方法类似。上文描述的确认突破的方法,在确认止损价格水平方面同样有效。

在突破水平上执行进场止损指令,投资者需要准备好投入更多资金,承担突破是有效的风险。在离场止损指令中,投资者平掉头寸,因而也降低了风险。这样讲并不是说止损可以随心所欲地使用。在当前价格附近设置止损点,很有可能让投资者"夹在中间,进退不得"(whipsawed)。当投资者买入股票后,股价大跌;而当投资者接着卖出股票,股价却马上回升,涨到高于原先的购买价,这就是一个例子。投资者原来的判断正确,但是已经遭受损失。"横锯"(whipsaw)一词来自于木材业,是指两人使用一条长长的狭边锯锯木头时,被卡在大圆木中间的状况。如果处理不得当,两个人来回费力不说,木头也没有锯断,因此造成了"两次受损且经常相反用力"的情况。这通常是由于缺乏对情况的理性分析和耐心而造成的。在投资中,这种"反复被打脸"的情形很常见。

修改止损指令

防御性止损中最重要的一个基本原则是不能偏离股票的趋势。由于这种操作保护了资金，同时也可能意味着之前的分析是错误的。换言之，如果做多的投资者在低于当前价位的某个合理水平设置了止损指令，就不能取消这个操作或做出某种变通，这样做的主要目的是让投资者保持诚实。尤其当股票正在亏损时，投资者往往不想承认错误，在情绪压力下破坏交易纪律——这是人的本性，但是往往不能对股价波动做出理性分析和判断。如果原来的交易决策是以最合乎逻辑和现有信息做出的，那么当时设定的止损点后来被证明不准确，改变或取消止损指令就意味着推翻了所有原来的想法和分析。这样一来，可以按照价格趋势的发展调整成跟踪止损，或者按照后续支撑位或阻力位沿着趋势的变化调整止损点，好让头寸操作能够沿着趋势的方向进行。但是，止损指令的取消或改变不能逆势而行。

许多投资者和交易者将止损点设定的位置太靠近当前的股价水平，即使后来他们根据股价波动进行止损点调整，也经常会造成"反复被打脸"的情况。防御性止损点是一种保护机制，但却并不是短期交易所必需的。投资者不想丢掉利润，因此往往会在很靠近当前价格水平的位置设置止损点，造成在长期趋势中过早平仓的结果。更好的办法是给股票一个"喘息"的空间，将保护性止损点设置在股票可允许的调整区域之下的某个位置。我们知道股票价格在沿着趋势前进的时候，会发生回撤的情况；常识也告诉我们永远无法在正巧是波峰或谷底处进行交易。此外，我们还得考虑自己交易的时机。一旦这些因素确定了，根据短线交易周期设置止损点往往招致"反复被打脸"。对于交易者和投资者来说，最好观望一段时间，等待回撤的到来，让股票有"喘息"的空间。

从另一方面来讲，如果总体市场行情看起来即将逆转，而投资者手中的股票也是跟着大势操作的，但却已经显示出了疲软迹象，这个时候在靠近当前价格附近设置跟踪止损点，可以保护投资者的利益。如果平仓无论如何都将要发生，使止损点更靠近价格，只会让价格的决定更多地掌控在市场这只无形的手中，而不能给投资者或交易者更大的回旋空间。

保护性止损的概念

　　一旦建仓，甚至在建仓之前，就必须确定好保护性止损点，然后下达进场指令。这样做的原因有两点：首先，保护性止损旨在保护资本金。并非所有的进场都是正确的决定，也不是所有建仓行为都能带来利润。的确如此，很多交易者做的亏损交易比盈利的交易多，但是依然能够通过英明的止损决定而免遭损失，并最终盈利。在明知交易不能成功的水平上设置保护性止损，当交易成功时，他们能够盈利，顺着趋势的方向操作，直到趋势出现了反转迹象。因此，保护性止损是所有投资行为中必要的操作，即使标准的基本面分析也有用得上止损的地方。那种认定建仓后就能盈利，一概不顾及损失风险的做法是相当荒谬的。

　　还有一个原因是，保护性止损是确定投资者、交易者所能承受的资本风险程度的必要条件。通过确立止损点（并按照这个止损点下达止损指令），投资者知道自己承担的资本风险有多大。假定股票价格突破了 20 美元的阻力位，触发了进场止损指令，就可以保证投资者按照 20 美元的股价进行投资。通过分析过去的支撑位、趋势线和其他技术数据，投资者确定了如果股价下跌至 17 美元（这一水平可能是调整的支撑位或趋势线水平），原来的行情分析有误，说明价格会上涨。有了止损点，你根本不用考虑哪里会出错，因为股价波动本身就说明你做错了。合理的投资管理应该退出股票，进行分析和评估。技术分析告诉投资者离场的价格水平，一旦认定 17 美元是离场的价格水平，那么交易的风险就确定为 4 美元，进场点和潜在离场点之间的差额就是衡量风险的依据。知道需要承担 4 美元的风险，总体资金管理就更容易了。假设投资者有 10 万美元，在投资的过程中最多能承受的资本风险是 10%。以 2500 股的头寸计算，资本损失风险就是每股 4 美元，合计是 10 万美元的投资组合，需承担 1 万美元的资本风险。除此之外，没有其他同样有效的方法衡量损失风险。如果最佳的离场点是 16 美元，而不是 17 美元，对应的资本损失风险是每股 5 美元，那么要保持同样的 10% 的风险比率，则最佳持股量是 2000 股。通过了解风险水平，投资者可以调整购买股票的数量。这种方法在减少损失方面让投资者占有了先机。

所有的止损点都必须根据股票的价格水平和可能发生趋势反转的水平确立。一般来讲，这些就是趋势线、支撑位或阻力位。使用与进场水平的差额点数或百分比方法，不能解决股票波动带来的问题，也不能随之进行止损点调整。相反，进场点本身也会随着股票价格波动呈现短暂的特征。这些规则往往在股价达到关键水平或突破之前被截停了头寸。离场点应该根据趋势分析、支撑位和阻力位、股价波动性和形态等因素设置在符合逻辑的水平上，而不能按照某个投资组合的特点或者随意确定。

跟踪止损的概念

当股票的趋势可以判别，可以使用跟踪止损来避免潜在收益损失。爱德华兹和迈吉将这些止损点称为**渐进性止损**（progressive stop）。跟踪止损点很有设置的必要。假设股票价格正处于重要的上涨阶段，过去的支撑位或阻力位可能与当前的价格之间已有很长一段距离。如图 13-7 所示，如果你在 3 月建立多头仓位，保护性止损设置在 3 月的低价位上。当股票在急速上涨的市场中交易，股价距离原止损点越来越远。到了 5 月，你本来应该已经赚了大把的利润。设置跟踪止损点可以帮助你在市场趋势反转的时候锁定股票价格。如果你把止损点还设置在原来的 3 月的水平，你不得不眼巴巴地看着价格一路大跌，而在你的保护性止损操作触发前，很多到手的利润都要付诸东流。

使用趋势线确定跟踪止损点

确立跟踪止损点的最简单方法是沿着趋势线使用类似于突破的确认标准，如图 13-7 所示。例如，在上升走势明显的股价曲线在其历史价格下方，画出了一条确定无疑、定义精确的标准趋势线。在趋势线下方设置一条平行的趋势线，称为止损线，防止虚假突破信号。这两条线之间的间距可以使用上文讨论过的突破点确认方法。跟踪止损点必须根据每个新的价格柱线，沿着趋势线进行调整。如果触发了止损操作进行平仓，已获得的利润也不会受到影响，至少不会等待当过去的支撑位或阻力位被突破的时候再去止损，那样的话对未来到手的利润就会有很大影响。当然也要保证止损点和趋势线保持一定的距离，免得一个假突破就可以触发止损机制。

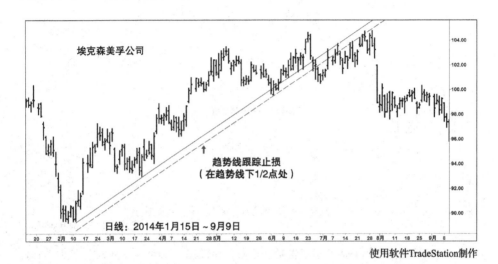

图 13-7 沿着趋势线的跟踪止损（埃克森美孚公司日线图：2014 年 1 月 15 日~9 月 9 日）

还有一种设定跟踪止损点的方法是，考虑股票的内在波动性，衡量股票的平均真实波动区间与最近反转点的距离。这种方法称为"**吊灯离场法**"（chandelier exit）。比如，假设你手头持有多头头寸，股价加速上涨到 50 美元。该股票 14 日的平均真实波动区间是 2.5 美元。根据市场力量的分析，你决定把止损点设在最近的最高点以下 3 倍的平均真实波动区间的水平上（通常使用平均真实波动区间的 2.5 ~ 4 倍）。由此，你在 42.50 美元的水平上设置了卖出止损点。你没有考虑趋势线或之前的支撑位，这两者都有可能远远低于当前的价格水平。这种方法完全依靠股票价格和波动性。当价格上升到 50 美元以上时，止损点也跟着上调，设置在新的高点以下 3 倍的平均真实波动区间的水平上。图 13-8 显示了采用有限度的 ATR 跟踪止损法的情景。这种方法根据股票的波动性调整止损点，大大减少了受假跌影响的机会。当趋势线或支撑位与当前价格有一定距离，并且股价加速上涨，趋势终点很难预测的时候，吊灯离场止损方法尤为管用。

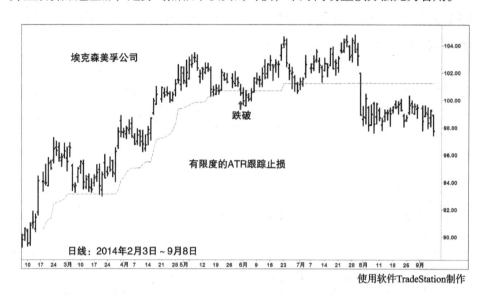

图 13-8　有限度的 ATR 跟踪止损（埃克森美孚公司日线图：2014 年 2 月 3 日~9 月 8 日）

使用抛物线 SAR 确定跟踪止损点

另一种跟随股价趋势设置止损点的方法是使用**抛物线止损**和**反转指标**（parabolic stop and reversal，parabolic SAR）。该指标由韦尔斯·怀尔德于 1978 年提出，起初他是想做出一个交易系统，因为该指标一开始就要求投资者持有多头或空头头寸。但是，现在这不仅是一个突破确认规则，还是一个优秀的、有时非常敏感的止损规则。

使用**加速度因子**（acceleration factor）可以计算抛物线止损和反转指标，当价格沿着趋势不断运动时，加速度因子增加。止损水平遵循抛物线的轨迹，故名"抛物线止损和反转指标"，如图 13-9 所示。该公式的缺点在于它并没有考虑股票的波动性因素，因而很有可能出现"反复打脸"的情形。加速度因子是随机的，每种股票都要经过验证，找到最佳的包含最少次"反复打脸"损失的止损点水平。止损点的抛物线是很有趣的概念，如果能按照股票波动性进行调整，则会有更高的价值。

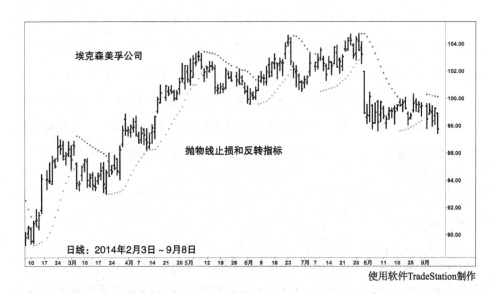

埃克森美孚公司

抛物线止损和反转指标

日线：2014年2月3日～9月8日

使用软件TradeStation制作

图 13-9　抛物线止损和反转指标（埃克森美孚公司日线图：2014 年 2 月 3 日~9 月 8 日）

使用收益百分比来设定跟踪止损点

还有一种确定跟踪止损点的方法，就是在趋势线上升的某个百分比的位置上设定止损点。这种方法可以按照已经发生的额度计算利润。在首次发生的盈利方向上，可以按照收益的50%确定止损点。发生第一次回撤后，随着收益的变化可以调整止损点的位置。之后，投资者可以将比例依次调高。与那些以实际价格为基础确认止损点的方法相比，这种方法的使用价值略逊一筹。

时间止损

时间止损（time stop）是指在交易周期内预定时间到达后就平仓的离场止损点。时间是投资者的劲敌，未来的不确定因素会增加。预测未来的周期越长，准确度越低。未来的不确定因素是长期利率总比短期利率高的一个原因，高利率是为了弥补将来的不确定所带来的风险和负面影响。根据某个交易模型或投资方法确定仓位，该金融资产持续未能盈利的时间越长，证明该头寸本身不能盈利的概率越大。技术分析是把握交易和投资时机的一种方法。为了达到资本收益最大化，就不能让资本闲置。因此，技术分析师常用时间止损点，在预定的投资时间过后离场，尤其当该头寸不能盈利时要离场。时间止损点在测试自动交易系统中也很有效果。所有的头寸都有自身的进场点和离场点，两者并不相关。但是如果没有分析进场和离场时机的能力，就不可能衡量各自的优缺点。因此，为了分析信号进场，时间止损点能帮助我们评估所有测试的进场信号。

金额止损

除了使用价格点数止损防范大额损失的风险之外，有些交易者和投资者还使用**金额止损**（money stop）。这类止损点是按照投资者或交易者愿意承担的金钱损失风险来设定的。例如，上文描述的保护性止损中提到投资者愿意承担1万美元以内的损失。之前提到的方法是根据某个具体的股价来分析主要的资本风险，这里我们可以转换角度，看在投资者损失1万美元之前的股价下跌幅度。使用这种方法，投资者可以随意购买一定数量的股票，不需要提前分析平仓的位置，也不需要提前权衡投资的数量来判定卖出的时机。战略资金管理的常识会告诉我们，这种方法是确立保护性止损不可取的方法。更好的办法是确立股票的风险点数，然后进一步调整。但是金额止损法不仅建立在价格变化的分析基础上，还涉及建仓的股票或合约数量。因此，它不是确定进一步损失发生概率的好方法，也会造成损失惨重的"重复被打脸"，尤其头寸涉及的股票或合约数目较多时，股价小幅度的变化都会掀起轩然大波。

综上所述，有多种止损方法帮助我们防范利润的损失。技术分析师需要测试交易的股票和对应的止损策略，从中选择出最优方法。

综合运用突破和止损方法

阻力位以上或支撑位以下的突破说明了趋势变化的信号。趋势线突破警示了市场变化，但未必就是趋势反转。支撑位或阻力位的突破是最常使用的突破信号。第 15 章我们将着重探讨图表形态。所有的形态都是由趋势线、支撑线或阻力线组合而成的。最可靠的图表形态通常是在支撑位或阻力位突破的时候完成的。多数投资策略都要依靠图表形态分析进行，因此我们必须学会如何判定、确认突破的出现，测量其重要程度并加以确认。

缺口出现时进行止损操作的方法

有些交易者喜欢紧跟着突破采取行动，哪怕为这股热情付出额外的代价也在所不惜。其实，如果突破出现了**缺口**（gap），这样当机立断倒也未尝不可（见图 13-10）。当股票交易的价格与前一天股价波动范围完全没有交集时，就产生了缺口，也就是说，某一天的交易价格和前一天的交易价格完全没有重合的地方，在图中就是一个缺口。缺口显示的是两天的价格柱线之间的差异，并释放出重要的信号，对买卖双方都会产生重大的影响。一般来讲，如果缺口产生的理由很充分，那么价格将继续突破的方向。如果缺口被填补，则证明缺口有可能是假的，趋势很快就要反转。因此，在开盘缺口的下方需要设置保护性止损点。我们将在第 17 章讨论不同类型的缺口。

为假突破（专家突破）设置止损点

图 13-11 显示了向上的**专家突破**（specialist breakout）。这个假突破触发了所有买入止损指令，来防止趋势由下跌反转为上涨所带来的损失，这样做也可以建立新的做多指令。股价在没有"涨破"的情况下马上反转，然后一路下行突破早先的突破水平，这会让很多投资者遭受损失。那些根据保护性止损而买入来平掉空仓头寸的投资者，在接下来的调整中没持有空头头寸，而那些建立

了多头仓位的投资者此刻正蒙受损失。他们统统被这个假的向下突破套住了。这一类型通常称为专家突破，其名称源自专家和做市商会在支撑位或阻力位边沿大量买入股票，从而制造出假突破。所以，图 13-11 的向上突破之前，会出现大成交量和加速上涨的走势，让人们以为股价即将出现爆发性上涨。不管这些假突破是否纯属人为操纵，它们的确常常发生，交易者或投资者如果不能进行自我保护，后果将让他们痛苦不堪。

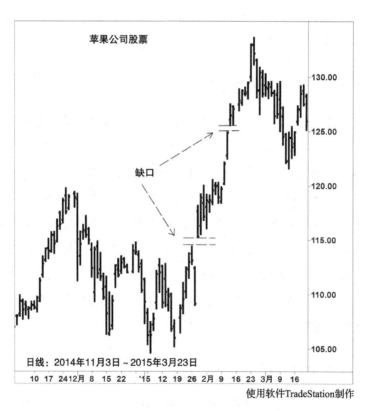

图 13-10　缺口（苹果公司股票，2014 年 11 月 3 日～2015 年 3 月 23 日）

为了防止这类损失的发生，精明的投资者或交易者常会在突破价格略下的位置，设定一个收盘价卖出止损点，如图所示，在突破柱线前一个柱线的低点之下设置一个进场止损点。如果价格快速反转下跌，则交易者借助第二次设置

的止损指令挽回一部分损失，甚至赢取利润，如果突破是真的，则这个买入止
损指令不会被触发。

图 13-11　专家突破止损（2015 年 1 月 27 日 ~6 月 12 日）

专家突破本身是一个可以用于交易的形态。图中的例子说明，如果交易者
没有头寸，看到了向上突破而没有参与交易，那么交易者可以在突破价格柱线
下方设置止损点以防止假突破。如果属于假突破现象，并且触发了交易者的进
场止损指令，那么交易者可以快速盈利。如果没有触发进场止损指令，交易者
也没有任何损失。

对于跟踪止损点或任意止损点来说，最重要的是测试方法的准确性。正确
设置的止损点，能够大大提高交易和投资业绩，而随意设置或设置不当的止损
点，可能连最起码的保底止损都做不到。

回撤

　　与趋势有关的最后一个主题是回撤。正如上文所述，趋势内部往往包含了很多更小的次级趋势。这些比较小的与主要趋势相反的价格行为称为回撤。回撤遵循一些规律。

　　回撤是对主要趋势的修正。当价格上涨且处于强势时，上升会被定期的回撤回调所打断。其中回调的起点往往是一个阻力位，回撤的底部往往是一个支撑位。比之前的支撑位更低的支撑位是从前一个支撑位开始的新趋势线的起点。因此，回撤线本身是更小的趋势线，与主要的趋势方向相反。

　　例如，请看图 13-12。显然，苹果公司股票从 6 月底以来一直在上涨。但是从 8 月中旬到 9 月中旬价格下跌，回吐了部分收益。这种回撤一般会停在下降趋势线，这是在上涨趋势开始前确定的线。这类回撤称作**抛回**（throwback），是投资者参与上涨走势的一个好时机。并不是所有回撤都有这么大的幅度。比如在 8 月初，向上突破趋势线后出现了一个小抛回。这种情况其实是向上突破后常见的现象。

　　回撤与长期趋势的分析方法一样。它本身是一种趋势，只是方向与主趋势相反，且时间跨度不长。在趋势内部，会发生多个不同程度和周期的回撤。由于回撤的终点往往是主趋势的支撑位或阻力位，则回撤的时间跨度和时点可以告诉我们有关长期主趋势的信息。在飙升的态势中，回撤往往很短，不会大幅度抹掉之前的涨价。可以断定强势情况下，回撤的幅度不可能超过之前涨幅的 50%。这一观点同样适用于下跌的情况。如果回撤的幅度超过之前主趋势上涨或下跌的 50%，那么主趋势的趋势线可能要发生变化。图 13-12 显示了苹果公司从 7 月到 8 月底在上涨过程中发生的 50% 回撤。这个回撤不仅停在了 50% 的回撤水平上，而且是在之前的下跌趋势线上，体现出了主趋势的力度。

　　正常情况下的回撤还可以为那些错过早期阶段交易行为的人创造进场机会。只要发生回撤，且幅度不超过之前主趋势涨跌幅度的 50%，顺势而为者就有机会沿着大趋势进行操作。

图 13-12　向上突破后 50% 回撤（苹果公司日线图：2012 年 12 月 11 日～2013 年 10 月 24 日）

　　不巧的是，回撤很少能达到一个精确的百分比程度。一些技术分析师认为回撤百分比的确定，能帮助我们更好地选择进场机会。很多著作都假定在上涨或下跌态势中，价格会按照一定的百分比进行回撤。最常提到的比率就是 33.33%、50%、66.67%，以及斐波纳契比率，包括 38.2% 和 61.8%。阿特·梅利尔是一名享誉业界的技术分析师，在 1989 年 8 月的《技术分析杂志》（*Journal of Technical Analysis*）上发表了一篇文章，指出在上涨或下跌的过程中，道琼斯工业平均指数的回撤并不遵循上面提到的所有比例。

　　因而预测回撤水平常常伴随着风险。评估预期的回撤水平和实际发生的回撤，往往出人意料。可以根据之前的回撤水平进行大致的估计，包括支撑区和阻力区。而时间跨度较长的主趋势无疑是进行预测的最好信息来源，这比从几个数学公式中得出的比率可靠多了。

拉回和抛回

发生突破后，回撤的形态和程度会出现一些变化，常能形成水平的支撑区或阻力区，有时候也会发生趋势线的拉回（pullback）或者**抛回**现象，具体要依据突破的是上升或下跌的态势而定。发生向上突破时，如果价格回落重新回踩突破区域，这一现象称为抛回；相反，发生向下突破时，如果价格会撤至突破区域，则发生了拉回（Edwards，Magee，2007）。图 13-13 显示了黄金市场上的一个拉回现象。我们讨论图表形态时会发现这些回撤很重要。拉回和抛回现象常在各种突破现象中发生，尤其是在矩形带或密集区域发生的突破。如果受到了支撑位和阻力位的限制，这些回撤现象未必会遵循回撤的百分比规律。它们往往延续时间非常短暂，价格跨度也不大，但是却能让突破型交易者获得短暂的、风险较小的建仓时机。

等待回撤

在发生突破但却没有出现缺口时，有些交易者会等待拉回或抛回的出现，然后再着手建仓。他们会等待突破后的第一轮回撤，计算从高点或低点完成一定百分比回撤的水平—通常是 50% 回撤的价格水平，然后在这一水平上，下达限价指令（limit order）。突破后面跟随拉回的现象如图 13-13 所示。研究表明（Tom Hartle，《活跃交易者》杂志，2004 年 3 月），百分比回撤并不具备预测效果，而且变数很大。因此，这些交易者不得不承担股票不会按照设定的百分比幅度进行回撤的风险，股价回撤水平有可能没有达到这个百分比，有可能在达到了以后，还要继续回调至原来的止损水平。为了防止这种情况的发生，一旦确定了回撤的百分比水平，并且设定了限价指令，就要调整止损指令，防止因回撤幅度过大而导致大额损失。交易者也可以在突破发生的时候建立部分头寸，然后再在回撤发生的时候再加一部分头寸，之后再执行止损指令。通过这种方法，因股价顺着突破方向一路继续没有回撤而错失交易的风险将大大减少，同时当回撤发生的时候已可以在较低的平均水平上建仓。

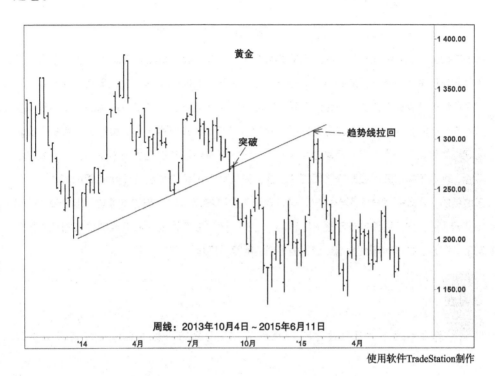

图 13-13 拉回（黄金周线图：2013 年 10 月 4 日 ~ 2015 年 6 月 11 日）

突破交易的风险/回报率计算方法

股票价格在支撑位或阻力位突破后，会向下一个支撑位或阻力位运动。投资者或交易者由此可以确定突破的目标价格，进而计算风险/收益比率。进场价格和目标价格的差额就是收益。风险就是进场价格和止损点离场价格之间的差额，通常是在突破另一端的价格差额。传统上来讲，收益/风险比率应该至少是3:1。这样的比率能让投资者即便遭受了 2/3 的交易失败后，仍然有可能盈利，只要剩余 1/3 的交易能够有 3:1 的收益。第 15 章和第 16 章将介绍确定目标价格的其他方法。3∶1 的比率应该是最低的收益/风险比率。任何小于 3∶1 的比率都能增加损失超过可承受限度的概率。

总 结

支撑位、阻力位或趋势线的突破是价格要转向或在原有趋势上加速运动的主要信号。其中突破是首个让人做出反应的信号。由于存在假突破，因此确认真实突破很有必要。我们讨论了多种确认突破的方法，但是没有哪一种可以确保万无一失。技术分析师必须使用多种方法不停地试验，找到最适合自身交易或投资的方法。止损操作也一样。虽然止损点的设置未必就能精确到某一点，但一旦建仓就需要确立止损指令，除非这些止损指令已经发生或已经平仓，否则不建议取消或改变止损指令。这样做是为了保证交易者的诚实和履约能力。适用于突破的很多规则同样适用于止损。这些规则不仅要考虑价格以前的支撑位、阻力位、趋势等因素，还要按照股票的波动性进行调整。此外，把止损点设在太靠近当前价位的地方也不可取，因为这样很有可能会招致错误信号或"反复被打脸"。

复习题

1. 请解释说明术语"反复被打脸"的含义。什么原因可以导致投资者经历多次的这种损失？

2. 下表中列出了美国 Biosite Inc 公司股票（BSTE）和美国可口可乐公司股票（KO）从 2005 年 4 月 15 日至 5 月 13 日的日线价格，包括开盘价、最高价、最低价和收盘价。

   （1）请计算这一时期的 5 日平均真实波动区间（ATR）。

   （2）请结合给定的平均真实波动区间，比较两种股票的波动性。

   （3）这些平均真实波动区间指标对你采用何种突破筛选标准会有什么影响？

日期	开盘价	最高价	最低价	收盘价	开盘价	最高价	最低价	收盘价
2005 年 4 月 15 日	42.08	42.13	41.15	41.29	58.65	60.26	58.18	58.35
2005 年 4 月 18 日	41.12	41.33	40.74	40.97	58.33	58.81	57.52	58.42
2005 年 4 月 19 日	42.7	42.92	42.06	42.4	58.33	59.92	58.14	59.82
2005 年 4 月 20 日	42.52	42.55	41.63	41.88	60	60.85	58.97	59.3

（续）

日期	开盘价	最高价	最低价	收盘价	开盘价	最高价	最低价	收盘价
2005 年 4 月 21 日	42.3	42.3	41.74	41.98	59.4	60.89	59.29	60.8
2005 年 4 月 22 日	41.95	42.56	41.89	42.13	58.03	62.5	58	58.89
2005 年 4 月 25 日	42.43	42.73	42.11	42.68	59.51	60.2	59.09	59.77
2005 年 4 月 26 日	42.68	43.31	42.6	42.96	59.35	59.69	58.15	58.4
2005 年 4 月 27 日	42.89	42.95	42.48	42.82	58.55	58.55	57.15	57.75
2005 年 4 月 28 日	42.63	42.92	42.62	42.69	58.04	58.04	55.99	55.99
2005 年 4 月 29 日	42.71	43.5	42.6	43.44	56.46	57	55.45	57
2005 年 5 月 2 日	43.49	43.62	43.24	43.57	56.61	56.85	55.76	56.64
2005 年 5 月 3 日	43.57	44.02	43.52	43.76	56.78	57.06	56.01	56.26
2005 年 5 月 4 日	43.98	44.24	43.69	43.93	56.56	57.82	56.55	57.61
2005 年 5 月 5 日	43.78	44.24	43.76	44.15	57.59	57.96	56.81	57.42
2005 年 5 月 6 日	44.22	44.53	44.1	44.19	57.87	57.99	56.11	56.76
2005 年 5 月 9 日	44.2	44.6	44.1	44.57	56.65	57.7	56.27	57.47
2005 年 5 月 10 日	44.12	44.41	44.02	44.23	57.18	57.65	57	57.21
2005 年 5 月 11 日	44.13	44.32	43.79	44.27	57.01	57.37	55.9	56.73
2005 年 5 月 12 日	44.17	44.75	43.75	44.17	56.7	57.87	56.51	57.65
2005 年 5 月 13 日	44.47	44.47	43.87	44.11	57.52	58.26	56.91	57.58

3. 使用第 2 题中采用的数据，计算这两种股票的日轴心点。请解释说明如何据此确定阻力位、支撑位或突破点。

4. 请解释在上涨趋势中，投资者往往使用跟踪止损而不是设置一个永久性止损点的原因。

5. 请解释说明使用时间止损和金额止损的利弊。

| 第 14 章 |

移动平均线

本章目标

- 理解如何使用移动平均线来判定趋势；

- 学会如何计算算术移动平均线；

- 学会如何计算指数移动平均线；

- 熟悉有方向运动的概念；

- 熟悉如何构建包络线、波幅通道和价格通道。

通过趋势获取盈利，最成功的方法莫过于使用移动平均线了。移动平均值是指一个恒定周期里的平均值（通常指价格的均值），我们可以为每个连续的时间周期计算移动平均值。将所有的计算结果在图上绘制出来，就可以得到代表连续价格均值的平滑曲线，称为移动平均线。移动平均线减少了短期震荡的影响。许多成功的技术分析型基金经理都使用移动平均线，来确定趋势转变方向的时间。在趋势强劲的市场中，移动平均线尤其具有应用价值。

学术界对移动平均线的价值进行了验证，证明移动平均线具备统计学上的显著特征。布罗克（Brock）、勒克尼肖克（Lakonishok）和勒巴隆（LeBaron）利用现代减少偏差的统计方法，首次证明移动平均线交叉信号具备内在价值。正如多数学术研究的情况一样，人们对布罗克、勒克尼肖克和勒巴隆的研究结果也有争议。虽然对这三位学者的研究，有人持批评态度，但是也有人进行了证实（碰巧的是，他们三人的观点恰好证明了随机走势理论和有效市场假说的错误）。虽然布罗克、勒克尼肖克和勒巴隆的研究主要是针对道琼斯工业平均指数的，但是后来的研究表明，在其他国家的金融市场中使用移动平均交叉判定系统，同样取得了积极的结果。德特里（Detry）和格雷瓜尔（Gregoire）2001年总结了这一类的研究成果。

显然，移动平均线很有价值。交易者和趋势投资者对此早已心知肚明，而技术分析师对此也更有信心了。本章我们将讨论在技术分析中利用移动平均线的一些方法和策略，同时介绍基于移动平均线的一些指标和技术分析方法，包括布林带（Bollinger bands）、包络线（envelopes）和动向指数指标。

移动平均线的概念

移动平均线是技术分析师使用的最古老的一种工具。股票价格、大宗商品价格和汇率的每日波动幅度往往很大。移动平均线调和了这些波动状况，将波动弱化，但也有可能扭曲波动的形态。技术分析师经常使用移动平均线对错误信息进行平滑处理，从而使人们更清晰地看清楚潜在的趋势。

应用移动平均线的主要原因是它可以对短期波动进行平滑处理、过滤，从而让投资者结合自己的时段，把重点放在观察趋势上。移动平均线本身只是一个代表了一组过去数值净值的集合。例如，20 日移动平均线是指过去 20 天的价格情况，但它并不是直接表述过去 20 天的价格数据，而是告诉我们这个 20 天的时段，价格的表现如何，它并不是某一个时点的具体价格数值。

简单移动平均值的计算方法

表 14-1 显示了 2014 年 11 月 18 日至 2015 年 2 月 26 日沃尔玛公司（WMT）的每日收盘价。多数移动平均值都是根据收盘价做出的，但是也可以使用最高价、最低价、日均值或其他价格数据计算，但是在整个计算过程中要保持一致。这里我们使用收盘价。

最常用的移动平均是简单移动平均值（simple moving average，SMA），也称作算术移动平均值（arithmetic moving average）。算术移动平均值是将数据加总，再除以周期内的数据数量得出的数值。例如，请看表 14-1 中的 10 日周期的移动平均值。我们先把前面 10 天的收盘价格加总，然后除以 10，得出这个 10 日周期的收盘价平均值。因此第 10 天的移动平均值应该就是沃尔玛股票在这个 10 天里收盘价的均值，即 85.35 美元。

表 14-1　2014 年 11 月 18 日 ~2015 年 2 月 26 日沃尔玛公司价格数据

（价格单位：美元）

日期	开盘价	最高价	最低价	收盘价	10 日 SMA	26 日 SMA	10 日指数移动平均值	10 日线性加权移动平均值
2014 年 11 月 18 日	83.50	83.92	83.34	83.79				
2014 年 11 月 19 日	83.96	85.64	83.92	84.99				
2014 年 11 月 20 日	84.80	85.29	84.04	84.58				
2014 年 11 月 21 日	85.34	85.44	84.58	84.65				
2014 年 11 月 24 日	84.85	85.61	84.77	85.40				
2014 年 11 月 25 日	85.42	85.51	84.39	84.95				
2014 年 11 月 26 日	84.90	85.11	84.48	84.98				
2014 年 11 月 28 日	86.18	88.09	85.90	87.54				
2014 年 12 月 1 日	86.72	87.07	85.75	86.22				
2014 年 12 月 2 日	86.27	86.70	85.93	86.40	85.35		85.08	85.78
2014 年 12 月 3 日	85.96	86.00	84.68	84.94	85.47		85.05	85.71
2014 年 12 月 4 日	84.13	84.82	83.65	84.76	85.44		85.00	85.58
2014 年 12 月 5 日	84.90	84.90	83.51	84.12	85.40		84.84	85.34
2014 年 12 月 8 日	84.15	84.67	83.85	84.23	85.35		84.73	85.13
2014 年 12 月 9 日	83.65	84.21	82.65	83.56	85.17		84.52	84.80
2014 年 12 月 10 日	83.93	84.31	82.90	82.98	84.97		84.24	84.40
2014 年 12 月 11 日	83.18	84.50	83.16	83.83	84.86		84.16	84.19
2014 年 12 月 12 日	83.52	85.00	83.52	83.81	84.49		84.10	84.00
2014 年 12 月 15 日	84.26	84.70	83.05	83.94	84.26		84.07	83.90
2014 年 12 月 16 日	83.62	84.76	82.94	82.96	83.91		83.87	83.67
2014 年 12 月 17 日	83.28	84.26	82.95	84.23	83.84		83.93	83.73
2014 年 12 月 18 日	84.80	85.95	84.28	85.94	83.96		84.30	84.11
2014 年 12 月 19 日	86.26	86.34	85.16	85.16	84.06		84.46	84.33
2014 年 12 月 22 日	85.32	86.40	85.29	86.38	84.28		84.81	84.75
2014 年 12 月 23 日	86.69	87.08	86.36	86.66	84.59		85.14	85.18
2014 年 12 月 24 日	86.97	87.07	86.39	86.43	84.93	84.90	85.38	85.51
2014 年 12 月 26 日	86.18	87.14	86.01	86.91	85.24	85.02	85.66	85.87
2014 年 12 月 29 日	86.46	87.07	86.40	86.64	85.53	85.08	85.83	86.13
2014 年 12 月 30 日	86.52	87.13	86.48	86.79	85.81	85.17	86.01	86.36
2014 年 12 月 31 日	87.04	87.44	85.86	85.88	86.10	85.22	85.98	86.37
2015 年 1 月 2 日	86.27	86.72	85.55	85.90	86.27	85.24	85.97	86.33
2015 年 1 月 5 日	85.72	86.32	85.51	85.65	86.24	85.26	85.91	86.22
2015 年 1 月 6 日	85.98	86.75	85.79	86.31	86.36	85.31	85.98	86.23
2015 年 1 月 7 日	86.78	88.68	86.67	88.60	86.58	85.36	86.46	86.64

（续）

日期	开盘价	最高价	最低价	收盘价	10 日 SMA	26 日 SMA	10 日指数移动平均值	10 日线性加权移动平均值
2015 年 1 月 8 日	89.21	90.67	89.07	90.47	86.96	85.52	87.19	87.35
2015 年 1 月 9 日	90.21	90.39	89.25	89.35	87.25	85.63	87.58	87.79
2015 年 1 月 12 日	89.36	90.31	89.22	90.02	87.56	85.83	88.02	88.29
2015 年 1 月 13 日	90.80	90.97	88.93	89.31	87.83	86.00	88.26	88.61
2015 年 1 月 14 日	87.65	88.52	86.50	86.61	87.81	86.10	87.96	88.39
2015 年 1 月 15 日	87.00	87.78	86.70	87.38	87.96	86.22	87.85	88.31
2015 年 1 月 16 日	87.20	87.46	86.23	86.77	88.05	86.34	87.66	88.09
2015 年 1 月 20 日	86.82	87.70	85.55	86.69	88.15	86.49	87.48	87.84
2015 年 1 月 21 日	86.10	86.91	85.71	86.64	88.18	86.59	87.33	87.57
2015 年 1 月 22 日	87.23	88.40	86.86	88.30	88.15	86.77	87.50	87.59
2015 年 1 月 23 日	88.42	89.26	87.89	88.51	87.96	86.94	87.69	87.66
2015 年 1 月 26 日	88.31	89.16	88.12	88.63	87.89	87.16	87.86	87.78
2015 年 1 月 27 日	88.28	88.46	87.26	87.53	87.64	87.29	87.80	87.71
2015 年 1 月 28 日	88.02	88.23	86.77	86.82	87.39	87.32	87.62	87.56
2015 年 1 月 29 日	87.07	87.72	86.27	87.72	87.50	87.42	87.64	87.62
2015 年 1 月 30 日	86.66	87.36	84.90	84.98	87.26	87.37	87.16	87.17
2015 年 2 月 2 日	84.79	85.87	83.93	85.71	87.15	87.33	86.89	86.88
2015 年 2 月 3 日	85.83	86.53	85.66	86.19	87.10	87.32	86.76	86.71
2015 年 2 月 4 日	86.11	87.04	86.00	86.65	87.10	87.31	86.74	86.63
2015 年 2 月 5 日	87.11	87.36	86.56	87.28	87.00	87.33	86.84	86.66
2015 年 2 月 6 日	87.26	88.00	86.78	87.33	86.88	87.36	86.93	86.72
2015 年 2 月 9 日	86.97	87.19	85.64	85.91	86.61	87.36	86.74	86.54
2015 年 2 月 10 日	86.62	87.41	86.42	87.29	86.59	87.41	86.84	86.67
2015 年 2 月 11 日	86.63	87.12	85.92	86.34	86.54	87.44	86.75	86.62
2015 年 2 月 12 日	86.56	86.68	85.23	85.89	86.36	87.42	86.60	86.50
2015 年 2 月 13 日	85.84	86.16	85.32	85.81	86.44	87.31	86.45	86.40
2015 年 2 月 17 日	85.43	85.97	84.97	85.96	86.47	87.14	86.36	86.32
2015 年 2 月 18 日	86.00	86.30	85.52	86.29	86.48	87.02	86.35	86.28
2015 年 2 月 19 日	84.50	84.80	83.39	83.52	86.16	86.77	85.84	85.75
2015 年 2 月 20 日	82.73	84.38	82.55	84.30	85.86	86.58	85.56	85.41
2015 年 2 月 23 日	84.39	84.86	84.23	84.60	85.59	86.50	85.38	85.18
2015 年 2 月 24 日	84.52	84.82	83.92	84.57	85.46	86.39	85.23	84.99
2015 年 2 月 25 日	84.63	84.72	83.52	83.57	85.09	86.27	84.93	84.65
2015 年 2 月 26 日	83.85	83.86	83.27	83.80	84.83	86.16	84.73	84.42

资料来源：TradeStation。

到了第 11 天，移动平均值会有变化。为了计算第 11 天的移动平均值，我们可以计算第 2 天至第 11 天的价格均值。也就是说，在整个计算数据的选择中，我们已经去掉了第 1 天的数据，加入了第 2 天的数据。计算 10 日周期算术移动平均值的公式为

$$\text{SMA}_{10} = \sum_{i=1}^{10} \text{data}_i / 10$$

式中　SMA_{10}——10 日周期移动平均值；

　　　data_i——第 i 日的价格。

当然我们可以构建不同周期的移动平均值。表 14-1 中，我们还可以看到以 26 日为周期的移动平均值。这一移动平均值是通过加总最近 26 天的收盘价，然后除以 26 所得的结果。

虽然移动平均值可以对任何既定周期的价格进行平滑处理，但是在计算移动平均值中最常用的周期是 200 日、60 日、50 日、30 日、20 日和 10 日。这些周期带有一定的随机性，基本是在计算机普及之前依靠手工计算或通过"加法机"计算的时代所选择的周期。比如加特莱（1935）使用了 200 日周期的移动平均值。这样做很简单，因为整数容易计算。此外，10 日、20 日、60 日周期的移动平均值可以让我们对两个星期、一个月和三个月（一个财务季度）的交易数据的均值有个大致了解。

移动平均值计算出以后，就可以在价格图上画出曲线。图 14-1 显示了沃尔玛股票的 26 日算术移动平均线。从 11 月初到 1 月末，移动平均线呈现上升斜线轨迹，表明沃尔玛股票价格在上涨。该移动平均线对该股价的日波动范围进行了平滑处理，这样技术分析师就可以在不受这些细微的日波动干扰的情况下，分析股票价格的趋势。

移动平均线上升表示上升的趋势，而移动平均线下降表明下跌的趋势。虽然移动平均线可以帮助我们识别趋势，但是只能在趋势出现以后才能最终断定。因此，移动平均线作为趋势判定指标具有延后性。从定义上看，这些指标是基

于过去价格数据的指标。如图 14-1 所示，沃尔玛股票从 10 月末开始出现股价上涨走势，但是移动平均线的上涨趋势差不多要到 11 月初才出现。根据技术分析规则，我们需要顺势而为。使用移动平均线判定趋势变化，信号往往会发生延迟现象。

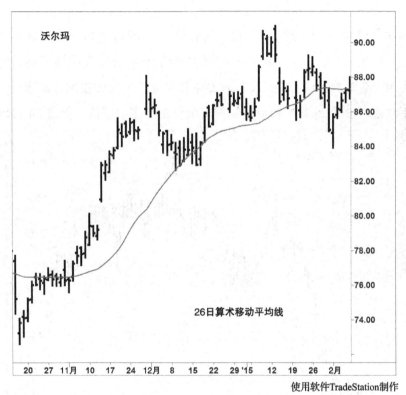

图 14-1　26 日算术移动平均线（沃尔玛股票日线图：2014 年 10 月 14 日～2015 年 2 月 6 日）

移动平均线的周期

移动平均线的计算可以选择多种时间长度，那么哪一种周期是最好的呢？当然，长周期可以包含更多的数据和更多的信息，而在计算移动平均值中使用的数据越多，则每日价格的重要性相对降低。因此，一日价格数值的大幅度变化不会对长期移动平均值产生大的影响，即使某一天出现异常值也不会有较大影响。

但是，某一日价格的大幅变化很有可能预示着趋势变化的开始，只是基本趋势的变化需要更长的时间才能显现出来。因此，长期移动平均线显示趋势变化较晚，但是却很难因为短期数据的突然变化而指示错误的趋势变化信息。

例如，图 14-2 中绘制了沃尔玛公司股票 13 日周期和 26 日周期的算术移动平均线。请注意，13 日周期的算术移动平均线比 26 日周期移动平均线的波动更大，因为后者的计算周期更长。26 日移动平均线也因此被称为是速度更慢的移动平均线。虽然 26 日移动平均线使得价格走势更加平滑，但是 26 日周期在

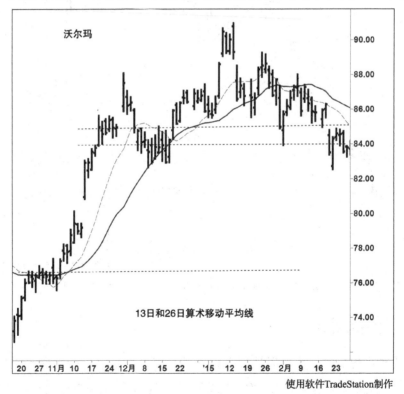

使用软件TradeStation制作

图 14-2　两条算术移动平均线交点作为支撑区域和阻力区域（沃尔玛公司
股票日线图：2014 年 10 月 15 日 ~2015 年 2 月 26 日）

指示基本的趋势变化时速度较慢。10 月末/11 月初出现了 13 日算术移动平均线的谷底，显示了趋势的变化；而一周以后，较慢的 26 日移动平均线还是平的，但是逐渐显示出缓慢上行的趋势。因此，26 日算术移动平均线在指示趋势变化方面不够灵敏，时间较晚。

趋势反转发现得越早，交易利润可越能实现最大化，因此乍一看，似乎 13 日算术移动平均线能提供更高级的信息。但是算术移动平均线指示趋势变化过早，有可能释放出错误信号。例如，在图 14-2 中，12 月初，13 日算术移动平均线呈现水平方向延展，看似上涨趋势已经结束。但是我们后来就可以确定直到 1 月中旬并没有出现趋势反转。13 日算术移动平均线对于价格临时出现的下跌反应过度。在这期间，慢速的 26 日算术移动平均线依然正确提示了上升趋势的继续。

使用多条移动平均线

技术分析不应局限于某一条移动平均线提供的信息，同时考虑多条不同移动平均线的信息可以增加技术分析师的信息源。如图 14-2 所示，当两条移动平均线交叉时，常会出现支撑位或阻力位。当短期移动平均线向上突破长期移动平均线时，可以视为一个买入信号，或者至少提示价格趋势的上涨。同理，当短期移动平均线向下跌破长期移动平均线时，可以认定出现了卖出信号。多数成功利用移动平均线进行投资的策略，往往是利用长期移动平均线作为确定趋势的主要因素，同时使用短期移动平均线用做跟踪止损点来确认信号。在某些情况下，移动平均线可以用来确定趋势，同时使用价格形态确定进场或离场的信号。

在价格横向盘整走势中使用两条移动平均线信号，有可能会导致出现多次"反复被打脸"现象。这个问题在图 14-3 中可见端倪。从根本上来讲，这和在密集区域中出现标准的盘整走势的问题类似，很难确定价格突破点，因为价格一直在支撑位和阻力位之间来回震荡摇摆。移动平均线不可能提供说明趋势何时最终突破的信息。这意味着技术分析师必须在使用移动平均线交点作为买卖交易信号时，随时关注走势。否则，在等待特定的可以带来巨额利润的正确信号时，可能会反复出现错误信号，导致小额损失。也不排除一部分交易者宁可冒险，承受短期的反复损失，也不愿错过主要趋势的情况。只要技术分析师有魄力、有能力承受这些小幅损失，这就是一种有利可图的方法。此外，这还是许多长期趋势系统的根基——等待并承受小幅度损失，最终等待利润的到来。这也表明，只要遵守纪律，即便承受了多次小交易损失，也可以获得盈利。

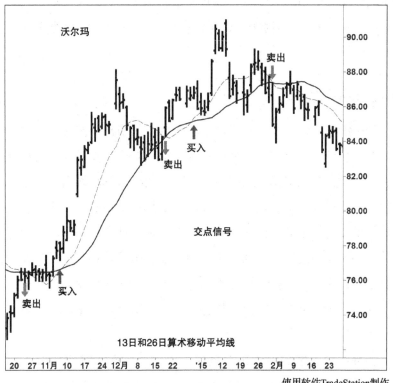

使用软件TradeStation制作

图 14-3　在盘整走势中导致"反复被打脸"损失的移动平均线交点（沃尔玛公司股票日线图：2014 年 10 月 15 日 ~ 2015 年 2 月 26 日）

其他类型的移动平均线

虽然上文已讨论了不同周期的移动平均线，但到目前为止，我们主要还是集中在最基本的移动平均值—算术移动平均值的计算方法上。请记住每计算一个新日期的移动平均值，就必须要把先前计算使用的第一个日期的价格数据去掉，加入新日期前一天的价格数据。在算术移动平均值的计算过程中，每一个价格数据所占的权重相同。计算 10 日周期的算术移动平均值，每一天的股票价格信息都同等重要。但是，在特定情况下，最近的股价信息对于未来股票价格的走势影响，要比早一些日期的股票价格信息对未来走势的影响更大。如果近期的价格数据比更早时间的价格数据包含了相关度更高的信息，我们会更看重近期价格数据。通过赋予数据不同的权重，计算加权的移动平均值，近期价格数据能够得到应有的重视。这种加权方法使得最近发生的价格数据和变动在移动平均值的计算过程中占有更大分量。

线性加权移动平均线

请重新审阅表 14-1 中的数据，计算线性加权移动平均值（linearly weighted moving average，LWMA）。10 日周期的线性加权移动平均值的计算方法如下：将第 10 日的价格数据乘以 10 的得数，加上第 9 日的价格数据乘以 9 的得数，再加上第 8 日的价格数据乘以 8 的得数……将所有这些得数求和后除以所有乘数的和。本例中，即将所有得数的总和除以 10 + 9 + 8 + 7 + 6 + 5 + 5 + 4 + 3 + 2 + 1，即 55。根据表 14-1 的数据，我们可以得出前面 10 日周期的线性加权移动平均值是 85.78。

在使用这种加权方法计算 10 日移动平均值时，赋予最近交易日数据（第 10 日价格）的权重是 5 天前（第 5 日）的价格数据权重的两倍。如果要计算第 11 天的 10 日线性加权移动平均值，我们要使用第 2 天至第 11 天的价格数据。

和计算算术移动平均值一样，每计算一个新日期的移动平均值，先前计算过程中使用的第一个价格数据要去掉，同时加入计算日期前一天的价格数据。

指数平滑移动平均线

对于某些分析师来说，按照算术移动平均值或线性移动平均值的计算方法，在计算新日期的移动平均值时要去掉最前面日期的交易价格数据，这可能会带来问题。假设最近的价格数据变化不大，而最早的价格数据变动浮动较大，但是在计算中却被去掉了，由此可能会影响移动平均值的计算结果。由于在计算过程中排除早期的价格数据，导致了移动平均值结果的巨大变动，很有可能会产生错误的信号，这一现象被称为"数据脱落效应"（Kaufman，1998）。这也成了人们对于算术移动平均值诟病的最大原因。

虽然早期的数据和近期的数据相比，对于未来价格走势的影响显然要小得多，但是早期的数据依然有很大的参考价值。然而，在算术移动平均值和线性加权移动平均值过程中，这些早期的数据由于不在移动平均值计算的周期之内，因此完全被忽略了。为了解决这一问题，并试图在移动平均值的计算中保留最早期的数据，技术分析师引入了**指数移动平均值**（exponential moving average，EMA）。

为了说明指数移动平均值的计算方法，我们还是以表 14-1 的数据为例。第 10 天的 10 日算术移动平均值是 85.35，而第 11 天的收盘价是 84.94，比前 10 天所有价格数据的平均值低。计算指数移动平均值时，我们会使用前面 10 天的平均值和第 11 天的收盘价。这样的话，所有 11 天的价格数据都在考虑之列。如果我们要用这 11 天的价格数据，按照算术移动平均值的计算方法计算指数移动平均值，且每一天的权重为 1/11，即 9.09%，我们希望赋予最近的价格数据更大的权重。如果我们希望第 11 天的价格的权重是按照算术移动平均值计算方法中使用价格权重的 2 倍，则对应第 11 天的价格的权重就是 2/11，或者 18.18%。当然，指数移动平均值计算过程中所有价格数据的权重之和应该是 100%。第 11 天的权重是 2/11 或者 18.18%，那么之前 10 日周期移动平均值的权重就只有 81.82% 。

在指数移动平均值计算过程中，使用的当日数据的权重比例确定的一般公式如下：

$$权重_{(当日数据)} = 2 \div (移动平均值周期的天数 + 1)$$

在本例中，权重$_{(当日数据)}$ = 2 ÷ (10 + 1) = 18.18% 。计算的移动平均值周期越长，这个数值就越小。对于 19 日指数移动平均值来说，当日的权重就是 2 ÷ (19 + 1)，即 10% ；39 日指数移动平均值计算过程中，当日的权重就是 2 ÷ (39 + 1)，即 5% 。

计算指数移动平均值过程中，使用的移动平均值对应的权重比例确定的一般公式如下：

$$权重_{(移动平均值)} = 100\% - 权重(当日)$$

在本例中，权重$_{(移动平均值)}$ = 100% - 18.18% = 81.82% 。

一旦确定了权重，则计算指数移动平均值（EMA）的公式如下：

$$EMA_{(第i天)} = 权重_{(当日数据)} \times 数据_{(第i天)} + 权重_{(移动平均值)} \times 移动平均值_{(第i-1天)}$$

表 14-1 中第 11 天的指数移动平均值计算方法如下：

$$EMA_{(第11天)} = 0.1818 \times 84.94 + 0.8182 \times 85.08 = 85.05$$

要计算第 12 天的指数移动平均值，我们需要两项信息：第 11 天的指数移动平均值和第 12 天的收盘价。第 12 天的指数移动平均值（EMA（第 12 天））计算公式如下：

$$EMA_{(第12天)} = 0.1818 \times 84.76 + 0.8182 \times 85.05 = 85.00$$

图 14-4 显示了沃尔玛公司股票价格 26 日算术移动平均线和 26 日指数移动平均线。一般来讲，由于近期价格数据占有更大的权重，因此指数移动平均线转变方向的速度更快。尽管如此，两条曲线依然比较接近。

指数移动平均线在多个技术指标和震荡指标中都有应用。如第 8 章分析了麦克莱伦指数。麦克莱伦指数使用了 19 日周期和 39 日周期指数移动平均线。由于 19 根柱线的指数移动平均线的平滑系数是 0.10，而 39 根柱线指数移动平均线的平滑系数是 0.05，因此这类计算相当简单。我们在下文中还会继续介绍使用指数移动平均线的其他震荡指标，最常见的是移动均线聚离指标（MACD）。

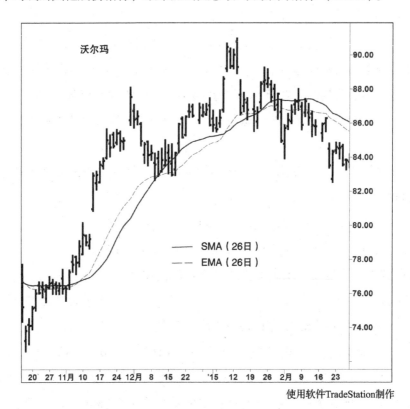

图 14-4　指数移动平均线和算术移动平均线（沃尔玛公司股票日线图：
2014 年 10 月 15 日 ~ 2015 年 2 月 26 日）

使用指数移动平均值的主要原因是它的计算方法简单，而且对近期价格数据赋予了更高的权重，所以也称其为**指数加权移动平均值**（exponential weighed moving average）。

怀尔德方法

韦尔斯·怀尔德（1978）使用了一种非常简单的方法来计算移动平均值，这种方法对于近期的价格数据给予了较大权重。怀尔德计算移动平均值的公式如下：

$$移动平均值_{(第i天)} = \left[(n-1) \times 移动平均值_{(第i-1天)} + 价格_{(第i天)} \right] \div n$$

例如，某一天 14 日周期的怀尔德移动平均值等于前一天的移动平均值乘以 13（即 $n-1$，n 就是指移动平均线的周期天数），再加上当天的收盘价，然后将两者的总和除以 14（即 n）。

怀尔德计算移动平均值的方法应该在平均真实波动范围（average true range）、相对强弱指数（relative strength index）和动向指数指标（directional movement indicator，DMI）等由怀尔德提出的指标计算过程中应用，这一类指标的计算不能使用算术移动平均值，也不能使用指数移动平均值。在使用怀尔德的指标过程中（这些指标几乎在所有的交易和绘图软件中都有），必须使用怀尔德的方法来计算移动平均值。有些计算机程序使用算术移动平均值或者指数移动平均值，结果发现，计算后出现了与怀尔德的方法不一致的情况。

几何移动平均线

几何移动平均线大多在指数中应用较广泛。它是指在过去特定的周期内某一价格柱线和先前一根柱线百分比变化的算术移动平均值。与使用价格计算的移动平均值一样，使用百分比计算的移动平均值在区间或比例选择上类似。但是这种移动平均值仍有因相同权重和滞后性等因素带来的问题。

三角形移动平均线

对移动平均值进行再一次的移动平均值计算，意味着对数据进行了两次平滑处理。三角形移动平均值是对既定数目的价格柱线计算其算术移动平均值，然后使用这些移动平均值的结果作为数据源，计算原来周期一半的移动平均值。例如，可以对 20 日周期的算术移动平均值进行 10 日周期的移动平均值计算，进行二次平滑处理。这样的计算结果是一条平滑的曲线，给价格数据的中间值赋予了较大的权重。这种方法的优点是对数据进行了两次处理，因此能够更好地代表趋势。但是，两次平滑处理的平均值对于趋势变化的灵敏度也大大降低。

可变指数移动平均线

钱德（Chande）和克罗尔（Kroll）于1994年提出了可变移动平均值。这种移动平均值与指数移动平均值（EMA）一样，只是对加权方法进行了调整，主要是按照价格数据的波动性进行加权。当价格波动范围较小时，指数移动平均线的周期设定得稍短；而当价格呈现趋势化运动时，可以将指数移动平均线的周期延长一些。这样做的目的是为了减少某个交易期间中出现错误信号的概率。

按照这种思路，对指数移动平均值的计算可以有多种变动方法。例如，考夫曼的适应性移动平均线（adaptive moving average，KAMA；Kaufman，1998）涉及了一个非常复杂的公式，针对波动性和趋势对指数移动平均值进行调整。阿姆斯的成交量调整移动平均线（volume-adjusted moving average；Arms，1989）是一种较复杂的移动平均值，但其本质在于它强调了高成交量价格数据的作用。在2001年9月的《证券和大宗商品》杂志（*Stocks and Commodities Magazine*）中，约翰·埃勒斯（John Ehlers）提出了最大熵谱分析⊖适应性移动平均线（MESA adaptive moving average，MAMA）和跟踪适应性移动平均线（following adaptive moving average，FAMA）。这两种适应性移动平均线是根据数据中的周期相变，利用希尔伯特变换法计算的指数移动平均值。显然，这些移动平均值的计算非常复杂。当MAMA和FAMA相交时，就产生了买入或者卖出信号，利用这一信号进行交易就是MASA-FAMA策略。2004年4月，《活跃交易者》杂志将MASA-FAMA策略的有效性与算术移动平均线的有限性进行了比较，根据18种股票的数据，我们发现前者比后者的效果稍微好一些。

⊖ 最大熵谱分析英文为 maximum entropy spectrum analysis，简称 MESA。

使用移动平均线的策略

我们已经介绍了多种移动平均值的计算方法。每种方法各有千秋，我们的重点不是学会移动平均值的计算方法，而是了解如何使用移动平均线在交易中盈利。移动平均线在技术分析的实践中被广泛使用。作为基本的分析工具，它们的应用范围较广。技术分析师使用移动平均线来确定趋势，确定支撑位和阻力位，发现价格极值点，以及判定特定的交易信号。

确定趋势

技术分析师使用移动平均线有四种方式。首先移动平均线是评估趋势的一种方法，最常见的用途是在特定的投资和交易时段内比较价格信息和移动平均线。例如，许多投资者使用 200 日移动平均值。如果价格均值或市场均值处于 200 日周期移动平均线的上方，那么认定趋势上升。相反，如果价格均值或市场均值处于 200 日移动平均线的下方，则认定趋势下跌。

图 14-5 包含了移动平均线和第 12 章中提到的趋势线，可以看出，移动平均线趋势紧紧跟随着价格趋势线。移动平均线可以用来代表趋势线，来确定趋势可能发生转向的时机，这和趋势线一样。在图中右边的价格数据出现了与趋势线和移动平均线接近或重合的现象。

确定支撑位和阻力位

移动平均线的第二种用途是判定支撑位或阻力位。从图 14-5 中可以看出，移动平均线会重复趋势线的轨迹。因此，移动平均线是一个信手拈来的确认跟踪止损点的方法，进而判定清仓或减仓的时机。此外，价格常会在移动平均线的附近逗留。在图 14-5 中，沃尔玛公司股票 11 月末在移动均线处停止上涨，而 12 月初又在移动平均线处止跌。

图 14-5　趋势线与算术移动平均线的比较（沃尔玛公司股票日线图：2014 年
10 月 15 日～2015 年 2 月 26 日）

确定价格极值点

移动平均线的第三种用途是显示价格极值点。由于移动平均线显示的是平均值，因此任何靠近价格均值的回返都意味着要靠近移动平均线。若价格之前背离均值或移动平均线的幅度过大，则朝向均值的折返是有利可图的。价格天生就有返回到平均值的趋势。因此，价格偏离移动平均线的程度可以表明价格上涨或下跌早于正常的中心趋势出现的程度，加之价格又有返回到均值的趋势，这种背离就可以让我们进行反趋势的交易操作。但是，逆向操作非常危险，需要设定止损点。而向均值回归也为我们在趋势中更好地安排头寸提供了机会。当价格继续不断地偏离趋势时，通常表明趋势反转正在酝酿。

图 14-6 显示了偏离 10 日算术移动均线的一个例子，图上的比率是距离 10 日移动均值的比例。这个股票带有很强烈的上涨趋势（主趋势）。当价格强势上涨时，自然会更加偏离而不是靠近移动均线。在图 14-6 中，你可以看到上涨超过均衡水平 1.0，要比价格在回调期高很多。因此可以画出一条行动信号线，来优化反趋势信号。我们可以任意选择 1.0450 作为最低比率，即便是在上涨过程中，只要比率低于这个水平就卖出股票。而将 0.9750 作为买入水平，股价超

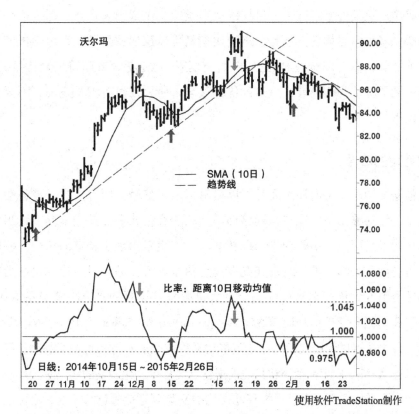

图 14-6　当前价格与移动平均值的比率（沃尔玛公司股票日线图：2014 年 10 月 15 日~2015 年 2 月 26 日）

过它就买入做多。按照这个方法，我们在 10 月 21 日以 76.02 美元买入，12 月 2 日以 86.40 美元卖出。之后又在 12 月 15 日价格突破买入水平时，以 83.94 美元买入，在 1 月 9 日以 89.35 美元卖出。这样我们就顺势操作赚了不错的收益。最后一个买入信号出现在 2 月 3 日，是 86.19 美元。但是要注意，现在趋势线已经被突破，走势有可能进入盘整或者下行。我们在犹豫此时是否要买入，因为可能会出现趋势变化。还有什么会出现差错呢？有时候，这个走势如此强劲，这个比率根本不会跌到买入水平之下。那么在上次卖出发生时的柱线上方可以设定一个进场止损信号。在图上最后一个信号处，走势可能已经改变，买入可能不成功，但是如果在这个信号柱线低点设定一个卖出止损点，那么价格跌破这个低点就表明趋势变为下行，这个比率又可以反向使用了。在你尝试使用这个系统之前，你应测试各种趋势方向，包括平坦走势，继而得出最优的比率。在这个例子里，我们没有进行这种优化处理，所以在没有测试之前，不要使用这些比率。

给出特定的信号

移动平均线的第四种用途是可以给出特定的信号。当价格曲线与移动平均线相交，短期移动平均线与长期移动平均线相交，或者在某些情况下，当短期移动平均线与两条长期移动平均线相交时，都表示出现了特定的信号。一般来讲，常利用两条移动平均线及其交点作为信号进行交易。但这种方法在盘整市场中常会引发大量资金损失，主要是由错误信号导致的多个小幅交易造成的。下一节我们将介绍平均动向指数（average directional index，ADI）的应用方法，引入这种方法可以帮助我们确定按照移动平均线交点对应的价格交易时，胜算有多大。利 MAMA-FAMA 系统和其他根据价格波动率变化调整的移动平均线，旨在解决这一回撤的问题。但是根据移动平均线交叉判定信号进行交易，不可能完全杜绝这一问题，虽然利用这种方法长期来看能够盈利。必须提醒投资者的是，要具备足够的耐心和资金实力，在趋势明朗前，需要承受一系列小额度的损失。

在上面提到的四种应用中，移动平均线最常用于确定趋势。趋势可以让技术分析师盈利。如果移动平均线能有助于确定趋势，就是一种非常有用的工具。当然，只有在趋势较强的市场中，移动平均线的信号才能比较准确地显示盈利信号。在任何情况下，盘整市场都代价高昂，尤其当投资者依靠移动平均线的交点来确定信号时，更是如此。一旦确认了趋势，接下来最好的办法就是使用价格形态和趋势方向的突破来确定进场的时机。这种方法对于价格趋势中重大的底部和顶部的发现往往具有滞后性，但是可以带来很多利润，承担的风险也最小。连同诸如唐奇安的"四周规则"（Donchian's four-week rule）等通道突破方法，利用移动平均线确定趋势是专业交易系统中应用最广泛的方法。

有方向运动的概念

在趋势和走势的一系列概念中，韦尔斯·怀尔德（1978年）提出的有方向运动（directional movement，也称为动向）这一概念最具有突破性意义。怀尔德在他的著作《技术交易系统的新概念》（*New Concepts in Technical Trading Systems*）中提出了这一概念。怀尔德将某一日的股票交易区间与前一天的股票交易区间相比来判定趋势。若当日的价格高点超过了前一天的高点，则出现了正向运动。如图14-7所示，正向运动幅度（+DM）是指当前高点减去前一天的高点的差额，即两天价格高点柱线顶部的垂直距离。如果当日的价格低点比前一天的价格低点更小，则出现了负向运动。负向运动的幅度（−DM）就是这两天价格低点的差额。

假设当日的交易区间完全处于前一天交易区间范围内，按照动向的判定方法，这一现象可以忽略，并把两天交易区间的差别计为零。若当日的交易区间比前一日的区间大很多时，有时候会出现当日的高点比前一天更高，且当日的低点比前一天低点更低的情况。在这种情况下，只考虑高点之间或者低点之间差额幅度较大者的情况。换言之，某一日的+DM和−DM，只会有一个被记录。

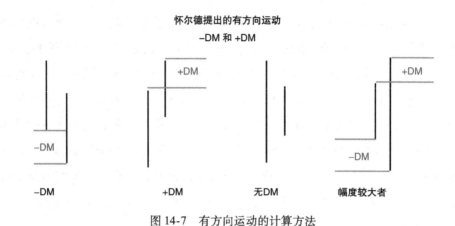

图 14-7 有方向运动的计算方法

构建有方向运动的指标

使用怀尔德加权的方式计算正向运动幅度（＋DM）和负向运动幅度（－DM）的 14 日移动平均值，同时还要计算 14 日平均交易波动区间（ATR），使用这两个指标来构建动向指标。上升动向指标（DI＋）是平滑处理过的正向运动幅度（＋DM）与交易波动区间的比率。这个指标让人了解为期 14 日的交易波动区间（TR）超过均衡值的百分比。第二个指标就是下降动向指标（DI－），是指平滑处理的负向运动幅度（－DM）与平均交易区间（ATR）的比率。

使用有方向运动的指标

图 14-8 显示了沃尔玛公司股票的 14 日周期的动向指标。图中，分析师可以看到多个有关趋势的提示。第一，当某个动向指标高于另一个同类指标时（即上升动向指标大于下降动向指标时，反之亦然），则价格正沿着较大的动向指标的方向前进。例如，从 11 月初到 1 月末，上升动向指标比下降动向指数指标大，表明在这一期间内 14 日周期的平均交易波动区间在向上逐渐延伸。第一个主要的交点发生在 10 月初（标记为 x1），上升动向指标超过了下降动向指标，趋势出现反转上涨。第二个主要交点发生在 1 月末（标记为 x2），当时下

降动向指标下穿了上升动向指标，预示趋势已经转向下行。这确认了更早出现的趋势线下行突破。因此，动向指标的交点在分析趋势的过程中是一个非常重要的指标。

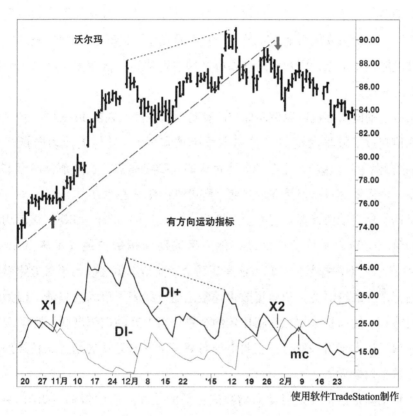

图 14-8　有方向运动指标（沃尔玛公司股票日线图：2014 年 10 月 15 日～2015 年 2 月 26 日）

第二，2 月初也出现了一个不太显眼的交叉（用 "mc" 标记出来了），只延续了一天，但这也是非常重要的信号。它表明趋势现在处于盘整阶段，正如与密集交易区一样，有可能在任意一个方向突破。当上升动向指标和下降动向指标达成平衡后，再朝着各自原来的方向分开，之前出现的趋势将重新再来。此外，如果动向指标交点更坚决、幅度更大，就出现了趋势反转的信号。因此，当两种动向指标走势交叉时，就到了关键时点。怀尔德建议当两个动向指标首度交叉时，在对应的价格上设置买入或卖出止损点。在图 14-8 中，当两个动向指数指标在 2 月初交叉时，我们还不能确定是否会出现趋势反转。因此，我们在两个动向指数指标交点对应价格的上方设置了一个买入止损点。如果出现了趋势反转，则价格变化会触及止损点，我们的头寸将与新的上涨趋势保持一致。如果没能触及止损点，则两条动向指标曲线有可能再一次背离，而原来的趋势也会继续发展。

第三，动向指标也可以使用标准的背离判断方法。在图 14-8 中，可以看到最高峰值超过了较早的高点（价格曲线上的点线），且与上升动向指标背离（动向指标图上的点线），上升动向指标未能达到更高点。这是顶背离形态，尽管不是一个买卖信号，但是提示之前上涨走势正在失去动力。

第四，使用动向指标来创建动向指数（directional index，DX），然后用动向指数构建动向指数平均值的曲线，称为**平均动向指数曲线**（ADX line），如图 14-9 所示。动向指数的计算方法是用两个动向指标值之差的绝对值除以两个动向指标之和的绝对值。动向指数永远是正值，代表了市场的趋势，因为动向指数是将两个动向指数指标互相比较的结果。当上升动向幅度和下降动向幅度中的一项远远大于另一项时，表明市场向某一个方向运动的趋势比较强烈，而动向指数也比较大。

平均动向指数指标是对动向指数进行平滑处理之后的指标，如图 14-9 所示。当平均动向指数指标上涨时，市场运动就会在某一个方向呈现比较强烈的趋势。

平均动向指数指标在金融交易分析中非常有用，可以确定何时使用移动平均值跟踪系统。我们知道当市场并没有呈现趋势时，使用移动平均线进行判定，常会承受多次"反复被打脸"的情况；而当市场在上涨或下跌的态势下，使用移动平均线将会带来非常可观的利润。许多顺势而为的模型都使用移动平均线和平均动向指数指标来确定如何在市场上进行投资。

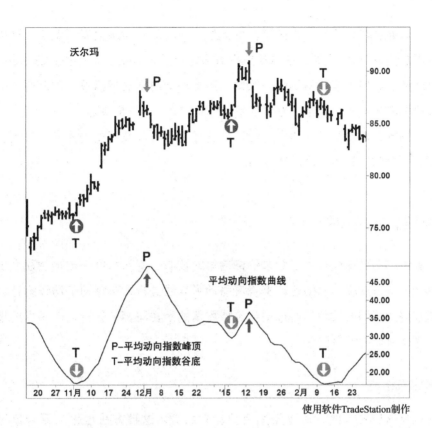

图 14-9　平均动向指数曲线（沃尔玛公司股票日线图：2014 年 10 月 15 日 ～
　　　　　2015 年 2 月 26 日）

第五，平均动向指数指标的峰顶和谷底提供了有价值的信息。当平均动向指数指标达到峰值时，通常发出峰顶或谷底信号。在图 14-9 上，平均动向指数指标达到峰值（用箭头标识），可以看到，这个指标和价格的上涨和下跌走势非常贴近。由于能够相当准确指出趋势尾部，所以平均动向指数指标的峰值被用于结束趋势头寸的交易信号。

平均动向指数指标的谷底也是有用的，因为其可以显示市场处于休眠期，以及虽未形成趋势却开始在某个方向加速的情况。当平均动向指数指标开始上升时，尽管不一定是从低位开始的，如果突然上升，那就是寻找进场抓住趋势的时点。通过观察交易密集区域，可知蛰伏期过后常会跟随着活跃期。这种现象可以在图 14-9 中看到，平均动向指数指标经历了谷底（用带圈的箭头标记）的休眠期之后出现了价格飙涨。因此，当平均动向指数指标处于谷底时，交易者或投资者应该密切观望，看价格是否可能在某一个方向突破。

平均动向指数指标和动向指标可以选择周、月以及更短的周期、日内交易等周期，来判定趋势的力度和方向。

包络线、通道和带

算术移动平均线代表了股票价格趋势的核心。实际的价格走势往往会围绕着移动平均值震荡。价格运动围绕着移动平均线进行，在移动平均线附近的波幅或包络线范围内波动。通过确定价格震荡的潜在波幅，分析师能够更好地确定未来价格可能波动的区间。

百分比包络线

创建这种波幅的方法是使用**百分比包络线**。这种方法也称为百分比过滤（percentage filter），主要的目的是在盘整走势中，移动平均线交叉时过滤多个不能盈利的信号。在绝大多数关于移动平均线交叉系统的学术研究中，这个方法应用非常普遍。通过截取移动平均线特定的百分比，把它绘制在移动平均线的上方或下方（见图 14-10），因而称为"包络线"（envelope）。这幅图中绘制了两条对称的曲线，一条在移动平均线上方，另一条在移动平均线下方。

不用等到移动平均线相交，当价格曲线与包络线相交时，就产生了信号。在计算的过程中，使用的百分比应该足够大，当市场处于盘整阶段时，能够涵盖价格在移动平均线附近震荡的大多数状态，从而最大限度地减少错误信号；同时使用的百分比也不能太大，一旦趋势确定后，就应该尽快发出信号。通过多次试验，才能确定这个百分比，百分比细微的差异会导致业绩出现相当大的差异。

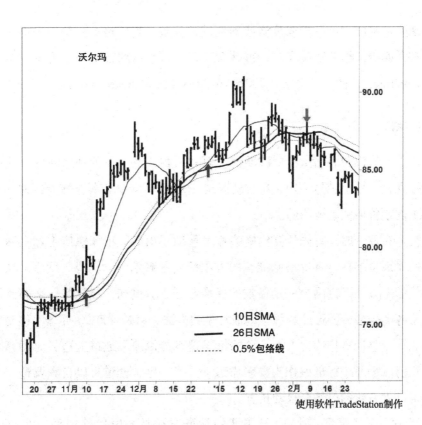

图 14-10　移动平均线的百分比包络线（沃尔玛公司股票日线图：2014 年
10 月 15 日~2015 年 2 月 26 日）

　　固定比率包络线的主要问题在于它们没法跟随着价格潜在趋势和波动变化
来调整。在市场盘整走势中，价格波动往往下降，价格往往在一个较为狭窄的
波幅内波动。当出现某个方向的趋势性运动时，价格的波动性会与时俱增，使
用固定百分比的包络线就有可能产生错误信号。为了解决这一问题，我们引入
了带（band）的概念，以适应价格波动性变化的情况。

带

　　带也是一种设置在移动平均线附近的包络线，只不过并没有采用固定的百分比来限定幅度，可以根据价格波动性进行调整。当价格走势趋于平稳时，带会变窄；而当价格波动较大时，带就会变宽。最常用的带就是以约翰·布林格（John Bollinger）的名字命名（2002）的布林带（Bollinger band）。

布林带

之前已经说明，衡量价格波动性主要有两种方法。一种是移动均值或平均值的标准差；另一种是平均交易波动区间（ATR）。布林带属于前者，即计算标准差来衡量价格波动范围的。

构建布林带时，首先计算价格的算术移动平均值。布林格使用算术移动平均值的原因是多数计算价格标准差的方法都使用算术移动均线。然后，在移动平均线的上方和下方画出一定倍数的标准差通道。例如，布林格标准的计算方法也是各类公共的图形绘制服务中最常见的方法，就是计算 20 日算术移动平均线。在算术移动平均线上方加入两倍标准差来绘制波幅通道上边界。用算术移动平均值减去两个标准差作为波幅通道下边界。这个通道可以自我调整，在价格发生巨大变化的时候会自动拓宽。

图 14-11 显示了一个 20 日周期的标准布林带。当然移动平均线的周期和标准差的数量都可以调整。从理论上讲，加上或减去两倍标准差，相当于价格围绕移动平均线总的波动范围的 95%。但实际情况并非如此，因为价格行为并非静态和随机的，因此不一定完全遵循以标准差计算的统计学特征，但是可以用来对大多数价格行为进行估计。如图 14-11 所示，价格似乎是在通道内部比较规则地震荡运动。这一行为与价格在密集区域或者矩形形态（见第 15 章）的波动情况类似，只是这里的趋势无论是涨还是跌，价格依然会在通道内部震荡。原因是因为移动平均线重复了价格的趋势，并适时进行了调整，而当价格波动的幅度变化时，通道显示了标准的波动范围的上下边界。

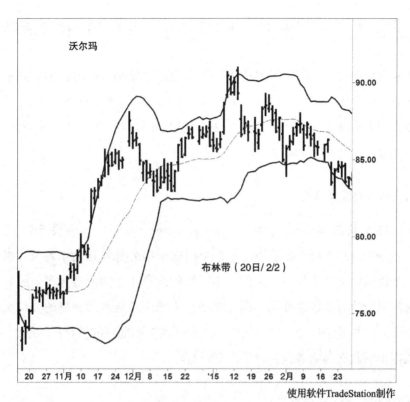

图 14-11   布林带（沃尔玛公司股票日线图：2014 年 10 月 15 日 ~ 2015 年 2 月 26 日）

凯特纳带

切斯特·凯特纳（Chester Keltner，1969）在他的著作《大宗商品交易市场的赚钱之道》（*How to Make Money in Commodities*）中提出了凯特纳带的概念。在构建凯特纳带的时候，首先要计算"典型价格"（收盘价 + 最高价 + 最低价）÷3，并计算这个典型价格的 10 日算术移动平均值；然后计算最高价和最低价之间差额（柱线长度）的 10 日算术移动平均值，作为凯特纳带的宽度。将典型价格的 10 日周期算术移动平均值加上高低价差额 10 日算术移动平均值，求和作为凯特纳带的上边界；将典型价格的 10 日算术移动平均值减去高低价差额 10 日算术移动平均值，相减的得数作为凯特纳带的下边界。由于与平均波动区间的用法类似，因此凯特纳带也称为平均波动区间通道（ATR Band）。

与多数分析方法类似，很多技术分析师修正了原来的计算模型，以满足自己特定的需要和投资战略的要求。虽然凯特纳的原始计算模型中使用 10 日移动平均值，但很多技术分析师采用的是 20 日移动平均值。20 日移动平均值的计算与布林带计算方法更加一致。

斯托勒平均波幅通道

斯托勒平均波幅通道（Stoller average range channel），由曼宁·斯托勒（Manning Stoller）首创。本系统使用 5 个周期价格的算术移动平均值，减去或加上 5 个周期以上的平均波动区间，用得出的两条线作为通道边界。随着平均波动区间或股价波动性的变化，斯托勒平均波幅通道能跟随价格的波动范围变小或者变大。与凯特纳带一样，构建斯托勒平均波幅范围的移动平均线的周期，可以根据不同的交易或者投资时段进行调整。

使用带和包络线的交易策略

根据顺势而为的基本思想，可以使用带和包络线来确定趋势变化的信号，减少在一个狭窄的交易区间内发生"反复被打脸"的概率。在观察图像中的波幅或包络线时，我们能想到最好的应用方法是在这些带和包络线范围内，当价格在最高和最低极值点之间摆动的情况下进行交易，与矩形形态内所用的策略类似。但是在带内交易比较困难。首先，按照定义来看，在盘整态势、趋势不显著的情况下，波幅会收缩，几乎没有留下任何让人投机的余地，更不用说能带来可观的利润了，当然固定包络线的情况除外。其次，当价格突然转向一个新的趋势时，价格往往会非常靠近趋势方向相同的带，给出错误的离场信号。最后，当波幅扩大时，价格波动性也增大，很有可能是因为新趋势即将出现，而任何认定价格波动不大的建仓行为都会迅速停止。

　　带常被用于确定趋势的开始，而不是用于在带之间进行区间操作。当价格突破了带的外边界时，实践证明，投资者可以在突破的方向上进场，这与突破趋势线或者突破阻力位或支撑位的操作方法相似。如果突破包含了大约90%的过去的价格行为，则证明过去价格波动的方向已经变成了突破的方向。

　　在图14-11中，11月初出现了突破买入信号，当价格向上突破布林带的上边界时，表明强劲上涨态势正要开始。你会注意到，10月份的带较窄，主要是因为波动性减弱，之后股票价格马上面临着剧烈的价格运动。

　　带的突破和根据突破的传统判定方法的唯一区别是前者更加温和。移动平均线常常是支撑位或阻力位，布林带计算中使用的移动平均线，可以成为在带上下方的突破点发生之前，进场的跟踪止损点。移动平均线可以用作跟踪止损点，这样一来，在任何使用根据价格波动性调整的带内，就可以应用移动平均线进行判定。

　　移动平均线常常代表支撑位或阻力位，因此它在带内的另一种用途是：根据移动平均线和带的方向，判定顺势追加进场头寸价格的回撤水平。上一章我们介绍了如何在移动平均线下方的位置设定止损位，在市场处于强势的上涨或下跌时，当价格回撤到移动平均线的范围内时，可以在带的内部回撤停止的时候，进行顺势追加进场操作。

　　在测试带的突破点时，价格柱线越长，交易系统看起来越有利可图。由于短期的价格波动较活跃，可能会引发错误的突破点信号。在长期趋势中，周期内波动不那么频繁，"反复被打脸"的可能性不如短期趋势多，因此，顺势而为会盈利更多，追踪长期趋势自然更加理想。正如短线交易者已经知道的，短期价格震荡更加频繁激烈，长期的价格曲线经过了平滑处理。因此短线交易数据内在的"两次被打脸"发生概率在长线交易中逐渐减少，并且追踪长线交易趋势的系统无法盈利的信号也更少。由此可知，带在趋势明显的市场中的用处更大，因此相比股票市场，带更适用于大宗商品市场。

　　带的另一种应用是观测价格的波动性。波动范围较小常常伴随着盘整走势，但这类情况往往也是发生"反复被打脸"的时候，形态分析也不起作用。波动范围较大常常伴随着强烈的市场态势，上涨或下跌都有可能包含在内。观测波动性时，尤其是当波动性本身不断增大时，分析师可以根据线索，提前获悉趋势马上要发生变化。观察波动性时，要注意区分波幅通道的高位和低位，将两者的差额用一条线在价格曲线图下方标记出来。布林格称这一条线为**带宽指标**（bandwidth indicator）。波动性增强引起这条带宽线上升，可以直接归因于价格运动。通过观测波动变化可以确定形态、支撑位或阻力位、趋势线、移动趋势线等曲线的突破情况。如果价格突破了这些曲线，但没有出现波动增大的现象，很有可能只是假突破。因此，波动性可以用来确认趋势，也可以用来提醒变化即将出现。在确定实际趋势变化中，将带与其他方法一起综合使用的效果会更好。

通道

在讨论趋势线的时候我们注意到，可以画一条与趋势线平行的线，来囊括价格的运动轨迹，这样就形成了一个通道。本书中我们讨论的通道概念有所变化，放宽了"平行"这个要求。

人们在描述通道时，往往会想当然地认为这是两条平行的线。例如，我们已经提到了唐奇安通道，这种方法为人熟知，应用也较为成功。在某一个周期中，如果价格突破高点或跌破低点，唐奇安通道将发出信号（见图14-12）。这一方法不要求画出趋势线，只要求记录某一时段的价格高点和低点。使用唐奇安通道法的时候，所用的周期是四周（20日）。具体的规则如下：当价格突破了过去四周的最高点买进，而当价格下跌至低于过去四周的最低点时卖出。利用这一规则的交易系统往往具备"停止并反转"的特点，做多或做空都有可能。可以想象，通道系统在大宗商品市场应用较广泛，因为在这类市场中建立做多或做空头寸都比较容易，而且价格趋势也持续得较久。

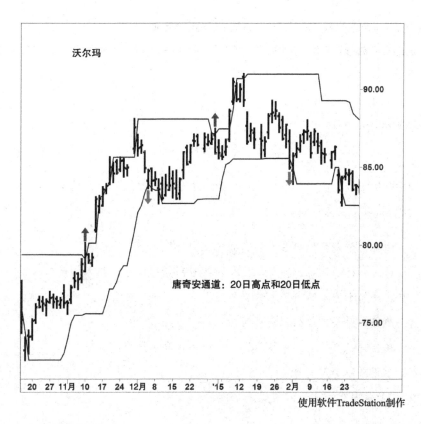

图 14-12 唐奇安日收盘价通道（沃尔玛公司股票日线图：2014 年 10 月 15 日～2015 年 2 月 26 日）

总　结

技术分析师盈利的基本方法是确定价格趋势，顺势而为。有时候，价格的每日波动让技术分析师很难看清楚价格运动的基本趋势。移动平均线是对这些误导信息进行平滑处理的有效工具，让技术分析师可以更容易分辨潜在的基本趋势。

虽然有很多种计算移动平均线的方法，但是最基本的概念是对过去某个时段的价格数据求均值或者名义价格。由于移动平均线是基于过去价格信息画出的，因此本质上，其作为判定趋势的指标具有滞后性。移动平均线使用的周期越短，滞后越少。但是短期移动平均线也会导致错误信号的出现。在利用移动平均线时，需要权衡早期趋势反转识别和趋势反转确认。在移动平均线的基础上，综合使用包络线、波幅通道和通道，投资者可以通过纵览更大范围的价格运动而大大减少错误信号，等待正确信号的出现。

下面的文字说明了技术分析师需要遵循的一系列准则。这些原则总结了我们在过去三章中讨论的要点。

技术分析知识 14-1

交易准则

过去几个章节中，我们介绍了大量的趋势方面的知识。在投资交易的过程中，要切记以下要点：

▶ 顺势而为是可带来最大利润的技术分析应用。

▶ 通过分析趋势线、移动平均线和相对高点和低点位置可以判定趋势。

▶ 选择处于明显的涨势或跌势的股票进行投资。操作价格处于平坦或随机趋势的股票，往往无利可图。

▶ 在当前交易的周期里留意下一个长周期和短周期的走势。

▶ 永远顺着趋势交易：

"趋势是我们永远的朋友。"

"不要对抗趋势。"

▶ 突破支撑位或阻力位，突破形态以及突破波幅通道，往往是趋势变化的信号。

▶ 趋势线的突破至少是一个预警信号。

▶ 趋势延续时间越久，其突破点的作用越大。

▶ 使用多项证据来确定突破点，尤其是在准备建仓的时候更应如此。在离场时，确认突破点的重要性并没有那么重要。

▶ 切记要使用止损，包括保护止损和跟踪止损，保护自己免遭损失。

▶ 不要过早卖出盈利的头寸，要设定移动止损点。

复习题

1. 请解释为什么移动平均线上升表明了股价趋势上涨，而移动平均线下行表明了股价趋势下跌？

2. 请解释趋势反转和移动平均线出现趋势反转信号两者之间存在时差的原因？为什么 200 日移动平均线判定趋势信号要比 10 日移动平均线判定趋势信号更滞后？

3. 指数移动平均线算法是为了克服算术移动平均线的什么缺点？

4. 请解释为什么短期移动平均线是快速移动平均线，而长期移动平均线就是慢速移动平均线。

5. 索菲亚说她正在观察自己喜爱的股票的 10 日算术移动平均线和 60 日算术移动平均线，她打算当 10 日算术移动平均线向上穿越 60 天的算术移动平均线时就买进。请解释索菲亚的投资策略的道理。

6. 托马斯警告索菲亚，说她的策略很容易导致"反复被打脸"。请说明托马斯所说的"反复被打脸"是什么意思，并描述最有可能发生这种情况的市场类型。

7. 假如索菲亚担心出现"反复被打脸"的情况，如何通过使用包络线或者波幅通道来降低其出现的概率？

8. 要想在交易中盈利，为什么要选择趋势强劲的股票（无论是上涨还是下跌），而不是选择那些处于盘整时期的股票？

9. 请说明韦尔斯·怀尔德提出的方向性运动的概念，以及这一概念对确定价格趋势的重要意义。

10. 请说明为什么平均动向指数指标（ADX）较低意味着出现密集区域？

11. 请从雅虎网站财经专栏或者其他渠道收集 2014 年 1 月~2015 年 7 月麦当劳股价的日高点、日低点和收盘价（股票代码 MCD）。

   （1）使用电子表计算 10 日周期和 60 日周期的算术移动平均线。请将画出这两条曲线。

   （2）请对照并比较 10 日算术移动平均线和 60 日算术移动平均线的区别。

(3) 请解释说明下列周期中市场价格趋势和 60 日算术移动平均线走势的关系：

1）2014 年 5 月 ~ 2014 年 9 月；

2）2014 年 10 月 ~ 2015 年 2 月；

3）2015 年 3 月 ~ 2015 年 7 月。

(4) 请在图中找到快速移动平均线和慢速移动平均线的交点。这一点上发出了什么信号？事后分析，在这个交点上的交易会盈利吗？请回答并说明理由。

(5) 请计算麦当劳公司股票在 2014 年 8 月和 2015 年 3 月之间的走势的正向运动幅度（DI +）指标和负向运动幅度（DI -）指标。

1）请解释说明这一时段的 DI +。

2）请解释说明这一时段的 DI -。

3）请将两个指标与同时期的价格运动进行比较。你能从中发现什么规律？它们之间存在怎样的联系？

| 附录 |

下 册 目 录

第四篇　图表形态分析

第15章　柱线图的形态 / 425

价格形态的概念 / 426

价格形态真的存在吗 / 429

计算机和形态识别 / 432

市场结构和形态辨识 / 433

柱线图和价格形态 / 436

如何利用形态盈利 / 437

经典柱线图形态 / 439

圆边形态：圆形和头肩顶/底形态 / 457

业绩最好、失败风险最低的长期柱线图形态 / 466

总结 / 466

复习题 / 467

第16章　点数图的形态 / 469

点数图的特点 / 470

点数图的历史 / 473

一格转向点数图 / 475

三点（三格）转向点数图 / 482

总结 / 497

复习题 / 498

第 17 章　短线形态 / 499

形态的形成和判定 / 503

传统的短线形态 / 504

短线形态总结 / 537

蜡烛图形态 / 538

总结 / 551

复习题 / 552

第五篇　趋势判定

第 18 章　确认 / 557

分析方法 / 558

成交量确认 / 564

未平仓量 / 585

价格确认 / 588

总结 / 608

复习题 / 609

第六篇　其他技术分析方法和规则

第 19 章　循环周期 / 615

周期循环的概念 / 619

精确度 / 623

平移 / 626

在市场数据中寻找循环周期 / 627

预测 / 638

总结 / 648

复习题 / 648

第 20 章　艾略特、斐波纳契和江恩 / 651

艾略特波浪理论 / 652

斐波纳契数列 / 672

黄金比率 / 673

价格和时间目标 / 675

威廉·戴尔伯特·江恩 / 678

总结 / 679

复习题 / 680

第七篇　选择

第 21 章　市场和证券的选择：交易与投资 / 683

选择标的 / 684

选择何种证券进行投资 / 689

自上而下的分析 / 690

自下而上：股票选择和相对强弱 / 703

部分专业投资者筛选股票的实例 / 709

总结 / 714

复习题 / 715

第八篇　系统测试和管理

第 22 章　系统设计和测试 / 719

系统存在的必要性 / 721

完整的交易系统 / 725

如何设计系统 / 725

系统的测试方法 / 733

优化 / 742

总结 / 754

复习题 / 755

第23章　资金与投资组合风险管理 / 757

风险和资金管理 / 760

测试资金管理策略 / 762

资金管理风险 / 763

资金管理风险策略 / 777

监控系统和投资组合 / 783

出现问题的对策 / 784

总结 / 784

复习题 / 785

第九篇　附录

附录A　统计学基础 / 789

附录B　交易指令类型和其他交易术语 / 823

附录C　上册目录 / 831

译后记 / 837

参考文献 ⊖

⊖　请参见华章网站 www.hzbook.com。

推荐阅读

序号	书号	书名	序号	书号	书名
1	30250	江恩华尔街45年（珍藏版）	42	41880	超级强势股：如何投资小盘价值成长股
2	30248	如何从商品期货贸易中获利（珍藏版）	43	39516	股市获利倍增术（珍藏版）
3	30247	漫步华尔街（原书第9版）（珍藏版）	44	40302	投资交易心理分析
4	30244	股市晴雨表（珍藏版）	45	40430	短线交易秘诀（原书第2版）
5	30251	以交易为生（珍藏版）	46	41001	有效资产管理
6	30246	专业投机原理（珍藏版）	47	38073	股票大作手利弗莫尔回忆录
7	30242	与天为敌：风险探索传奇（珍藏版）	48	38542	股票大作手利弗莫尔谈如何操盘
8	30243	投机与骗局（珍藏版）	49	41474	逆向投资策略
9	30245	客户的游艇在哪里（珍藏版）	50	42022	外汇交易的10堂必修课
10	30249	彼得·林奇的成功投资（珍藏版）	51	41935	对冲基金奇才：常胜交易员的秘籍
11	30252	战胜华尔街（珍藏版）	52	42615	股票投资的24堂必修课
12	30604	投资新革命（珍藏版）	53	42750	投资在第二个失去的十年
13	30632	投资者的未来（珍藏版）	54	44059	期权入门与精通（原书第2版）
14	30633	超级金钱（珍藏版）	55	43956	以交易为生II：卖出的艺术
15	30630	华尔街50年（珍藏版）	56	43501	投资心理学（原书第5版）
16	30631	短线交易秘诀（珍藏版）	57	44062	马丁·惠特曼的价值投资方法：回归基本面
17	30629	股市心理博弈（原书第2版）（珍藏版）	58	44156	巴菲特的投资组合（珍藏版）
18	30835	赢得输家的游戏（原书第5版）	59	44711	黄金屋：宏观对冲基金顶尖交易者的掘金之道
19	30978	恐慌与机会	60	45046	蜡烛图精解（原书第3版）
20	30606	股市趋势技术分析（原书第9版）（珍藏版）	61	45030	投资策略实战分析
21	31016	艾略特波浪理论:市场行为的关键（珍藏版）	62	44995	走进我的交易室
22	31377	解读华尔街（原书第5版）	63	46567	证券混沌操作法
23	30635	蜡烛图方法：从入门到精通（珍藏版）	64	47508	驾驭交易（原书第2版）
24	29194	期权投资策略（原书第4版）	65	47906	赢得输家的游戏
25	30628	通向财务自由之路（珍藏版）	66	48513	简易期权
26	32473	向最伟大的股票作手学习	67	48693	跨市场交易策略
27	32872	向格雷厄姆学思考，向巴菲特学投资	68	48840	股市长线法宝
28	33175	艾略特名著集（珍藏版）	69	49259	实证技术分析
29	35212	技术分析（原书第4版）	70	49716	金融怪杰：华尔街的顶级交易员
30	28405	彼得·林奇教你理财	71	49893	现代证券分析
31	29374	笑傲股市（原书第4版）	72	52433	缺口技术分析：让缺口变为股票的盈利
32	30024	安东尼·波顿的成功投资	73	52601	技术分析（原书第5版）
33	35411	日本蜡烛图技术新解	74	54332	择时与选股
34	35651	麦克米伦谈期权（珍藏版）	75	54670	交易择时技术分析：RSI、波浪理论、斐波纳契预测及复合指标的综合运用（原书第2版）
35	35883	股市长线法宝（原书第4版）（珍藏版）	76	55569	机械式交易系统：原理、构建与实战
36	37812	漫步华尔街（原书第10版）	77	55876	技术分析与股市盈利预测：技术分析科学之父沙巴克经典教程
37	38436	约翰·聂夫的成功投资（珍藏版）	78	57133	憨夺型投资者
38	38520	经典技术分析（上册）	79	57116	高胜算操盘：成功交易员完全教程
39	38519	经典技术分析（下册）	80	57535	哈利·布朗的永久投资组合：无惧市场波动的不败投资法
40	38433	在股市大崩溃前抛出的人：巴鲁克自传（珍藏版）	81	57801	华尔街之舞：图解金融市场的周期与趋势
41	38839	投资思想史			